2023年度重庆工商大学高层次人才科研启动项目
"内部利益相关者视角下企业去杠杆的经济后果研究"（项目编号：2355052）项目资助

NEIBU LIYI XIANGGUANZHE SHIJIAOXIA
QIYE QUGANGGAN DE
JINGJI HOUGUO YANJIU

# 内部利益相关者视角下企业去杠杆的经济后果研究

王三法◎著

西南财经大学出版社

中国·成都

图书在版编目(CIP)数据

内部利益相关者视角下企业去杠杆的经济后果研究/
王三法著.--成都:西南财经大学出版社,2025.5.
ISBN 978-7-5504-6660-9

Ⅰ.F27

中国国家版本馆 CIP 数据核字第 20253YD289 号

# 内部利益相关者视角下企业去杠杆的经济后果研究

NEIBU LIYI XIANGGUANZHE SHIJIAOXIA QIYE QUGANGGAN DE JINGJI HOUGUO YANJIU

王三法　著

责任编辑:李特军
助理编辑:李　佳
责任校对:冯　雪
封面设计:墨创文化
责任印制:朱曼丽

| | |
|---|---|
| 出版发行 | 西南财经大学出版社(四川省成都市光华村街 55 号) |
| 网　　址 | http://cbs.swufe.edu.cn |
| 电子邮件 | bookcj@swufe.edu.cn |
| 邮政编码 | 610074 |
| 电　　话 | 028-87353785 |
| 照　　排 | 四川胜翔数码印务设计有限公司 |
| 印　　刷 | 成都市火炬印务有限公司 |
| 成品尺寸 | 170 mm×240 mm |
| 印　　张 | 14.25 |
| 字　　数 | 240 千字 |
| 版　　次 | 2025 年 5 月第 1 版 |
| 印　　次 | 2025 年 5 月第 1 次印刷 |
| 书　　号 | ISBN 978-7-5504-6660-9 |
| 定　　价 | 88.00 元 |

# 前言

　　我国经济发展进入新常态之后，去杠杆成为经济发展中的热门问题。如何有效降低宏观杠杆率？如何解决债务问题防范金融风险？在一系列问题的冲击下，"三去一降一补"的五大重点任务、结构性去杠杆，以及10万亿元化债等政策相继推出，去杠杆进程稳步推进，我国宏观杠杆率上升势头明显放缓，困扰地方政府的隐性债务问题将得到有效缓解，风险整体可控。去杠杆正对中国经济金融产生深远影响，金融与经济的良性互动将助力中国经济迈向高质量发展。

　　有效化解债务风险、防范系统性金融风险以及积极稳妥地降低非金融企业杠杆率是我国经济工作的重中之重。在这一方针指导下，《内部利益相关者视角下企业去杠杆的经济后果研究》基于内部利益相关者整体视角，探究企业去杠杆行为所产生的微观经济后果，一方面，为准确评估企业去杠杆行为的经济意义提供经验证据；另一方面，可以验证企业在做出去杠杆决策时，是否实现了利益相关者的利益平衡。全书分为三个部分：第一部分主要介绍基本概念和理论基础，包括利益相关者理论、资本结构理论等方面的内容；第二部分主要基于股东、高管、普通员工视角，实证检验企业去杠杆对企业风险、高管薪酬业绩敏感性和劳动收入份额的影响；第三部分则是对前文理论分析与实证检验结果进行总结，提炼本书的主要结果，最后结合我国实际情况，提出相应的政策建议。

　　本书从内部利益相关者整体利益平衡视角探讨了企业去杠杆行为的

经济后果。基于投资者（股东）视角，企业去杠杆行为通过缓解债务悬置效应导致的投资不足问题，降低股价波动；基于高管视角，企业去杠杆行为通过弱化债权人的监督作用、缓解债务悬置效应和降低违约风险等途径，提高高管薪酬业绩敏感性；基于普通员工视角，企业去杠杆行为通过降低员工薪酬、提高劳动生产率等路径，使得劳动收入份额下降。综合研究结果表明，企业去杠杆行为的经济后果在各利益相关者群体中呈现出明显的差异化表现，并未实现内部利益相关者整体利益的平衡。为实现企业高质量发展，企业经营决策的制定须从整体出发，平衡各利益相关者的利益。

本书系 2023 年度重庆工商大学高层次人才科研启动项目"内部利益相关者视角下企业去杠杆的经济后果研究"（项目编号：2355052）的研究成果，丰富了利益相关者理论和高管治理等相关研究，为企业制定经营决策，如何在降低杠杆率的同时尽可能实现股东、管理层、员工三者利益相对平衡提供了理论支持，有助于推动企业高质量发展。此外，在供给侧结构性改革要求推进"三去一降一补"的背景下，本书研究结果为政府部门制定相关政策引导企业结构性去杠杆、完善各类社会资金引导机制提供了经验参考和理论依据，有助于推动去杠杆工作的有效开展，从而实现中国经济高质量发展。

本书由重庆工商大学王三法博士负责大纲拟定、内容编写和全书统稿工作。具体分工如下：东北财经大学甄红线教授负责全书的理论指导和研究框架设计工作；第 2 章由重庆工商大学研究生向思洁撰写；第 3、4 章由重庆工商大学研究生谭小华撰写；第 1、5~8 章由重庆工商大学王三法博士撰写。

本书受限于研究视野与实证边界，难免存有疏漏或表述不周之处，恳请各位读者批评指正。愿本专著可为深化供给侧结构性改革背景下企业债务风险防控与高质量发展提供决策参考。

王三法

2025 年 1 月

# 目录

# 1 导论

## 1.1 研究背景与意义

### 1.1.1 研究背景

近年来,我国实体部门宏观杠杆率不断攀升(见图 1-1),为经济金融稳定性埋下了安全隐患。由国家金融与发展实验室数据[①]可知,我国实体部门宏观杠杆率从 2008 年的 141.1% 增长至 2019 年的 245.4%[②],其中非金融企业部门杠杆率提高是我国宏观杠杆率不断攀升的主要原因(马建堂 等,2016)。过高的杠杆率已经成为我国实现经济高质量发展的一种阻碍。一方面,杠杆率的持续提高会抑制投资,对经济增长产生不利冲击,增加了实体经济的脆弱性(陈颖和缪海斌,2018;郭文伟和周媛,2019);另一方面,高杠杆会加剧资产价格的波动,降低资源配置效率,加大产能过剩风险,加剧金融体系的脆弱性。在经济繁荣期,需求旺盛会推动产品价格不断提高,导致企业不断提升收益率预期。投资收益预期的提高,会促使企业通过银行贷款、发行债券等方式增加投资,实现产能短期内大幅扩张。但是在经济萧条期或者衰退期,产品需求下降,供给大于需求使得价格不断下降,企业未来投资收益率的预期会随之降低。企业投资意愿降低,甚至会陷入"借新债还旧债"的恶性循环之中。同时,企业杠杆率的提升会使企业的再借贷成本不断增加,加剧融资约束,这会进一步降低企

---

① 国家金融与发展实验室. NIFD 季报:2019 年度宏观杠杆率 [EB/OL]. (2020-02-15) [2025-01-01]. http://www.nifd.cn/SeriesReport/Details/1709.

② 非金融企业部门 2008 年杠杆率为 95.2%,2019 年为 152.3%;政府部门 2008 年杠杆率为 28.1%,2019 年为 38.3%;家庭部门 2008 年杠杆率为 17.9%,2019 年为 55.8%。

业的投资能力，最终会使企业长期面临信用违约和关联企业风险。一旦企业信用违约，风险的传染性会形成多米诺骨牌效应，这种风险将会迅速传导到金融机构的资产负债表上，导致银行坏账大面积出现，资本市场股票、债券也会大幅贬值，最终爆发债务和金融危机。

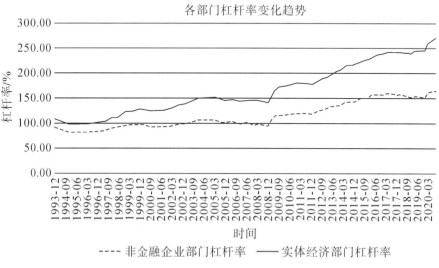

各部门杠杆率变化趋势

**图 1-1　各部门杠杆率变化趋势**（1993—2020 年）

因此，为了实现经济"稳增长"，有效化解债务风险、防范系统性金融风险以及积极稳妥地降低非金融企业杠杆率是我国去杠杆的重中之重。为此，2015 年年底中央经济工作会议提出了"去产能、去库存、去杠杆、降成本、补短板"五大重点任务，中国正式进入"去杠杆"的进程。其后连续 3 年我国均强调了去杠杆的重要性，企业去杠杆已成为我国经济工作的重要内容。2016 年，中央经济工作会议指出，要深入推进"三去一降一补"任务，在去杠杆方面，要在控制总杠杆率的前提下，把降低企业杠杆率作为重中之重。2017 年，党的十九大报告指出，坚持去产能、去库存、去杠杆、降成本、补短板，优化存量资源配置，扩大优质增量供给，实现供需动态平衡。2018 年，中央财经委员会第一次会议明确提出，要以结构性去杠杆为基本思路，分部门、分债务类型提出不同要求，地方政府和企业特别是国有企业要尽快把杠杆降下来，努力实现宏观杠杆率稳定和逐步下降。2019 年颁布的《2019 年降低企业杠杆率工作要点》中强调，增强微观主体债务治理能力，完善企业债务风险因素的监测和防控机制，加强对企业债务风险的管理和控制，确保去杠杆过程的平稳进行。2020 年住房城乡建设部、人民银行联合召开房地产企业座谈会，强调市场化、规则化、透明化的融资规则，防范化解房地产金融风险，促进房地产市场持续平稳健康发展，推动房地产行业的去杠杆化。2024 年全国人民代表大会常务委员会表决通过了《国务院关于提请审议增加地方政府债务限额置换存量隐性债务的议案》，增加地方政府债务限额 6 万亿元，用于置换存量隐性债务。

本书在经济"稳增长"和非金融企业部门去杠杆政策的宏观背景下，基于微观企业视角探讨去杠杆行为所产生的经济后果。已有的关于微观企业去杠杆的经济后果的研究（马红和王元月，2017；乔小乐，2018；綦好东 等，2018；王玉泽 等，2019；马草原和朱玉飞，2020；王学凯 等，2021；梁安琪和武晓芬，2021；徐斯旸 等，2021）基本都是基于股东价值最大化的视角进行探究。与这些研究不同，本书基于利益相关者整体的视角展开研究。相较于传统的"股东利益至上"理论，利益相关者理论（Freeman，1984；Freeman & Reed，1983；Harrison & Freeman，1999）认为，企业本质上是由企业各利益相关者共同组成，企业不能仅仅只追求股东利益最大化，而应该是要为所有的利益相关者创造财富和价值，其经营目标应该是通过协调不同利益相关者的利益要求，实现利益相关者整体的利益最大化。企业的生存和发展除了依靠股东投入的股权资本，也需要获取利益相关者的共同参与和支持，获得其稀缺性资源的投入。随着科技革命和知识经济时代的到来，物质资本在许多领域的稀缺性不断降低，而利益相关者积极参与对企业成功经营的重要性急剧提升（陈宏辉和贾生华，2005）。因此，企业在经营决策过程中需要综合考虑不同利益相关者主体的利益（陈宏辉和贾生华，2004），否则这些主体就会撤出其资本，影响企业的生存与发展。

各个利益相关者往往基于自身利益需求的考量对企业提出要求，希望企业履行尽量多的显性契约和隐性契约责任，这会导致不同利益相关者的利益要求差异较大，而且很可能会出现严重冲突（陈宏辉和贾生华，2005）。企业作为一种由不同利益相关者提供的资源或能力组成的集合体（郝云宏和钱晨，2008），经常面临利益相关者的利益冲突问题（杨瑞龙和周业安，2000），如若不能很好地解决，最终会损害公司的整体利益（闫小龙和邓胜涛，2002）。因此，企业能否成功开展经营活动的一个基本前提就在于其能否正确处理和协调好企业与各利益团体之间以及各利益团体相互之间的利益问题。资源依赖理论认为，群体或个人掌握的资源的稀缺程度决定了其对企业生存和发展的重要程度（Emerson，1962）。不同利益相关者能够给予企业的支持和影响差异较大，企业应该更为关注掌握企业赖以生存的关键资源的利益相关群体的利益要求（Agle，1999）。企业对其依赖性越强，就越应该满足该利益相关者的利益要求，给予他们的权益就应该越大（Frooman，1999）。其他利益相关者的利益是以企业为载体，只有确保核心利益相关者的利益最大化以及企业的持续发展，其他利益相关者的利益才有可能实现。因此，本书主要基于核心利益相关者的视角，考察企业去杠杆行为的经济后果。

利益相关者研究的关键和基础，是要对其进行科学合理的界定和分类（Rowley，1997）。Harrison 和 Freeman（1999）依据影响企业目标实现或者受到实现过程影响的个体或者群体来划分企业利益相关者。从国内研究来看，陈宏辉和贾生华（2004）通过对国内企业的利益相关者进行评分，划定核心、蛰伏还是边缘利益相关者，其中股东、管理人员和员工是企业不可缺少的核心利益相关者。张进发（2009）与陈宏辉、贾生华（2004）的观点一致，认为股东、管理者和员工是企业最重要和最核心的利益相关者，可以通过物质资本与人力资本的内在联系，形成一个生产要素契约集合体。陈维政等（2002）按照能否直接影响组织决策对利益相关者进行划分，认为内部利益相关者包括企业内部高层管理人员、员工以及股东，他们会对企业决策产生直接影响。王竹泉（2008）按照能否直接参与企业的集体选择将利益相关者分为企业内部利益相关者和外部利益相关者。其中企业内部利益相关者包括员工、股东和管理者，可以通过参与企业的集体选择来影响组织决策，可以实现并共享企业的共同利益和目标，体现为企业的商业价值。企业外部利益相关者包括客户、供应商、政府等，并不直接参与企业的集体选择，但是会受到企业经营的外部性影响，这一外部性体现了企业的社会价值。由于本书研究的是企业去杠杆行为的经济后果，更多地应该体现为企业的商业价值，因此，本书综合 Harrison 和 Freeman（1999）、陈维政等（2002）、陈宏辉和贾生华（2004）以及王竹泉（2008）的研究，将可以影响企业的组织决策，并直接受到目标实现影响的股东、员工和高管等企业内部群体，作为本书的主要研究对象。

当企业债务水平较高，其利润主要有利于现有债务持有人而非新投资者时，企业就无法筹集到新资本，这将使公司不得不放弃一些正净现值项目。因为股东与债权人代理冲突，所以引发了投资不足问题，而这一问题会损害企业价值。同时，中国企业杠杆率一直居高不下，这对企业的经营决策也会产生不利的影响。股东、高管和普通员工作为企业经营决策的直接参与者（Harrison & Freeman，1999；陈维政 等，2002；陈宏辉和贾生华，2004，2005；王竹泉，2008），也是企业经营发展的直接受益者以及生产要素（劳动与资本）的投入者，会受到企业去杠杆行为的直接影响。首先，当企业选择去杠杆时，其负债水平的降低能够减轻企业债务负担，提高企业投资激励，从而增加企业投资（Myers，1977）。投资作为企业在生产经营领域投放要素资源以期获得未来收益的经济活动，是企业价值的主要来源（李志生和金凌，2021）。其次，根据资本结构代理成本理论（Jensen & Meckling，1976），公司在所有权与经营权相分离的情况下存在经理与股东之间的代理成本和股东与债权人之间的代理成本，二者之间是此消彼长的关系。企业选择去杠杆，降低了其债务融资占比，股东与债权人之间的代理成本降低，此消彼长作用下，管理层与股东之间的代理冲突加剧（Jensen & Meckling，1976）。最后，当企业选择去杠杆时，偿还债务的资金支出可能让企业面临削减成本的压力（Matsa，2010）。股东为了生存往往利用自己的优势地位，把成本和损失转嫁到比他们更弱的员工身上，直接影响劳动者权益。罗长远和陈琳（2012）、Ruscher 和 Wolff（2013）研究发现，当公司陷入困境时，企业会选择倾向于减少劳动雇佣或者降低工资水平来降低企业经营成本。习近平总书记在党的十九大报告中指出："我国经济已由高速增长阶段转向高质量发展阶段。"因此，本书以我国2008—2020年中国A股上市公司为研究对象，基于内部利益相关者和企业高质量发展的视角，系统探讨企业去杠杆行为所产生的经济后果。具体地，基于股东视角，研究企业去杠杆行为与股价波动的内在关系与作用机理；基于高管视角，探究企业去杠杆行为对高管薪酬业绩敏感性的影响与作用机理；基于员工视角，探究企业去杠杆与劳动收入份额的内在关系与作用机理。主要研究思路为：

首先，企业高质量发展离不开资本市场的资金支持。股票市场作为上市公司重要的融资渠道，对资源配置发挥了导向性作用，能支持企业高质量发展。在资本市场上，投资者做出决策时会对股价波动进行估算，权衡证券投资的风险与期望收益（张志强，2010）。而股价波动为资本市场的发展带来了不稳定因素，严重时会危害投资者的个人财富，动摇投资者对资本市场的信心，甚至危及实体经济的发展。本书为投资者的投资决策提供经验借鉴，为相关部门制定相关政策引导企业决策相应提供了新的治理思路和决策依据。

其次，在企业所有权与经营权相分离的现代公司制度下，高管行为对企业经营效率具有举足轻重的影响，因此股东与经理人之间的委托代理问题成为影响企业高质量发展的重要因素。高管薪酬业绩敏感性作为反映企业代理问题的重要指标，是公司降低代理成本、提升经营业绩的有效手段（卢锐，2014）。高管薪酬对业绩的敏感性越高，意味着其薪酬与公司业绩越相关（魏志华 等，2015），股东可以激励高管通过实现公司业绩和股东价值最大化来达到个人利益最大化的目的。企业杠杆率降低时，能够使经理人利益与股东利益趋于一致，若股东选择对经理人进行激励，使其薪酬与业绩挂钩，则股东能够从中获益，这会增强股东提升高管薪酬业绩敏感性的动力。当薪酬业绩敏感性较强时，高管进行自利性投资活动的收益降低而风险增加，有助于抑制高管的机会主义动机（Francis et al.，2011），从而提高企业价值使得股东受益。本书可以为高管治理提供新视角和经验证据。

最后，高水平的人力资本是企业高质量发展的基石。员工是劳动资源的载体，为企业经营发展投入的人力资本是企业获取持久竞争优势的重要源泉和战略性资本（高艳，2001），也是企业在竞争中取得成功的最重要因素之一（Pfeffer，1994）。过低的劳动收入份额会对人力资本投资产生负向影响，导致劳动者不愿也不能进行人力资本投资。由欧拉方程可知，劳动收入份额由员工工资和劳动生产率共同决定（罗明津和铁瑛，2021）。企业去杠杆行为可能通过影响员工工资或者劳动生产率来影响劳动收入份额。企业杠杆率居于高位时，一方面企业杠杆率的降低能够促进企业创新活动，企业可能会通过替代低技能劳动，提高劳动生产率，降低劳动收入份额（黄先海和徐圣，2009；王丹枫，2011；陈宇峰 等，2013）。另一方面，企业去杠杆导致的偿债压力，会进一步加剧企业融资约束，限制了对劳动力报酬的支付能力。偿还债务需要源源不断的资金支出，并让企业面临削减成本的压力（Matsa，2010）。企业会选择倾向于减少劳动雇佣或者降低工资水平来降低企业经营成本（Ruscher & Wolff，2013；罗长远和陈琳，2012），因而降低了劳动收入份额。劳动者收入份额的降低，使得拥有劳动、知识、技术等生产要素的劳动者，无法按照其生产要素的真实贡献度获取其应有的经济报酬。利益分配的不平衡，会加剧企业内部劳资力量的对比失衡，这可能会导致劳资冲突问题，不利于缩小收入分配差距和促进社会平衡发展。本书为完善劳动者收入分配制度，缓解收入分配不平衡，促进共同富裕提供了新的经验证据。

### 1.1.2 研究意义

（1）理论意义

第一，拓展了微观企业行为决策经济后果的研究视角。已有微观企业去杠杆经济后果的研究，多数是基于传统的"股东利益至上"的经营理念的视角展开的。本书则是基于内部利益相关者的视角，系统探讨了企业去杠杆行为的经济后果及其作用机理，为后续研究微观企业行为决策经济后果提供了新视角。

第二，拓展了利益相关者理论的研究。本书研究发现，企业去杠杆行为对股东和管理层具有积极的影响，但是却降低了普通员工的劳动收入份额和工资水平，不利于降低收入分配差距和促进社会平衡发展，不符合社会主义共同富裕的本质要求。因此，企业在经营决策过程中要从"股东利益至上"的传统经营理念，转为综合考虑不同利益相关者的利益要求。这促进了利益相关者理论的发展。

第三，拓展了 Myers（1977）债务悬置理论的适用范围。在实证部分，本书研究发现企业去杠杆行为通过缓解债务悬置效应，降低了股东面临的股价波动风险，提高了经理人和股东之间的利益一致性，促进了企业科技进步。这些研究发现验证了债务悬置理论在发展中国家的适用性，丰富了债务悬置理论。本书以最大的发展中国家为场景，验证 Myers（1977）债务悬置理论。本书也可以为世界各国解决债务悬置问题，提供理论参考和经验借鉴。

（2）现实意义

第一，本书研究能够为世界各国解决债务悬置问题提供经验借鉴。基于投资者（股东）视角，本书研究发现企业去杠杆行为显著降低了股价波动，对企业有积极影响，体现了去杠杆对资本市场稳定性的重要性，为制定相关政策提供了经验借鉴。同时，本书验证了 2015 年中国去杠杆政策的有效性，也为世界各国解决债务悬置问题提供了经验借鉴。

第二，本书研究为高管治理提供了新视角。在企业所有权与经营权相分离的现代公司制度下，高管行为对企业经营效率具有举足轻重的影响，因此股东和经理人之间的委托代理问题成为影响企业高质量发展的重要因素。本书研究发现，企业去杠杆行为对高管薪酬业绩敏感性具有显著的正向影响并对高管具有治理作用。这为研究高管的治理提供了新视角。

第三，本书为完善劳动者收入分配制度，缓解收入分配不平衡，促进共同富裕提供了新的经验证据。本书研究发现，企业去杠杆显著降低了劳动收入份额和员工工资水平。利益分配的不平衡，会加剧企业内部劳资力量的失衡，这可能会引致劳资冲突问题，不利于缩小收入分配差距和促进社会平衡发展。因此在发挥好按劳分配的初次分配作用的条件下，我们要完善再分配、三次分配协调配套的基础性制度安排。

## 1.2 研究目标与内容

### 1.2.1 研究目标

本书的研究目标是：通过将企业去杠杆的宏观背景和利益相关者理论研究相结合，基于内部利益相关者视角，系统探究企业去杠杆行为所产生的微观经济后果。一方面，为准确评估企业去杠杆行为的经济意义提供经验证据；另一方面，验证企业在做出去杠杆决策时，是否实现了利益相关者之间的利益平衡。

本书的具体研究目标如下：

①梳理和分析。通过文献梳理，掌握企业去杠杆的驱动因素、杠杆操作手段及其经济后果，股东视角下企业风险的影响因素，高管视角下高管薪酬业绩敏感性以及普通员工视角下劳动收入份额的影响因素的相关研究现状，明确尚未解决的关键问题和本书研究在文献中的定位。

②理论探讨。通过梳理本书相关的理论基础，厘清基于不同内部利益相关者视角下，企业去杠杆行为与企业风险、高管薪酬业绩敏感性和劳动收入份额的内在逻辑关系，构建企业去杠杆行为对不同利益相关者所产生的微观经济后果影响的分析框架。

③理论分析与实证检验。依次基于各内部利益相关者视角，系统探究企业去杠杆行为对企业风险、高管业绩敏感性以及劳动收入份额的影响及其作用机制。在此基础上，探究公司特征的异质性影响。

### 1.2.2　研究内容

本书共分为 8 章。其中，第 1 章为导论，第 2 章为制度背景，第 3 章为文献综述，第 4 章为相关理论基础，第 5 章至第 7 章为实证部分，第 8 章为研究结论和政策建议。各章节的具体内容如下：

第 1 章为导论。本章首先介绍了本书的研究背景和研究意义，在此基础上进一步阐明本书的研究目标和研究内容，并阐述了本书的研究思路与方法，最后介绍了本书主要的创新点。

第 2 章为制度背景。本章首先对我国关于去杠杆的政策文件及会议进行了梳理，而后对各国在各个时期的去杠杆化措施进行了梳理，为本书研究提供了现实背景。

第 3 章为文献综述。根据本书的研究主体和研究内容，本章主要从以下三个维度对国内外相关文献进行梳理。首先，本书通过回顾企业去杠杆的驱动因素、动机和经济后果的相关研究，为企业响应国家战略进行去杠杆行为提供了理论支撑。其次，本章通过梳理不同内部利益相关者微观经济后果的影响因素的相关研究，为企业去杠杆行为影响企业风险、高管业绩敏感性和劳动收入份额的研究提供理论支持，并为后面实证研究部分控制变量的选取和模型设计提供理论依据。最后，本章在已有文献研究的基础上进行文献评述，梳理出已有研究的不足之处，为本书的研究提供了理论支撑。

第 4 章为理论基础。本章通过对相关理论的详细梳理，为后续章节理论分析和实证研究提供了理论支持，主要包括利益相关者理论、资本结构理论、人力资本理论、融资约束理论和债权人治理理论。

第 5 章基于股东视角，考察股票市场风险影响因素研究。本章探讨了企业去杠杆行为对股价波动的影响及其作用机制，并在此基础上探讨其对产权性质、企业成长性、企业规模等公司特征的异质性影响。

第 6 章基于高管视角，探究高管薪酬业绩敏感性影响因素研究。本章主要基于高管薪酬业绩敏感性的视角，探究企业去杠杆对企业高管产生的经济后果及作用机制。为了检验企业去杠杆行为提高了高管薪酬业绩敏感性对高管起到的治理作用，本章探讨了去杠杆对高管超额薪酬、在职消费和代理成本之间的关系以及去杠杆对资本配置效率的影响。

第 7 章基于员工视角，探究劳动收入份额影响因素研究。本章主要基于企业劳动收入份额的视角，探究企业去杠杆对企业普通员工产生的经济后果及其作用机理，以此说明企业去杠杆行为对企业发展成果的分配问题的影响，以及是否满足了普通员工的利益要求。本章还探讨了企业去杠杆行为对员工工资和劳动生产率的影响，以及企业去杠杆提升劳动生产效率的内生动力。

第 8 章为研究结论与政策建议。本章对前文的理论分析与实证检验结果进行总结，提炼出本书的研究结论，然后结合我国企业的现状，提出相应的政策建议。

## 1.3　研究思路与方法

### 1.3.1　研究思路

基于研究目标，本书按如下思路进行各部分的研究：

第一部分：梳理和分析。首先，通过文献综述，掌握企业去杠杆的驱动因素、动机与经济后果，以及本书主要研究的企业去杠杆经济后果影响因素的相关研究现状，明确尚未解决的关键问题和本书在文献中的定位；其次，阐述本书的理论基础，厘清实证章节部分的内在逻辑关系，构建本书的分析框架，为后文实证分析提供理论依据和文献支撑。该部分内容主要呈现在本书的第 3 章和第 4 章。

第二部分：理论分析与实证检验。在第 5 章，本书从股东的视角，考察了企业去杠杆行为对股价波动的影响及其作用机制，并在此基础上探讨了其对产权性质、企业成长性、企业规模等公司特征的异质性影响。在第 6 章，本书基于高管视角，探讨了企业去杠杆行为对高管业绩敏感性的影响及其作用机理，并在此基础上探讨了其对高管的治理作用。在第 7 章，本书基于普通员工的视角，探讨了企业去杠杆行为对劳动收入份额影响及作用机制，以及企业去杠杆能够提高劳动生产率的内生动力。

第三部分：研究结论与政策建议。本部分在前文理论分析与实证检验的基础上，结合研究结论给出相关政策建议。本书的技术路线图如图 1-2 所示。

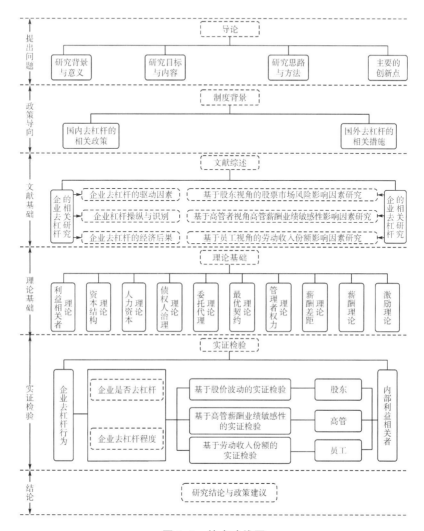

图 1-2　技术路线图

## 1.3.2　研究方法

本书研究主要采用的是规范研究法和实证研究法。规范研究方法主要用于研究背景与意义、理论基础、文献回顾与评述和理论分析与假设部分。实证研究方法重点是采用实证检验的方法对本书的理论假设进行验证。具体如下：

（1）规范研究方法

本书将规范研究方法重点用于研究背景与意义、理论基础、文献回顾

11

与评述以及理论分析与假设等几个方面。首先，在研究背景与意义分析方面，本书结合企业去杠杆决策的政策背景，提出本文研究的原因和重要性。其次，在文献回顾与评述方面，本书依次对企业去杠杆行为的驱动因素和经济后果，以及基于股东视角的企业风险、基于高管视角的高管薪酬业绩敏感性和基于普通员工视角的劳动收入份额的影响因素等方面的国内外相关文献进行了系统梳理。最后，在理论基础和理论分析方面，本书基于利益相关者理论、资本结构理论、人力资本理论和债权人治理等理论，对不同内部利益相关者视角下企业去杠杆行为与企业风险、高管薪酬业绩敏感性和劳动收入份额之间的关系进行了理论分析。

（2）实证研究方法

针对所需探讨的不同内部利益相关者视角下企业去杠杆行为所产生的微观经济后果的关系，本书主要通过实证研究方法为上述关系提供经验证据。在数据选取与处理方面，本书采用 2008—2020 年中国 A 股市场非金融上市公司为研究样本；主要通过 Stata 15.1 与 Excel 2016 等软件进行数据处理；在实证过程中主要采用 OLS 估计对本书的研究假设进行验证。在实证研究过程中，本书分别采用描述性统计分析法、相关性分析、多元回归分析法、安慰剂检验、稳健性检验以及进一步研究对上述结果进行分析，为本书研究结论提供了更为充足的证据。

## 1.4　主要的创新点

第一，研究视角的创新。本书立足国内学术界尚待系统深化的领域，以内部利益相关者整体利益平衡为分析基点，首次尝试构建跨主体协同的微观企业去杠杆研究框架，采用 2008—2020 年中国 A 股市场非金融企业为研究样本，系统探讨了企业去杠杆行为所产生的经济后果及其作用机理，丰富了微观企业去杠杆的经济后果方面的文献，为准确评估企业去杠杆行为的经济意义提供了经验证据。本书不同于已有文献基于产业层面研究去杠杆对经济增长（Eggertsson & Krugman，2012）、经济波动（潘敏和袁歌骋，2018）、金融风险（刘勇和白小滢，2017）以及投资规模（刘哲希和李子昂，2018）的影响。在微观企业层面，乔小乐等（2018）研究发现中国制造业企业去杠杆能够提高企业资金使用效率；綦好东等（2018）

研究了去杠杆对企业绩效的影响，过度负债企业去杠杆能够提高企业绩效；马草原和朱玉飞（2020）基于中国工业企业数据库探究了去杠杆对全要素生产率的影响，从全样本来看，企业去杠杆降低了企业全要素生产率，但是过度负债企业去杠杆能够提高全要素生产率。这些研究多数是基于股东价值最大化的视角进行的探究，而企业的生存和发展除了依靠股东投入的股权资本，也需要获取利益相关者的共同参与和支持，以得到其稀缺性资源投入。因此，只追求股东利益至上的传统经营理念已经不再适用于现代公司治理，企业在经营决策过程中需要综合考虑不同主体的利益（陈宏辉和贾生华，2004）。

第二，本书以最大的发展中国家为场景，验证并拓展了 Myers（1977）债务悬置理论。本书从去杠杆的视角进行研讨，为世界各国解决债务悬置问题提供了理论参考和经验借鉴。在本书实证章节部分，第 5 章研究发现，企业去杠杆行为通过缓解债务悬置效应降低了股东面临的股价波动风险；第 6 章研究发现，企业去杠杆行为通过缓解债务悬置效应，使得经理人和股东的利益一致性提高，提高了高管薪酬业绩敏感性，从而对高管起到治理作用。第 7 章研究发现，企业去杠杆行为通过促进企业创新投资提高了企业劳动生产率和全要素生产率。这些研究发现验证了债务悬置理论在发展中国家的适用性，丰富了债务悬置理论；同时，也说明发展中国家存在债务悬置问题。已有研究发现债务悬置是发达经济体如美国（Blickle & Santos，2021）、欧盟（Vanlaer et al.，2021）以及新兴经济体（Borensztein & Ye，2021）等共同面临的问题。

第三，本书丰富了企业风险的研究范畴。本书基于债务悬置理论，探究了企业去杠杆行为对企业风险的影响和作用机理，是对企业风险管理文献的拓展和补充。已有文献探究了公司治理和企业经营决策等对企业风险的影响（Jo & Na，2012；Benlemlih et al.，2016；Bernile et al.，2018；Giannetti & Zhao，2019；张敏和黄继承，2009；翟胜宝 等，2014；罗党论 等，2016；冯丽艳 等，2016；曾辉祥 等，2018；甄红线和王三法，2021）。

第四，本书对高管委托代理问题治理和企业收入分配问题的研究形成有益补充。已有研究多从公司治理与制度环境的视角出发进行研究，本书则基于企业财务杠杆这一新的视角，探究企业去杠杆行为对高管业绩敏感性和劳动收入份额的重要影响，为研究高管治理和企业收入分配问题提供了新的研究视角。

# 2 制度背景

## 2.1 国内去杠杆的相关政策

2015 年 11 月，习近平总书记在中央财经领导小组第十一次会议上首次提出"供给侧结构性改革"，同年 12 月，中央经济工作会议明确供给侧结构性改革的核心任务为"三去一降一补"（去产能、去库存、去杠杆、降成本、补短板），"去杠杆"作为其中一项重要任务，与其余任务共同构成经济结构化的整体布局。这是适应我国经济发展新常态的必然要求。同时，这也意味着政府开始将企业去杠杆提升到重要的政策层面，以推动经济的健康发展和防范金融风险。

2016 年 10 月，国务院发布《国务院关于积极稳妥降低企业杠杆率的意见》，提出降杠杆的总体思路：坚持积极的财政政策和稳健的货币政策取向，以市场化、法治化方式，通过推进兼并重组、完善现代企业制度强化自我约束、盘活存量资产、优化债务结构、有序开展市场化银行债权转股权、依法破产、发展股权融资，积极稳妥降低企业杠杆率。这是去杠杆的纲领性文件，为企业去杠杆提供了总体的指导原则和方向。2016 年 11 月财政部、国家税务总局印发《关于落实降低企业杠杆率税收支持政策的通知》，要求财税部门减轻企业负担、降低企业成本，为企业降杠杆创造良好的外部环境。

2018 年，我国出台了一系列关于去杠杆的政策文件并多次召开重要会议，从国务院到各部委，从金融监管机构到财税部门，都在积极推进去杠杆工作，以防范化解金融风险，实现宏观杠杆率的稳定和逐步下降。这些政策和会议涵盖了企业兼并重组、市场化法治化债转股、金融监管、税收支持、货币政策等方面，形成多角度去杠杆的政策体系，为我国经济的稳定健康发展奠定了坚实基础。

2018 年 1 月，中国银行业监督管理委员会印发《关于进一步深化整治银行业市场乱象的通知》，提出整治银行业市场乱象工作要点，继续推进金融体系内部自查自纠，整治违规理财和金融产品等行为，严查违规加杠杆、加链条、监管套利。4 月，中央财经委员会第一次会议首次提出"结构性去杠杆"，分部门、分债务类型提出不同要求，地方政府和企业特别是国有企业要尽快降低杠杆，努力实现宏观杠杆率稳定和逐步下降。6 月，中国人民银行货币政策委员会第二季度例会指出，要综合运用多种货币政策工具，把握好结构性去杠杆的力度和节奏，促进经济平稳健康发展，稳定市场预期。7 月，中共中央政治局召开会议，提出要把防范化解金融风险和服务实体经济更好结合起来，坚定做好去杠杆工作。8 月，国家发展改革委、人民银行、财政部、银保监会、国资委五部门联合印发《2018 年降低企业杠杆率工作要点》的通知，提出要建立健全企业债务风险防控机制，包括充分发挥国有企业资产负债约束机制作用、加强金融机构对企业负债的约束、健全企业债务风险监测预警机制等部署要求。工作要点还提出深入推进市场化法治化债转股、加快推动"僵尸企业"债务处置、协调推动兼并重组等其他降杠杆措施，进一步明确了结构性去杠杆的重点领域和主体。9 月，中共中央办公厅、国务院办公厅联合印发《关于加强国有企业资产负债约束的指导意见》，提出国企资产负债约束以资产负债率为基础约束指标，对不同行业、类型国企实行分类管理并动态调整，展现转被动应对为主动防控的去杠杆思路。11 月，国家发展改革委、财政部、国资委等 11 个机构联合发布《关于进一步做好"僵尸企业"及去产能企业债务处置工作的通知》，要求积极稳妥处置"僵尸企业"和去产能企业债务，明确了分类处置"僵尸企业"和去产能企业直接债务的方式，进一步推动了劣质企业的市场出清，有效防范化解企业债务风险。

2019 年 7 月，国家发展改革委、人民银行、财政部、银保监会四部委联合印发《2019 年降低企业杠杆率工作要点》，对市场化债转股工作、"僵尸企业"处置、债务风险监测预警机制建设、国有企业改革等方面的去杠杆工作作出了部署和安排，强调增强债务的治理效应，完善企业债务风险因素的监测和防控机制，加强对企业债务风险的管理和控制，确保去杠杆过程的平稳进行。

2020 年 8 月，住房城乡建设部、人民银行联合召开房地产企业座谈会，会议强调建立市场化、规则化、透明化的融资规则，有利于房地产企业形成稳定的金融政策预期，合理安排经营活动和融资行为，增强自身抗风险能力，也有利于推动房地产行业长期稳健运行，防范化解房地产金融风险，促进地产市场持续平稳健康发展。

2022 年 5 月，国务院办公厅印发《国务院办公厅关于进一步盘活存量资产扩大有效投资的意见》，指出有效盘活存量资产，形成存量资产和新增投资的良性循环，对于合理扩大有效投资以及降低政府债务风险、降低企业债务水平等具有重要意义。

2023 年 9 月，国务院办公厅发布《关于金融支持融资平台债务风险化解的指导意见》，为融资平台债务风险化解提供了方向和要求，推动了相关工作的开展。其中，对化债的基本原则、主要措施等进行了明确，如要求地方政府落实主体责任，妥善处理存量债务，严格控制新增债务等。

2024 年 11 月，十四届全国人大常委会第十二次会议审议通过《国务院关于提请审议增加地方政府债务限额置换存量隐性债务的议案》，决定批准增加 6 万亿元地方政府债务限额用于置换存量隐性债务，以缓释地方当期化债压力、减少利息支出，帮助地方畅通资金链条，增强发展动能。国内去杠杆相关政策和会议见表 2-1。

表 2-1　国内去杠杆相关政策和会议梳理

| 时间 | 政策/会议 | 主要内容 |
|---|---|---|
| 2015 年 11 月 | 中央财经领导小组第十一次会议 | 首次提出"供给侧结构性改革" |
| 2015 年 12 月 | 中央经济工作会议 | "三去一降一补"五大任务 |
| 2016 年 10 月 | 《国务院关于积极稳妥降低企业杠杆率的意见》 | 提出降杠杆的总体思路，稳定地降低企业负债率，是去杠杆的纲领性文件 |
| 2016 年 11 月 | 《关于落实降低企业杠杆率税收支持政策的通知》 | 财税部门减轻企业负担、降低企业成本，为企业降杠杆创造良好的外部环境 |
| 2018 年 1 月 | 《关于进一步深化整治银行业市场乱象的通知》 | 推进金融体系内部自查自纠，整治违规理财和金融产品等行为，严查违规加杠杆、加链条、监管套利 |
| 2018 年 4 月 | 中央财经委员会第一次会议 | 分部门、分债务类型提出不同要求，地方政府和企业特别是国有企业要尽快降低杠杆，努力实现宏观杠杆率稳定和逐步下降 |

表2-1（续）

| 时间 | 政策/会议 | 主要内容 |
|---|---|---|
| 2018 年 6 月 | 中国人民银行货币政策委员会第二季度例会 | 综合运用多种货币政策工具，把握好结构性去杠杆的力度和节奏，促进经济平稳健康发展，稳定市场预期 |
| 2018 年 7 月 | 中共中央政治局会议 | 要把防范化解金融风险和服务实体经济更好结合起来，坚定做好去杠杆工作 |
| 2018 年 8 月 | 《2018 年降低企业杠杆率工作要点》 | 要建立健全企业债务风险防控机制，包括充分发挥国有企业资产负债约束机制作用等。工作要点还提出深入推进市场化法治化债转股、加快推动"僵尸企业"债务处置、协调推动兼并重组等其他降杠杆措施，进一步明确了结构性去杠杆的重点领域和主体 |
| 2018 年 9 月 | 《关于加强国有企业资产负债约束的指导意见》 | 提出对不同行业、不同类型国有企业实行分类管理并动态调整，设置了资产负债率预警线和重点监管线，展现转被动应对为主动防控的去杠杆思路 |
| 2018 年 11 月 | 《关于进一步做好"僵尸企业"及去产能企业债务处置工作的通知》 | 对"僵尸企业"的处置提出了要求，进一步推动了劣质企业的市场出清，有效防范化解企业债务风险 |
| 2019 年 7 月 | 《2019 年降低企业杠杆率工作要点》 | 对市场化债转股工作、"僵尸企业"处置、债务风险监测预警机制、制度建设、国有企业改革等方面的去杠杆工作作出了部署和安排 |
| 2020 年 8 月 | 房地产企业座谈会 | 坚持"房住不炒"，房企融资"三道红线"、房贷管理"两道红线"持续发力，防范化解房地产金融风险，促进房地产市场持续平稳健康发展，推动房地产行业的去杠杆化 |
| 2022 年 5 月 | 《国务院办公厅关于进一步盘活存量资产扩大有效投资的意见》 | 指出有效盘活存量资产，形成存量资产和新增投资的良性循环，对于合理扩大有效投资以及降低政府债务风险、企业债务水平等具有重要意义 |
| 2023 年 9 月 | 《关于金融支持融资平台债务风险化解的指导意见》 | 融资平台债务风险化解提供了方向和要求，推动了相关工作的开展 |
| 2024 年 11 月 | 《国务院关于提请审议增加地方政府债务限额置换存量隐性债务的议案》 | 增加 6 万亿元地方政府债务限额置换存量隐性债务，用于支持地方置换各类隐性债务 |

## 2.2 国外去杠杆的相关措施

国际金融危机之前，许多国家都曾出现债务比例过高的情况，因此在危机发生之后，美国、日本等许多国家都进入了去杠杆化的进程。纵观国外的主要去杠杆政策以及措施，不难发现许多国家通过扩大财政开支、政府加杠杆、非金融机构和家庭部门去杠杆、量化宽松政策等措施来修复金融危机带来的影响。在此背景下，本章将对次贷危机之后的美国、经济泡沫破灭之后的日本以及欧债危机之后的欧洲的主要去杠杆化政策措施进行梳理和总结。

### 2.2.1 次贷危机之后的美国去杠杆措施

第二次世界大战以来，美国的杠杆率长期处于一个相对较高的水平，政府部门的杠杆率呈现出周期性的特点。在 2008 年的次贷危机之前，家庭部门、非金融企业以及金融企业的杠杆率都有较大幅度的上升，特别是家庭部门的杠杆率。2008 年次贷危机发生之后，美国迅速做出反应，采取有效的去杠杆政策措施。

第一，美联储实施了量化宽松（QE）货币政策。在 2008 年、2010 年和 2012 年先后推出了三轮 QE，花费大量的资金购买美国国债、房利美和房地美债券、抵押贷款支持债券。除此之外，美联储通过资产购买计划，持续向市场提供流动性，这一举措能帮助金融机构和家庭部门平稳降低杠杆率。具体的做法主要有：①启用短期招标工具（TAF）、一级交易商信贷工具（PDCF）、定期证券信贷工具（TSLF），向存款金融机构和一级交易商提供流动性；②启用资产支持商业票据货币市场共同基金流动性工具（AMLF）、商业票据融资工具（CPFF）、货币市场投资者融资工具（MMIFF），向存款类金融机构和银行控股公司、票据发行人以及货币市场投资者提供流动性；③启用中长期证券购买计划、定期资产支持证券信贷工具（TALF），向房利美、房地美、联邦房贷银行、持有资产支持证券（ABS）的美国企业和投资基金提供流动性。

第二，美国政府部门果断加杠杆，扩大财政赤字，以此来降低家庭部门和非金融企业的杠杆率。其具体做法是大幅提高预算赤字，实施大规模的经济刺激计划以提高总需求。2008 年 10 月，美国政府通过《紧急经济稳定法》，决定出台"问题资产救助计划"，批准 7 000 亿美元用于购买和担保金融机构问题资产，以此帮助当时正处于危机中的金融机构。2009 年美国政府推出《美国复苏与再投资法案》，法案包括 7 870 亿美元的支出，用于减税、信贷、家庭失业救济金、医疗保健、基础设施和教育的支出以刺激经济复苏。2009 年美国政府预算赤字达到创纪录的 1.42 万亿美元，占 GDP 的比重升至 10.1% 的最高水平。

第三，美国政府部门加强了对金融机构的监管。美国政府通过立法加强影子银行监管，联邦存款保险公司也积极帮助企业解困。2009 年，美国国会授权政府对陷入困境的金融机构有权托管或接管，以及进行有效和有序的重组。2010 年 7 月美国政府通过《多德–弗兰克华尔街改革与消费者保护法》（简称《多德–弗兰克法案》），该法案对金融机构的监管进行了全面改革，扩大了美联储及监管机构的权限，限制银行自营交易，监管衍生品市场。

第四，美联储使用的政策工具见表 2-2。

表 2-2　美联储使用的政策工具

| 时间 | 政策工具 | 措施 |
| --- | --- | --- |
| 2007 年 12 月至 2010 年 3 月 | 短期贴现措施 | 将传统贴现窗口的贷款期限由隔夜或几周延长至 90 天 |
| | 短期招标工具 | 美联储事先公布拍卖的总金额，最低报价利率和报价金额等拍卖参数；存款机构通过集中单一价格拍卖获得资金，确定固定利率。期限分为 28 天和 84 天两类，抵押品范围和贴现窗口要求一致 |
| 2008 年 3 月至 2010 年 2 月 | 一级交易商信贷工具 | 一级交易商通过清算银行向纽约联邦储备银行提出申请，清算银行根据其抵押品计算所能获得贷款数额；抵押品包含全部可用于回购协议的债券，利率为纽约联邦储备银行再贴现率，期限为隔夜 |
| | 定期证券借贷工具 | 美联储事先公布拍卖国债的平价，一级交易商以其债券为抵押，通过拍卖的方式融得国债，后通过销售国债获得资金；抵押品与一级交易商信贷工具相同，期限为 28 天 |

表2-2(续)

| 时间 | 政策工具 | 措施 |
|------|---------|------|
| 2008 年 9 月至 2010 年 2 月 | 资产支持商业票据货币市场共同基金流动性工具 | 存款金融机构和银行控股公司以再贴现率从美联储融资,用于向面临投资者赎回压力的货币市场共同基金购买资产支持商业票据。存款机构借款期限不超过 120 天,非存款机构借款期限不超过 270 天 |
| 2008 年 10 月至 2009 年 10 月 | 货币市场投资者融资工具 | 美联储设立 5 家特殊目的公司,并向投资者购买特定货币市场工具(存单、银行券、高评级金融机构商业票据),同时授权纽约联邦储备银行为特殊目的公司提供高级担保金。美联储全部融资额最高不超过 5 400 亿美元 |
| 2008 年 10 月至 2010 年 2 月 | 商业票据融资工具 | 纽约联邦储备银行设立特殊目的公司并向其提供融资,特殊目的公司通过一级交易商购买票据发行人发行的 3 月期无担保或资产支持商业票据,用持有票据到期的收益和其他资产偿还纽联储贷款。利率为 3 个月隔夜指数掉期利率加固定利差(100 至 300 基点) |
| 2009 年 3 月至 2010 年 6 月 | 定期资产支持证券信贷工具 | 联邦储备银行为持有合格资产证券化产品的企业和投资基金提供 2 000 亿美元无追索权抵押贷款;财政部从 7 000 亿美元问题资产救助计划中出资 200 亿美元提供担保 |

## 2.2.2 经济泡沫破灭之后的日本去杠杆措施

1990 年日本经济泡沫破裂之后,日本企业债务激增,并于 1994 年达到峰值,日本经济受到重创。在经济的压力之下,日本被迫进入了去杠杆的进程。

实行扩张性财政政策。具体做法主要有:一是大量发行国债,提高政府杠杆率,支持企业去杠杆。二是扩大公共投资,1992—1999 年,日本连续多次采用积极的财政政策,总规模达 130 多万亿日元。2008—2010 年日本又先后 8 次出台了较大规模的财政刺激政策,财政总规模达 180 万亿日元。

实施降息和量化宽松政策。日本央行 9 次降低贷款基准利率,从 1991 年的 6% 降至 1996 年的 0.5%。1999 年,日本央行将利率降至零。2001 年,日本央行开始实施第一轮量化宽松政策,大量购入长期国债等资产以增加基础货币供给，向市场持续注入流动性，该政策持续实施至 2006 年 3 月才结束。

强制要求主要银行加快不良债权的处理进程。1998 年日本出台了《金融再生计划》，规定了金融机构破产处理原则，强化了银行股东的责任，旨在解决银行体系中的不良债权问题。该政策最终推动银行的不良债权率逐年下降，到 2006 年 3 月，整个银行业的不良债权率从 2001 年 4 月的 10% 下降到 3%，并使银行业实现了扭亏为盈。

### 2.2.3 欧债危机之后的欧洲各国的去杠杆措施

受美国次贷危机的波及，2011 年欧洲爆发了以高杠杆为特征的债务危机，整个欧洲的经济状况都处于极为艰难的境地之中，欧洲各国以及欧洲央行也经历了一系列去杠杆的过程。

强化金融监管。巴塞尔银行监管委员会（BCBS）对欧洲银行加强了监管，在 2009 年 12 月发布的《增强银行业抗风险能力》中引入杠杆率，并在之后确定了最低一级资本杠杆率为 3%。此外，欧盟委员会迫使银行缩减资金杠杆较高的投行业务，将业务中心转移到传统的商业银行领域。2011 年欧债危机之后，欧盟委员会强化了金融监管，进一步提高了欧洲银行业资本充足率要求，欧洲银行被迫通过收缩资产负债表和提高权益的方式降低杠杆率。

实施大规模救助计划。在主权债务危机发生之后，欧洲的经济环境受到重创，为了避免情况继续恶化下去，2009 年 5 月 10 日，欧元区政府开始实施大规模的救助计划，救助总金额为 7 500 亿欧元。其中 4 400 亿欧元以政府间协议的形式提供，为期 3 年；根据《里斯本条约》相关条款，欧盟委员会从金融市场融资 600 亿欧元；剩余的 2 500 亿欧元由国际货币基金组织提供。

紧急向银行业注资。为增加银行体系的流动性，帮助银行缓解资金压力，欧洲央行对银行业实施特别救助，即向银行业注资，扩大银行业资产规模，以降低杠杆率。欧洲央行规定，在能够提供担保的情况下，各银行可以 1% 的基准率向欧洲央行申请无限制的 3 月期贷款。欧洲央行还降低了银行抵押贷款标准，推出 3 年期长期融资机制，在提供合格抵押品后，银行即可从欧洲央行获得无限制最长 3 年期的贷款。通过以上措施，欧洲央行共向银行业注资约 5 000 亿欧元。2012 年 2 月，欧洲央行实行第二轮 LTRO 操作，再次向银行注资 5 200 多亿欧元。

# 3 文献综述

## 3.1 企业去杠杆的相关研究

### 3.1.1 企业去杠杆的驱动因素

自 2008 年美国次贷危机引爆的国际金融危机以来，为促进经济持续增长，我国实施宽松的财政政策、货币政策及金融政策以此应对，随之我国的债务总体规模在世界主要经济体范围内处于较高水平，同时债务增速呈现阶段性较快特征（杨小静和张英杰，2017）。国有企业的长期负债占比常年居高不下，并且所在行业往往产能过剩严重，长此以往将不利于国民经济的健康发展，因此国有企业去杠杆具有迫切性与必要性。但是，过度负债的国企由于有信贷配给，因此其缺乏去杠杆的内生动力，我们需要通过加强市场竞争推动其去杠杆（郑曼妮和黎文靖，2018）。其中国有企业改制重组是解决国有企业杠杆率居高不下的一种重要方式，可以促进企业创新和提高企业的生产率，增强企业盈利能力，从而达到通过提升内源融资能力的方式，达到去杠杆的目的（蒋灵多和张航，2020）。同时，非国有股东通过委派董事切实参与国有企业治理，能够促进国有企业去杠杆（陈艳利和钱怀安，2021）。但是，我们需要看到，稳增长压力上升所引致的地方政府对国有企业融资决策的干预，使得国企与私企杠杆率剪刀差也从 2008 年开始发生逆转（胡悦和吴文锋，2019）。在不同地区实体经济的真实杠杆水平存在的"错估"（王竹泉 等，2019），说明我们不能只考虑国有企业去杠杆，而要从全局性考虑去杠杆的重要性和必要性。

要从全局性出发研究企业去杠杆的驱动因素，就要综合考虑企业自身特征和宏观因素的影响。在企业自身特征方面，企业杠杆率动态调整的重要驱动力由企业盈利能力决定，资产收益率越高越有利于减少资源错配行为，从而提升企业杠杆率（郑曼妮和黎文靖，2018；舒长江和洪攀，2020）。过度负债程度越高、成长性越好和公司治理水平越好的公司，会优先选择积极的"增权"方式去杠杆，而不是采用"不积极"的"减债"方式（周茜 等，2020）。过度负债程度越高的企业，去杠杆的可能性和程度越高（许晓芳 等，2020）。良好的公司治理和外部制度环境以及高质量审计，对企业过度负债行为具有显著的治理效应（汪玉兰 等，2020）。在实体企业"脱实向虚"越发严重的背景下，金融资产配置是影响企业杠杆率的重要因素（吴立力，2021；惠丽丽和谢获宝，2021）。适度的金融化可以提高企业杠杆率调整速度，而过度的金融化则会抑制杠杆率调整速度（吴立力，2021）。相比杠杆不足的企业，金融资产配置形成的负向治理效应在杠杆过度的企业中较显著（惠丽丽和谢获宝，2021）。

新兴业态、经济环境和地方政府行为等宏观背景，是企业去杠杆的重要驱动力，会对企业财务决策产生重要影响。自改革开放以来，中国经济经历了 40 多年的高速增长，不断涌现的新兴科学技术和新兴金融业态，深刻影响着企业财务决策。其中金融科技的发展具有不可忽略的重要影响，银行金融科技水平的提升可以提升其信息甄别能力，优化风险控制模式，合理引导信贷资源从"僵尸"国企转移到优质民企，从而促进企业结构性去杠杆（张金清 等，2022）。对于非金融企业而言，金融科技的发展可以通过降低融资约束和财务费用，提升企业内部控制和风险稳定程度的方式来实现去杠杆的目的（张斌彬 等，2020；赵芮和曹廷贵，2022），以及实现企业债务期限结构优化的目的（林爱杰 等，2021）。在科学技术进步方面，企业杠杆水平可以通过技术创新，不断提升的企业市场竞争能力与调整成本对冲能力来进行调节，对过度负债的企业去杠杆，对负债不足的企业补杠杆（于博，2017）。

同时，经济环境与企业管理息息相关，会对企业去杠杆决策产生重要影响。居民部门加杠杆不仅不能创造有利于企业去杠杆的宏观经济环境，反而会通过恶化企业偿债能力、加深"僵尸化"程度等渠道机制使企业的债务风险恶化（何德旭和张斌，2021）。经济不确定性会扭曲银行的债务展期决策和企业杠杆，对于一些资不抵债、缺乏自生能力的企业，银行进行债务展期，会使其成为僵而不死的僵尸企业。对于具备正常偿债能力的企业，银行实行的信贷紧缩方式会迫使其去杠杆，从而导致企业面临资金链断裂的风险（张一林和蒲明，2018）。在贸易自由化的背景下，进口关税下降会迫使效率较低的高杠杆企业退出市场，并降低在位企业的杠杆率（蒋灵多 等，2019）。汇率政策不确定性的增加，会通过引发国际资本流动、降低投资效率并加剧风险承担而提升企业杠杆率（司登奎 等，2020）。外资管制放松会使国有企业杠杆率显著提高（蒋灵多和陆毅，2018）。在宏观经济政策方面，随着中央银行政策利率的上升，纵向产业联结度下降将会扩大国有企业与非金融企业整体杠杆率的下降幅度，并缩小民营企业杠杆率的上升幅度（汪勇 等，2018）。增值税转型会使企业债务结构发生改变，降低流动负债率，提高长期负债率，不利于企业去杠杆（申广军 等，2018）。在去杠杆的政策压力下，高杠杆的国有企业和非国有企业的杠杆率均有所降低（马惠娴和耀友福，2021）。市场机制也会对企业去杠杆行为产生影响。金融市场化降低了企业的整体杠杆率，也导致了企业债务期限的增加（谭小芬 等，2019）。而李娟 等（2020）认为金融市场化通过调节信贷资源配置对企业杠杆率存在非线性影响，一方面金融市场化会降低盈利能力弱的企业的杠杆率；另一方面其会提高盈利能力强的企业的杠杆率。卖空制度的实施和资本市场开放政策的实施对企业杠杆率具有治理作用。融资融券会放大财务困境的负面影响，促使管理者降低财务风险投资水平，导致债务融资需求减少和债务融资成本上升（彭章 等，2021）。"沪深港通"制度的实施，通过引入发达资本市场投资者优化了企业融资结构，提升了过度负债公司的去杠杆程度（马永强和张志远，2021a）。

在中国，地方政府凭借其掌控的巨大生产性资源，具有强大的经济干预能力（李雪灵 等，2018），从而对企业杠杆产生重要影响。由于政府和企业部门具有互动关系，地方政府债务的增加对企业杠杆存在显著的挤出效应（郭敏和姚依宁，2021），而地方财政压力的提高会通过降低企业避税意愿和经营绩效，促使企业增加杠杆率（李连友和黄保聪，2021）。地方政府财政分权会直接或间接影响当地金融机构和企业部门的资源配置，改变企业的外部融资环境，造成国企和民企在融资能力上的差异，从而对国企与民企杠杆率产生截然相反的作用（谭小芬和张文婧，2021）。地区碳排放诱发的"减碳"规制的不确定性，会使企业减少长期投资和增加短期投资，从而降低了企业杠杆率（陈小辉 等，2021）。

### 3.1.2 企业杠杆操纵与识别

在诸多现实约束下，高杠杆企业去杠杆并非易事，因此企业可能出于不同动机进行杠杆操纵。在这种情况下，杠杆操纵的不利影响以及识别机制就是需要研究的重要内容。上市企业为迎合政策和监管需要，会通过表外负债、名股实债等会计操纵手段，在形式上完成去杠杆任务和粉饰企业杠杆状况（许晓芳和陆正飞，2020；许晓芳 等，2020）。已有研究发现，我国有些上市公司确实存在杠杆操纵行为，且公司账面杠杆率越高、融资约束程度越大以及去杠杆压力越强，公司杠杆操纵程度越大（许晓芳 等，2020），从而导致用于控制账面杠杆率的盈余管理程度越大（许晓芳 等，2021）。

为了促进去杠杆政策的有效实施，如何防范企业杠杆操纵也就成了学术界亟待解决的问题。其中党组织参与治理和审计师的"看门人"作用，对于防范企业杠杆操纵发挥着重要作用（翟淑萍 等，2021；徐亚琴和宋思淼，2021）。党组织参与公司治理，通过企业信息透明度和抑制管理者的机会主义动机，缓解了国有上市公司的杠杆操纵问题（翟淑萍 等，2021）。审计师作为资本市场的"看门人"，为降低自身风险，在应对企业杠杆操纵时会优先选择出具非标审计意见，这有助于银行识别企业杠杆操纵（徐亚琴和宋思淼，2021）。

### 3.1.3　企业去杠杆的经济后果

笔者通过研究已有文献发现，企业去杠杆会对企业的生产效率、企业绩效和企业经营决策产生重要影响。从企业生产效率的角度来看，去杠杆整体上对实体企业生产率具有抑制作用，而对过度负债的企业去杠杆则有利于提高其生产率（马草原和朱玉飞，2020）。从企业绩效的角度来看，去杠杆有助于企业绩效的提高，但是这种作用主要存在于过度负债企业，对于负债不足的企业则作用不明显（綦好东 等，2018；王学凯 等，2021；梁安琪和武晓芬，2021）。去杠杆对企业创新的影响，已有文献均认为去杠杆在一定程度上对企业创新产生正向影响，但是二者之间可能存在非线性关系。企业杠杆率与创新投入、创新产出之间存在"倒 U 形"关系（徐斯旸 等，2021），对创新风险的影响则呈"U 形"关系（王玉泽 等，2019）。"结构性"去杠杆政策实施会提升其科技创新投入水平（窦炜和张书敏，2021；郑忠华和王倩，2021）。

去杠杆作为保证中国经济高质量发展的重要举措，会对企业的经营决策产生重要影响。首先，去杠杆会影响企业金融资产的配置。窦炜和张书敏（2021）以及窦炜（2021）均认为去杠杆政策会显著降低企业的金融资产配置，并能抑制过度负债企业的固定资产投资。其次，宁薛平和张庆君（2020）研究发现杠杆率水平对金融错配具有门槛效应，企业降低杠杆率会先减缓金融错配，杠杆率超过阈值时会加剧金融错配。最后，去杠杆对企业的投资效率具有重要影响。马红和王元月（2017）结合我国特殊的制度环境，研究发现债务杠杆由于融资约束程度、投资过度或不足的差别从而使得其与我国企业的投资效率之间呈现"倒 U 形"的非线性关系。

以上文献认为去杠杆具有积极的影响，但是一部分学者也提出了反对意见，认为去杠杆行为会对企业产生不利影响。在去杠杆政策的背景下，企业为了保持自身的流动性会显著增加金融资产的持有份额（郑忠华和汤雅雯，2021）。实体企业在降低杠杆率后会选择增持金融资产，从而导致经营风险随之上升（马永强和张志远，2021b）。楚有为（2021）研究发现，企业去杠杆幅度和去杠杆压力越大，去杠杆造成的股价崩盘风险越高。

## 3.2 基于股东视角的股票市场风险影响因素研究

### 3.2.1 公司治理与企业风险

已有有关公司治理影响企业风险的研究主要包括内部控制、董事会特征、高管特征等公司治理机制。在企业内部控制方面，公司内部控制质量越高，其应对经济因素或市场因素变动的能力就越强，越能有效缓解外部不利冲击的影响，降低系统风险（方红星和陈作华，2015）。良好的内部控制能够帮助管理层做出正确的资源配置决策，提高资源利用率和经营管理效率，从而缓解成本粘性对企业风险的加剧作用（耿云江和王丽琼，2019）。有关董事会特征对企业风险的影响方面，于富生等（2015）从股权集中度、独立董事比例、高管持股、总经理与董事长的二职分离、是否国有控股、董事会规模、高管薪酬等角度，探究了公司治理对企业风险的影响，研究发现不同公司治理机制所发挥的作用具有明显的差异。曾进（2010）利用南开大学发布的"中国公司治理指数（CCGINK）"研究发现，公司治理水平能够显著抑制企业风险。Bernile 等（2018）采用性别、年龄、种族、教育背景、财务专业知识和董事会经验的广度等综合指标来度量董事会多元化程度，考察其对企业风险的影响，研究发现当董事会呈现多元化特征时，因为企业采用了更为持久且风险更低的财务政策，所以企业股价波动风险降低。Giannetti 和 Zhao（2019）以董事的祖籍作为影响因素来研究董事会成员的意见和价值观，研究发现董事会成员种族多元化后召开了更多的董事会会议，产生了更多的不确定决策，提高了企业业绩的波动性，从而提高了企业风险。赵龙凯等（2014）研究发现，在中国注册的合资企业的风险水平会受到出资国文化特征的影响，其中和谐主义与不确定性规避能够缓解企业风险，而个人主义则会恶化企业风险。吴颖宣和施建军（2018）探究了董事会社会资本对企业风险的影响，研究发现董事会社会资本深度提升了董事会的信息获取和处理能力，有助于董事会对企业所面临的外部环境有较为全面的了解，从而降低企业风险。但是董事会社会资本深度会降低董事会对于外部环境变化的感知能力，降低其对行业外部环境的了解和判断能力，从而提高企业风险。在高管特征对企业风险的影响方面，谢盛纹和刘杨晖（2015）研究发现管理层权力越大，企业的监督机制越难有效发挥作用，这会使管理层更容易头脑发热，采取激进的经营政策与财务政策，风险相应增大。王谨乐和史永东（2018）研究发现，中小个体投资者因专业知识不足，会错误地将亏损公司的高管变更事件解读为利好消息。他们的集中买入行为会引发公司股价波动，进而使企业风险增加。赖黎等（2019）探究了公司购买董事高管责任保险对企业风险的影响，研究发现公司购买董事高管责任保险，更多是使决策者的风险决策约束得以放松，最终加剧企业的经营风险。

### 3.2.2 企业经营决策与企业风险

已有研究发现，银企关联、多元化战略、政治关联、社会责任等是影响企业风险的重要因素。银行关联企业相比非关联企业，银行贷款的便利性以及获取银行贷款的良好预期将导致企业过度投资，从而提高企业风险（翟胜宝 等，2014）。企业多元化战略对企业风险具有重要影响，张耕和高鹏翔（2020）研究发现，不同的多元化战略对企业风险的缓解作用会因风险类型的不同产生差异，其中行业多元化战略会降低企业特质风险，国际多元化战略能够降低企业系统风险。在政治关联方面，张敏和黄继承（2009）研究发现企业实施多元化会加剧企业市场风险，可以通过政治关联建立与政府的密切关系，缓解这一不利影响。如果地方官员变更，会改变企业所在地的政治环境，导致经济政策不持续、不确定，给当地企业的经营投资活动产生不利冲击，从而提高了其面临的市场风险（罗党论 等，2016）。Christensen 等（2020）以企业政治联系在共和党和民主党候选人之间的平衡程度作为企业政治对冲的度量指标，研究企业政治对冲活动对企业风险的影响。他们研究发现更大的政治对冲可以降低股票回报的波动性，在政策不确定性较高时期，这一效果更加显著。已有研究发现企业履行社会责任能够显著降低企业风险。企业积极参与慈善捐赠，能够向外界传递经营状况良好的信号，提高品牌知名度和消费者忠诚度，树立负责任的良好企业形象，从而更容易获得政府补贴和项目支持，得到更多、更低利率的银行贷款，为企业后续发展提供一个稳定的外部环境，其系统风险水平较低（薛琼和肖海林，2015）。企业积极承担社会责任形成的道德资本和声誉资本，能够对企业发挥类似"保险"的保护作用，减缓已发生的危机事件对企业未来发展的负面冲击（Jo & Na，2012；冯丽艳 等，2016）。水资源信息披露作为环境信息披露的一部分，是提高企业环境信息透明度和强化企业社会责任的重要举措，有助于降低企业市场风险（Benlemlih，2016；曾辉祥 等，2018）。甄红线和王三法（2021）研究发现，企业积极参与精准扶贫可以通过资源效应、信息效应和声誉保险效应改善投资者预期，从而降低扶贫企业的市场风险。也有研究从企业避税、金融衍生品使用、超额现金持有、劳动者保护等方面对企业风险的影响进行了探究。企业避税行为与公司系统风险之间呈 U 形关系，企业温和避税时，不确定性较低，现金流也较为稳定，能够降低其系统风险；企业激进避税会加剧信息不对称和激励契约扭曲，引发代理冲突，导致企业投资效率下降，从而提高其系统风险水平（陈作华和方红星，2016）。张新民等（2019）研究发现税收规避程度提升会导致企业风险的增大，而高质量的内部控制能够缓解税收规避的风险加剧效应。Guenther 等（2017）探究了企业避税策略对企业风险的影响，研究发现现金税率的波动与未来股票波动有关，表明税率波动与公司风险相关。Bartram 等（2011）研究金融衍生品使用对企业风险和企业价值的影响，研究发现企业使用金融衍生品是为了对冲风险，而非进行投机，具有降低公司总风险和系统风险的作用。赵芮和曹廷贵（2021）研究发现实体企业金融化会通过挤出实物资产投资和降低主营业务收入来扩大企业风险。Huang 和 Mazouz（2018）探究了企业超额现金持有对投资者面临流动性风险时的影响，研究发现企业超额现金持有可以吸引更多的投资者参与交易，提高了投资者的交易倾向，降低了股票价格对市场流动性冲击的风险。高文静等（2022）研究发现企业可以通过增强投资谨慎性降低企业风险。

## 3.3 基于高管视角的高管薪酬业绩敏感性影响因素研究

根据薪酬契约理论，最优的薪酬契约需要将高管薪酬与公司业绩挂钩，高管薪酬业绩敏感性越强，高管薪酬受到企业经营业绩的影响越大，从而对高管具有有效激励作用（Holmstrom，1979）。高管薪酬业绩敏感性作为反映企业代理问题的重要指标，是公司降低代理成本、提升业绩的有效手段（卢锐，2014）。高管薪酬对业绩的敏感性越高，意味着其薪酬与公司业绩越相关（魏志华 等，2015），高管与全体股东的利益一致性程度也越高，其已经成为度量薪酬契约有效性的重要考核指标（Chen et al.，2015）。在我国，高管和职工的薪酬均与所在企业业绩挂钩，并且高管的挂钩程度显著高于职工，说明两类激励都可以促进企业未来业绩的增长（陈冬华 等，2015）。这些研究均说明了研究高管薪酬业绩敏感性的重要性，这也是本书从企业去杠杆的视角探究其对高管业绩敏感性的重要原因。已有文献主要从公司治理、经营环境与企业经营决策三个方面对高管业绩敏感性进行了探究，下面我们从这三方面进行展开。

### 3.3.1 公司治理与高管薪酬业绩敏感性

已有文献从公司内部治理和外部治理两个方面对高管薪酬业绩敏感性的影响进行了探究。公司内部治理，主要包括独立董事治理、会计信息披露、内部控制、股权质押和大股东治理等。本地独立董事对国有企业高管具有监督作用，本地独董在国有控股上市公司董事会中的占比越高，高管的薪酬水平和高管的薪酬业绩敏感性越低（罗进辉 等，2018），并且聘请了社会高知名度的明星独立董事的上市公司具有显著更低的高管薪酬—业绩敏感性（罗进辉，2014）。我国独立董事制度的有效性，可以从董事会独立程度与高管薪酬粘性的负相关关系中得到体现（方军雄，2009）。在会计信息利用方面，多重会计业绩信息评估结果的差异程度越高，高管薪酬业绩敏感性越低（蒋涛 等，2014）。企业通过提高会计信息的可比性，能降低信息不对称，从而提高高管薪酬业绩敏感性，同时也能降低高管超额薪酬的获取水平（张列柯 等，2019）。而上市公司高管薪酬信息披露对薪酬契约的治理作用，受到公司治理和人才竞争状况的异质性影响（江伟等，2016）。在企业内部控制方面，内部控制质量越高的公司，其管理层薪酬业绩的敏感度也越高（卢锐 等，2011）。在大股东持股方面，大股东为了与高管合谋掏空公司，会采用给予合谋的高管更高的薪酬和降低薪酬业绩敏感性的方式，来弥补由此导致的薪酬损失（赵国宇，2017）。蔡贵龙等（2018）研究发现非国有股东向国有企业委派高管有利于改善国企高管的薪酬业绩敏感性，这一作用主要存在于竞争性国有企业和处于较低市场化程度地区的国有企业中。在控股股东股权质押方面，控股股东股权质押会导致上市公司高管薪酬业绩敏感性更弱，但这种现象只在非国有上市公司中存在（李常青和幸伟，2018）。

在公司外部治理机制方面，问询函、国资监管、媒体报道、股权治理层级和卖空机制都是影响高管薪酬业绩敏感性的重要影响因素。在市场机制发达地区的非家族企业，公司收到薪酬问询函后，企业更多地采取代理权变更的方式对高管进行激励约束，使得高管的薪酬业绩敏感性显著降低（何慧华和方军雄，2021）。在股权集中度更高、金字塔层级更短的公司中，受到国资监管职能转变影响的试点央企高管薪酬业绩敏感性显著提高（卜君和孙光国，2021）。在媒体报道方面，媒体报道对高管薪酬契约治理有效性作用的发挥，需要与良好的制度环境相结合（罗进辉，2018）。在股权治理层级方面，控制链较长会促进关联交易并增加信息扭曲给公司带来的风险，导致高管薪酬水平较高，而薪酬业绩敏感性较低（刘慧龙，2017）。董事会非正式层级对高管薪酬业绩敏感性具有显著的负向调节作用，且主要体现在业绩下滑的样本公司中（张耀伟 等，2020）。而董事会连通性主要通过降低高管薪酬业绩敏感性以及增加高管获得的"运气薪酬"方式影响相对业绩评价的效果（崔九九和刘俊勇，2022）。卖空是外部治理的重要机制，融资融券通过提高企业会计信息及市场价格信息质量，从而使得公司的高管薪酬业绩敏感性以及市场业绩敏感度显著上升（洪昀 等，2020）。马惠娴和佟爱琴（2019）认为卖空机制通过股东监督及薪酬股价敏感性发挥治理效应，并能显著提高高管薪酬业绩敏感性，尤其是在业绩下滑时，卖空的治理效应更强。

### 3.3.2 企业经营环境与高管薪酬业绩敏感性

在企业经营环境方面，已有研究发现地方政府行为、社会文化环境等经营环境是影响高管薪酬业绩敏感性的重要因素。在地方政府行为影响高管薪酬业绩敏感性方面，人才政策的实施使得企业更多地采取代理权变更的方式对高管进行激励约束，降低了所在辖区企业的高管薪酬业绩敏感性（陈宁和方军雄，2022）。财政补贴是地方政府进行产业扶持的重要方式，由此带来的企业业绩增加，并不能真实反映高管在公司经营上的努力程度，从而降低了高管薪酬对业绩的敏感性，使得高管成为财政补贴的最大受益者（魏志华 等，2015）。在社会文化环境对高管薪酬业绩敏感性方面，社会信任具有保障高管薪酬激励的重要作用，能够显著提升高管薪酬与公司业绩的敏感性（贾凡胜 等，2017）。企业诚信文化对于民营企业、所在地法律制度以及内部监督机制较为薄弱的企业而言，对高管薪酬业绩敏感性的提升效应更强（汪顺 等，2022）。企业所在地的高房价和高铁是否开通也是影响高管薪酬契约有效性的重要影响因素（陈婧和方军雄，2020；刘晓晖和庄晓惠，2021）。高房价导致要素成本上升，使得管理者的努力程度被扭曲，从而降低了高管薪酬业绩敏感性（刘晓晖和庄晓惠，2021）。而高铁开通则降低了高管薪酬业绩敏感性（陈婧和方军雄，2020）。

### 3.3.3 企业经营决策与高管薪酬业绩敏感性

已有文献研究发现，企业业务交易方式、高管团队组建、管理决策以及投资决策等企业经营决策，对高管薪酬业绩敏感性具有重要影响。在企业业务交易方式方面，上市公司高管薪酬水平和薪酬业绩敏感性会受上市公司合并影响（马忠 等，2021）。企业客户关系型交易占比较高，会显著减弱高管薪酬业绩敏感性，从而显著降低企业的投资效率（曹越 等，2020）。在高管团队组建方面，高管团队年龄差距会显著影响薪酬差距。一些企业存在"论资排辈"的薪酬结构，降低了薪酬与企业业绩的敏感程度，限制了企业薪酬契约激励作用的有效发挥（刘建秋 等，2021）。年龄越大的企业高管更具有社会资本，而这种社会资本会通过影响薪酬契约签订中的谈判力和控制力来降低其薪酬业绩的敏感性，尤其是业绩下降时的薪酬业绩敏感性（李四海 等，2015）。由于组织对跨体制社会资本高管的经营业绩有相对乐观的确定性预期，因此，在薪酬契约中支付了较高的确定性薪酬，而当企业业绩上升时，高管的薪酬并不显著地随着真实业绩的上升而上升（李四海 等，2017）。在企业管理决策方面，ERP 系统不仅能够提高信息质量以建立更有效的薪酬契约，还可以改善内部控制以约束管理层的机会主义行为，从而提高了高管薪酬业绩敏感性（袁蓉丽 等，2022）。成本粘性加剧了信息不对称程度，显著降低了高管薪酬业绩敏感性（谢获宝和惠丽丽，2017）。股权分置改革通过影响非国有控制公司的盈余管理水平，显著提高了上市公司高管薪酬业绩敏感性（陈胜蓝和卢锐，2012）。在投资决策方面，已有文献从公司战略、私募股权投资参与、创业投资参与、并购的开放式创新等方面对高管薪酬业绩敏感性进行了探究。王欣和欧阳才越（2021）研究发现激进型公司战略会给管理层牟取私利提供便利，降低了其高管薪酬业绩敏感性。王会娟和张然（2012）研究发现私募股权投资参与的上市公司其高管薪酬业绩敏感性普遍高于无私募股权投资参与的上市公司。陈孝勇和惠晓峰（2015）研究发现创业投资能够改变民营企业高管薪酬业绩的敏感性，而对于国有企业高管薪酬契约有效性则没有显著性影响。郑雅君和崔永梅（2021）研究发现通过并购实现的开放式创新模式降低了创新风险，提高了创新产出，能够显著提升高管薪酬水平与薪酬业绩敏感性。

## 3.4 基于员工视角的劳动收入份额影响因素研究

### 3.4.1 制度改革与劳动收入份额

关于制度改革对劳动收入份额影响的研究，主要包括沪港通相关制度、股权分置改革、税收制度改革、地方政府政策实施等方面。江轩宇和朱冰（2022）研究发现沪港通制度的实施能降低标的公司的债务成本并提升其研发意愿，从而显著提高劳动收入份额。施新政等（2019）研究发现股权分置改革，一方面会激励管理者通过"高薪引才"来应对更加激烈的外部竞争，从而提高劳动收入份额；另一方面，通过增强资本流通性减少"工资侵蚀利润"现象，从而降低劳动收入份额。但是资本流通性增强对"工资侵蚀利润"现象的减少起主导作用，使得股权分置改革最终降低了上市公司的劳动收入份额。在税收制度改革方面，徐丹丹等（2021）研究发现固定资产加速折旧政策的实施，会同时产生固定资产投资的劳动创造效应和劳动替代效应，但是其劳动创造效应占主导作用，导致企业劳动收入份额上升。苏梽芳等（2021）研究发现"营改增"使企业购进固定资产可以进项抵扣，从而提高了企业固定资产投资，降低了资本要素相对价格。服务业资本和劳动互补，能使劳动需求增加，平均工资水平提升，从而提高劳动收入份额。杜鹏程等（2021）研究发现所得税征管范围改革提升了税收征管强度，引致企业避税程度降低和劳动密集度增加，提高企业劳动收入份额 3.4%~4.7%。

在地方政府政策实施对劳动收入份额影响方面，影响因素包括地方财政收入目标制定、行政管制、国有企业改制、最低工资制定等方面。地方政府主要通过扩大税基和提高税收征管力度来完成财政收入目标加码，这能促进资本深化和企业实际税收负担的上升，进而产生"替代效应"和"转嫁效应"挤占了企业劳动收入份额（张少辉 等，2021）。地方政府的生产性支出的提高，会使资本总报酬上升幅度超过劳动总回报，从而使劳动收入份额下降（徐琰超 等，2019）。大学扩招带来的高技能劳动者供给增加促进了企业固定资产投资和资本品进口的增加，造成资本对劳动的替代，降低了技能溢价，从而降低了劳动收入份额（张明昂 等，2021）。在行政管制对劳动收入份额的影响方面，行政审批改革降低了不同类型企业的交易成本，使得产业变动更符合地区比较优势，能够推动地区就业和劳动收入份额的增加（郭小年和邵宜航，2021）。胡斌红和杨俊青（2020）研究发现环境规制改变了就业技能结构，环境规制强度与劳动份额之间呈"U 形"关系。张建武等（2014）研究发现金融抑制形成的利率压制与信贷配给特征，相当于对资本密集型技术的一种隐形补贴，改变了资本与劳动的相对价格，因而企业将优先选择更便宜的资本进行生产，从而对劳动收入份额形成压制。在国有企业改制方面，林令涛等（2019）研究发现国有企业改制提高了企业效率和工资水平，但工资调整相对滞后，从而造成了劳动收入份额下降的表面现象。最低工资标准的制定是导致劳动收入份额发生变化的直接原因。翁杰和徐圣（2015）认为最低工资标准的提高，会使资本与劳动的相对价格发生改变，企业会优先选择相对便宜的资本替代劳动进行生产，导致利益分配向资本方倾斜，从而降低了劳动者在利益分配中所占的比例。万江滔和魏下海（2020）研究发现最低工资规制同时具有工资率效应和劳动生产率效应，但是前者低于后者，从而降低了劳动收入份额。杜鹏程等（2022）研究发现最低工资标准的上涨和中间品关税的下降，会使企业间要素资源再配置效应下降，导致劳动收入份额降低。而工资刚性和工资收入的业绩敏感性特征是上市公司员工收入上升的主要原因（方军雄，2011）。

### 3.4.2 公司经营决策与劳动收入份额

已有文献关于公司经营决策对劳动收入份额影响的研究，主要集中于会计政策的制定、外源融资来源、工会引入、金融化决策和人工智能应用等方面。在会计政策的制定方面，会计信息可比性的增强降低了资本成本、加大了自主研发强度，从而提高了劳动收入份额，但其主要提高了普通雇员的劳动收入份额，对高管劳动收入份额的影响并不显著（江轩宇和林莉，2022）。在企业外源融资来源对劳动收入份额的影响方面，江轩宇和贾婧（2021）研究发现债券融资可以通过降低整体债务成本和发挥溢出效应降低银行贷款利率，继而提高劳动收入份额。工会作为一个劳动者保护的重要机制，会使企业工资率和劳动生产率的显著提升，但由于后者的升幅更大，因此劳动收入份额反而下降了（魏下海 等，2013）。企业金融化会对企业的利润产生直接影响，从而影响劳动收入份额。企业金融化降低了实体企业成本加成率与利润分成，降低了劳动收入份额（王博和毛毅，2019）。而罗明津和铁瑛（2021）却提出了截然不同的观点，即企业金融化通过"盈利效应"提升了劳动者工资水平，抑制了企业劳动生产率的改进，客观上造成劳动要素在生产中的地位上升进而带来劳动收入份额的提升。

人工智能应用会对劳动者产生替代作用，从而影响劳动收入份额。陈利锋等（2021）研究发现在机器人技术发展水平较低阶段，货币政策冲击发生后，劳动收入份额表现出逆周期特征；而在机器人技术发展水平较高阶段，货币政策冲击发生后，劳动收入份额则表现出顺周期特征。人工智能会通过就业技能结构高级化和技能收入差距扩大化在短期内对劳动收入份额产生不利影响（钞小静和周文慧，2021；芦婷婷和祝志勇，2021）。周明海等（2021）研究发现工业机器人应用具有显著的就业替代效应和较弱的工资提升作用，但是对生产效率的提升作用并不明显，从而降低了劳动要素在工业增加值中的分配比例。机器人的收入增长效应不会均等地惠及所有要素，虽然机器人会同时带来工资率和劳动生产率的增长，但前者增长幅度不及后者，从而使劳动收入份额下降。只有当机器人与人力资本相匹配时，才能更好地促进工资率和劳动生产率的增长（余玲铮 等，2019）。而金陈飞等（2020）研究发现人工智能应用提升企业劳动收入份额的作用机制以劳动增进效应为主，从而显著提升了企业劳动收入份额，平均而言可以提升 1.4~1.7 个百分点。

### 3.4.3 经济全球化与劳动收入份额

中国加入世界贸易组织（WTO）后，在融入全球经贸体系中获益匪浅。但是，中国的全球化过程具有鲜明的劳动驱动的特征：城市化将劳动力从农村转移到城市；工业化将劳动力从农业转移到工业；全球化将劳动力从内地转移到沿海。通过对接国际市场和参与国际分工，农业部门剩余劳动力获得了走出绝对贫困的机会。尽管参与全球分工改善了劳动力的绝对收入，却未能有效提升他们的相对收入。许家云（2020）研究发现进口通过竞争效应和激励效应，提高了企业职工的平均工资水平，不过这种正向的工资提升效应在长期不具有持续性。进口竞争通过挤出劳动收入份额高的企业和吸引劳动收入份额低的企业进入，虽然提高了企业员工的工资水平，但是对企业劳动生产率的提升作用更大，最后显著降低了中国制造业行业层面的劳动收入份额（邓明，2022）。

在用工成本不断提高的宏观背景下，中国贸易自由化进程降低了资本品成本、中间投入品价格和技术引进成本，劳动与资本相对价格的改变，导致企业层面的劳动收入份额不断降低（余淼杰和梁中华，2014）。贸易政策的不确定性下降提升了员工工资率和企业生产率，其中工资率的提升效应占主导，从而提高劳动收入份额（毛其淋和杨琳羿，2022）。张相伟和陆云航（2014）基于贸易结构变动的视角研究发现，对外出口发展抑制了我国劳动收入份额的提升，而进口发展则具有促进作用。全球价值链嵌入对劳动收入份额的影响存在"劳动技能渠道"和"加成率渠道"，但作用方向不同，最终使得中国制造企业参与全球价值链分工显著影响劳动收入份额，全球价值链嵌入度与劳动收入份额呈"U形"关系（隋广军 等，2021）。而企业嵌入全球价值链（GVC）显著降低了劳动收入份额（张少军，2015；袁媛和綦建红，2019），但是资本深化、技术偏向和垄断加成在其中具有异质性影响（袁媛和綦建红，2019）。当技术差距较大时，经济开放程度是决定工业行业技术进步方向的关键因素，其会通过促进资本增强型技术和抑制劳动增强型技术的方式，使技术进步偏向资本（郑江淮和荆晶，2021）。王雄元和黄玉菁（2017）研究发现外商直接投资通过技术进步即增加公司专利数量和全要素生产率，整体上提高了职工收入份额。从分类来看，水平型外商直接投资提高了职工收入份额，而垂直型外商直接投资则不具有这种作用。在新型工业化下，多数企业向高附加值环节延伸，价值链垂直升级，促使整体效率和竞争力提升，劳动者实际收入增加（马国旺和李焙尧，2020）。

## 3.5 文献评述

通过梳理现有文献可以发现，对于企业去杠杆行为的经济后果，现有文献对股价波动、高管薪酬业绩敏感性和劳动收入份额的影响因素都做了较为全面的研究，但仍存在一些研究空白需要补充，具体体现在：

第一，从微观企业角度考察去杠杆的经济后果的相关文献有待补充。已有文献基于产业层面研究了去杠杆对经济增长（Eggertsson & Krugman，2012）、经济波动（潘敏和袁歌骋，2018）、金融风险（刘勇和白小滢，2017）以及投资规模（刘哲希和李子昂，2018）的影响。在微观企业层面，乔小乐等（2018）研究发现中国制造业企业去杠杆能够提高企业资金使用效率；綦好东等（2018）研究了去杠杆对企业绩效的影响，过度负债企业去杠杆能够提高企业绩效；马草原和朱玉飞（2020）基于中国工业企业数据库探究了去杠杆对全要素生产率的影响，全样本来看企业去杠杆降低了企业全要素生产率，但是过度负债企业去杠杆能够提高全要素生产率。本书从内部利益相关者的角度出发，系统探讨去杠杆对利益相关者产生的影响，能更为全面地评估企业去杠杆行为带来的经济后果。

第二，从微观企业的视角探讨劳动收入份额的文献有待进一步补充。在我国实行按劳分配为主体的基本分配制度下，劳动报酬成为国民获取收入的主要来源。切实提高国民收入分配中的劳动报酬占比，对于降低收入分配差距、促进社会平衡发展具有重要意义（张明昂 等，2021）。但是目前有关劳动收入份额影响因素的研究，多数是从地方政府政策实施（张建武 等，2014；徐琰超 等，2019；万江滔和魏下海，2020；张少辉 等，2021；郭小年和邵宜航，2021；杜鹏程 等，2022）、中国经济全球化（张相伟和陆云航，2014；余淼杰和梁中华，2014；张少军，2015；袁媛和綦建红，2019；许家云，2020；隋广军 等，2021；邓明，2022；毛其淋和杨琳羿，2022）等宏观视角进行探究。微观企业作为社会经济发展的重要载体，对于国家经济发展具有直接的贡献，能够壮大促进共同富裕的社会根基，改善人民福祉，促进经济社会发展，扎实推动全体人民共同富裕。因此，从微观企业的视角，探究企业劳动收入份额的变化的研究仍需要加强。已有文献还从会计政策的制定（江轩宇和林莉，2022）、外源融资来源（江轩宇和贾婧，2021）、工会引入（魏下海 等，2013）、金融化决策（王博和毛毅，2019；罗明津和铁瑛，2021）和人工智能应用（金陈飞等，2020；钞小静和周文慧，2021；芦婷婷和祝志勇，2021；陈利锋 等，2021）等方面进行了探究。微观企业去杠杆行为会改变劳动与资本这两种生产要素的相对价格，偿还债务需要的资金支出会加剧企业财务压力，迫使企业压缩经营成本，对劳动雇佣和劳动支付产生重要影响，从而影响企业劳动收入份额。本书基于普通员工的视角，探究企业去杠杆行为对劳动收入份额的影响，是对已有文献的重要补充。

第三，基于利益相关者整体的视角，考察企业经营决策产生的经济后果的相关文献有待进一步完善。前文对去杠杆的经济后果以及股东视角的股价波动的影响因素、高管视角的高管薪酬业绩敏感性的影响因素和普通员工视角的劳动收入份额的影响因素等方面相关文献的梳理，我们可以发现，相关研究已经进行了大量探究，但是多数是从单一视角进行的研究，很少有文献从利益相关者的利益综合考虑的视角进行探究，本书是对相关文献的有益补充。

# 4 理论基础

## 4.1 利益相关者理论

随着时代的发展，物质资本的地位逐渐弱化，传统的"股东利益至上"的企业理论在公司治理的实践中受到越来越多的质疑，这就要求企业在发展过程中需要考虑更广泛人员的利益。在这一背景下，利益相关者（stakeholder）作为股东（stockholder）的对应对象，在 20 世纪 60 年代应运而生。相对于传统的企业经营目标是为实现股东利益最大化、为股东服务的"股东利益至上"理论，利益相关者理论（Freeman，1951；Freeman & Reed，1983；Harrison & Freeman，1999）认为，企业本质上是由企业各利益相关者共同组成，企业不能仅仅只追求股东利益最大化，而应该要为所有的利益相关者创造财富和价值，其经营目标应该是通过协调不同利益相关者的利益要求，实现利益相关者整体的利益最大化。同时，企业的生存和发展除了依靠股东投入的股权资本，也需要获取利益相关者的共同参与和支持，得到其稀缺性资源的投入。随着科技革命和知识经济时代的到来，物质资本在许多领域的稀缺性不断降低，而利益相关者积极参与对企业成功经营的重要性急剧提升（陈宏辉和贾生华，2005）。因此，企业在经营决策过程中需要综合考虑不同利益相关者主体的利益（陈宏辉和贾生华，2004），否则他们就会撤出其资本，影响企业的生存与发展。

利益相关者研究的关键和基础，是要对其进行科学合理的界定和分类（Rowley，1997）。Harrison 和 Freeman（1999）依据影响企业目标实现或者受到实现过程影响的个体或者群体来划分企业利益相关者。从国内研究来看，陈宏辉和贾生华（2004）通过对国内企业的利益相关者进行评分，划定核心、蛰伏还是边缘利益相关者，其中股东、管理人员和员工是企业不可缺少的核心利益相关者。张进发（2009）与陈宏辉和贾生华（2004）的观点一致，他认为股东、管理者和员工是企业最重要和最核心的利益相关者，他们通过物质资本与人力资本的内在联系，形成一个生产要素契约集合体。陈维政等（2002）按照能否直接影响组织决策对利益相关者进行划分，内部利益相关者包括企业内部高层管理人员、员工以及股东会对企业决策产生直接影响。王竹泉（2008）按照能否直接参与企业的集体选择将利益相关者分为企业内部利益相关者和外部利益相关者。其中企业内部利益相关者包括员工、股东和管理者，其可以通过参与企业的集体选择来影响组织决策，实现并共享企业的共同利益和目标，体现为企业的商业价值。企业外部利益相关者包括客户、供应商、政府等，并不直接参与企业的集体选择，但是会受到企业经营的外部性影响，这一外部性体现了企业的社会价值。

在本书中，利益相关者理论主要应用于研究对象的界定和研究意义的论证部分。由于本书研究的是企业去杠杆行为的经济后果，更多地体现为企业的商业价值，因此，本书综合 Harrison 和 Freeman（1999）、陈维政等（2002）、陈宏辉和贾生华（2004）和王竹泉（2008）的研究，将能影响企业组织决策，并直接受到目标实现过程影响的股东、员工和管理者等企业内部群体，定义为内部利益相关者，并以此作为本书的主要研究对象。

## 4.2 资本结构理论

由于本书研究主题是在去杠杆政策的宏观背景下，企业去杠杆后对企业内部利益相关者产生的经济后果。因此，与本书研究主题直接相关的资本结构理论，主要有权衡理论、代理成本理论、债务悬置理论。除此之外，控制权理论和信号显示理论从理论上阐释了资本结构对企业经营者决策和企业价值的影响，是研究的重要理论基础。

（1）权衡理论（trade-off theory）

权衡理论认为债务利息具有抵税效应，即税盾效应。同时负债也会产生财务困境成本。一方面，负债的增多会导致公司面临的风险也随之增大，负债融资需要定期偿还本息，如果不能及时清偿，公司将会面临财务困境甚至破产，公司价值也会由此下降。另一方面，负债还会产生债务代理成本，债权人会通过保护性条款约束公司的经营。当负债率较低时，负债的税盾收益大于其财务困境成本，提高负债水平会提高公司价值。当负债率达到某一阈值时，负债的税盾收益开始被财务困境成本所抵销。公司会在权衡负债税收利益和导致财务危机的相关成本后选择最优资本结构，实现股东价值最大化。

（2）代理成本理论（agency costs theory）

Jensen 和 Meckling（1976）开创了金融学的代理成本理论。在所有权与经营权相分离的现代公司制度下，股东、经理人和债权人之间存在两种代理成本，即经理与股东之间的代理成本，股东与债权人之间的代理成本。股权代理成本和债务代理成本是此消彼长的关系，最优的资本结构就是股权代理成本和债权代理成本之和最小时的资本结构。

（3）债务悬置理论（debt overhang theory）

在 Jensen 和 Meckling（1976）代理成本理论的基础上，Myers（1977）提出了企业债务悬置理论，当利润主要有利于现有债务持有人而不是新投资者时，公司就无法筹集到新资本，这将会使公司放弃一些正净现值项目。当企业债务水平较高，公司债务超过其收益时，潜在的债权人由于无法准确评估一家公司的投资机会而不愿意为企业提供资金（Fazzari et al.，1988）。由于债权优先于股权，企业投资项目产生的现金主要受益人是现有债务持有人而非股东，但股东却要承担投资成本，因此股东会选择放弃投资。这种由股东与债权人的利益冲突导致的企业投资不足问题，又称债务悬置效应。

（4）控制权理论

控制权理论主要是从企业收入流与控制权的分配两个方面来阐述企业的资本结构变化情况。该理论认为，企业资本结构在很大程度上影响着企业的收入流与控制权分配，企业经营者往往会出于对控制权的偏好，以资本结构对其分配施加影响，进而传导至企业的市场价值上来，即将股权与债权设定为企业控制权的基础。控制权理论首先假设企业经营者能够从股份和控制权本身上获取一定的收益，且这两者的收益与其股份大小呈正相关关系，在这样的条件下，企业的价值与外部股东的收益便随之降低，进而降低企业股权被收购成功的可能性，总体而言就是资本结构在一定程度上决定着企业经营者的控制权。

（5）信号显示理论

信号显示理论最早是由罗斯提出来的，其主要观点是企业确定的不同资本结构给外界所传递的信息是不同的。因为在信息不对称的条件下，投资者往往只能根据企业经营者的各项融资决策来判断企业的经营状况，这种判断带有很大的主观性，通常企业经营者掌握着更多企业未来收益与经营风险的信息。在这种条件下，对于投资者来说，企业的债务比率就成了一条重要的参考信息，企业负债比率高，则说明企业经营者对企业未来发展有着较高的心理预期，投资者也会更有信心；反之则说明企业存在较大的经营风险，投资者自然也就望而却步。由此可以看出，信号显示理论认为企业的整体价值实际上与企业负债比率成正相关关系。

结合本书的研究主题和研究对象，资本结构理论主要用于实证章节第5章、第6章和第7章的理论分析部分，为后续的实证研究章节奠定基础。

## 4.3　人力资本理论

人力资本理论（human capital theory）正式提出的时间较晚，直到 20 世纪 60 年代才形成比较完整的概念。人力资本理论形成之前，人们就认识到知识技能的重要性。人们发现个人能力对促进经济发展、生产水平提高以及个人收入有重要影响，便开始关注人力资本的重要性。亚当·斯密（Adam Smith）对人力资本论述得较为详细，他认为个人经过教育而获得的技能和知识是固化在学习者自身的资本，学习者投入一笔资金进行学习，通过学习可以赚取更多的工资。舒尔茨也是最早研究人力资本的学者之一，他在 20 世纪 50 年代就发现人力资本的重要性，定义人力资本是固化在劳动者自身的技能、知识以及个人劳动能力的要素。人力资本是现代经济快速增长的重要因素，也是一类有效率的经济发展要素。加里·S. 贝克尔（Gary S. Becker）是人力资本理论的重要推动者，他主要从微观方面进行研究。他认为在预期收益的现值大于、等于支出即成本总和的现值时，劳动者才会愿意进行人力资本投资，这个支出就成为人力资本投资，目的是未来获得更高的工资收入。Snell 和 Dean（1992）认为人力资本是指拥有技能、经验与知识且对组织具有经济价值的人员。Davenport（1999）认为人力资本模型由四个主要要素组成，即员工能力、员工行为、努力程度和时间。Lepak 和 Snell（1999）强调人力资本是组织内员工的技术能力。

具体到企业人力资本方面，企业人力资本是企业获取持久竞争优势的重要源泉和战略性资本（高艳，2001）。其实质是凝结在企业人员身上的知识和技能，其功能表现为在企业生产与经营中所发挥出来的创造力。Pfeffer（1994）认为员工是企业的核心利益相关者，人力资本是企业在竞争中取得成功的重要因素之一，人力资源是组织过程中最重要的资源。人力资本是劳动者在企业生产经营过程投入的专用性资产，一旦其载体劳动者长期服务于某一企业，其人力资本的使用就趋于单一，再向其他用途转移的难度就很大。根据人力资本在企业合约中的不同地位和功能，企业人力资本可划分为三类（周其仁，1996）：一是工人人力资本。它是工人投入到企业的体力、基本技能和努力，是企业的基础性劳动。二是管理性人力资本。它的功能在于对工人劳动的计量和监督，识别出个别工人对企业生产的贡献，从而奠定"激励性报酬安排"的基础。三是企业家人力资本。它是企业应对市场不确定性和做出企业"做什么和怎么做"等经营决策的企业家才能的总和。根据周其仁（1996）的研究，本书主要研究的是工人（普通员工）人力资本和管理性人力资本。

结合本书的研究主题和研究对象，人力资本理论主要用于实证章节第6章第7章的理论分析部分，为后续的实证研究章节奠定基础。

## 4.4　债权人治理理论

在债务契约关系中，在非对称信息情况下，股东与经理人存在机会主义动机，出现侵害债权人利益的资产替代、投资低效等问题。Jensen 和 Meckling（1976）认为，债权人收益与风险存在不对称性，即如果投资项目成功，债权人最多只能获取本金和利益，一旦失败债权人可能会面临完全失去本金的风险，这将导致股东具有较强动机去投资风险更高的项目。债权人为维护自己利益不被侵害，一方面，会与借贷方签订约束其行为的债务契约，禁止股东乱投资或者改变借贷款项的用途；另一方面，会支付更多的成本对债务人行为进行监督和管理。因此，债权人监督过程会发挥治理作用。Defond 和 Jiambalvo（1994）与 Bushman 等（2004）研究发现，当债务比例较高时，企业债权人将对公司的资产有更大的控制权，债权人具有更强的动机参与公司经营和约束投资行为，以降低自身的风险。Jensen（1986）提出增加债务融资可以更加有效地约束经理的过度扩张动机，有助于降低自由现金流的代理成本。

债权人治理最大的特点是，在债务契约中债权人只具有相机控制权，一般不能对企业的生产经营活动进行控制，但会对企业资金的使用进行间接监督。当企业在财务情况良好，有能力偿还债务时，债权人对企业的经营决策不加干预；而当企业陷入流动性危机、或者资不抵债时，企业控制权就转移到债权人手中。这样债权人参与公司治理的力度在企业发生财务困难时比较明显，而在企业业绩良好时就会减弱，从而对股东和经理人发挥约束、监督作用。

结合本书的研究主题和研究对象，债权人治理理论主要用于实证章节第 6 章企业去杠杆与高管薪酬业绩敏感性的理论分析部分，为后续的实证研究章节奠定基础。

## 4.5　委托代理理论

现代意义的委托代理的概念最早是由罗斯提出的：如果当事人双方，其中代理人一方代表委托人一方的利益行使某些决策权，则代理关系就随之产生。公司治理本质上解决的也是因所有权和控制权分离所产生的代理问题。20 世纪 30 年代，美国经济学家 Berle 和 Means（1932）提出了"委托代理理论"，开始了对所有者和经营者两权分离问题的探讨，他们倡导的是所有者将经营权利让渡，仅仅保留剩余索取权。同时，他们指出，由于所有者与管理者的利益诉求是不同的，企业剩余收益索取权与控制权的分离必然会增加企业内部的成本。现代的委托代理理论起源 20 世纪 70 年代，由 Jensen 和 Meckling（1976）提出，委托代理关系是代理人接受委托人委托，为实现委托人利益目标而行动，同时从委托人处获取收益的契约关系。这指出了委托人和代理人之间的利益诉求问题。

在信息对称以及代理人和委托人之间的利益诉求一致的情况下，代理人的行为可以被观察到，委托人可以根据观测到的情况对其实行奖惩，此时，能够达到帕累托最优风险分担和帕累托最优努力水平。反之，如果信息不对称，那么委托人不能直接观察到代理人的行为，这将导致代理人可能出于满足私利的目的而选择偏离代理人利益的决策。因此，在委托代理关系中，解决代理人的道德风险问题，是减少利益冲突，降低利益损失的关键。监督成本、承诺成本以及损失成本，三者共同构成了企业的代理成本。企业的委托代理关系不仅包含股东和管理层，也包括普通员工，三者共同形成了"股东—管理层—普通员工"三层委托代理链条。委托代理理论的核心就是设计一系列合理的契约条款，使得委托人与代理人的利益保持一致，降低委托人与代理人之间的代理成本。企业内部的委托代理关系不仅包含股东与管理层，也包括普通的员工，他们共同形成"股东—管理层—普通员工"三层委托代理链条，根据这一链条，我们可以发现普通员工是最终的代理人，其行为选择将同时影响到股东与管理层的收益（陈冬华等，2015）。虽然普通员工无法直接影响到企业经营政策的制定，但作为企业政策的具体执行者，普通员工在工作中的旷工、偷懒等行为也会带来代理问题，增加企业的代理成本。

结合本书的研究主题和研究对象，委托代理理论主要用于实证章节第6章和第7章理论分析部分，为后续的实证研究章节奠定基础。

## 4.6  最优契约理论

最优契约理论由美国经济学家威廉·莫尔（William Moore）于1970年提出。该理论是在现代企业所有权与经营权分离的背景下产生的。由于企业所有者和管理者之间存在信息不对称和目标不一致的情况，为了协调双方的利益，使管理者能够按照股东的利益行事，人们需要设计一种有效的契约机制，这就是最优契约理论产生的前提。最优契约理论认为薪酬激励是解决股东和经理人之间委托代理问题的有效工具，有效的薪酬契约可以降低委托代理问题，能够有效激励管理层积极工作，进而提升股东价值（解维敏，2018）。最优契约理论的核心目标是设计一种薪酬契约，使得在满足管理层参与约束（participation constraint）和激励相容约束（incentive-compatibility constraint）的条件下，股东的利益能够得到最大化。参与约束是指契约要能够让高管愿意为公司工作，即提供的薪酬和其他待遇至少要达到高管在其他工作机会或闲暇状态下所能获得的效用水平。激励相容约束则要求契约设计要使高管在追求自身利益最大化的过程中，同时也能够实现股东利益的最大化。

最优契约理论强调高管薪酬应该与公司业绩紧密关联，研究表明，管理者薪酬与公司业绩存在显著的正相关关系（Jensen & Murphy, 1985; Firth et al., 2006）。业绩指标可以包括财务指标，如净利润、每股收益、资产回报率等，以及非财务指标，如市场份额、顾客满意度、创新技术等。企业通过将薪酬与这些业绩指标挂钩，例如采用业绩奖金、股票期权等薪酬形式，激励高管努力工作以提升公司业绩。随着市场化进程的推进，管理者薪酬业绩的敏感性逐步提高（辛清泉和谭伟强，2009）。然而，薪酬契约的激励不当（包括激励不足与激励过度两种情形）会引致风险（池华国和朱俊卿，2020）。所以，企业在设计契约时，需要考虑风险分担问题。高管通常比股东更厌恶风险，因为他们的财富和职业声誉在很大程度上依赖于公司的稳定运营。因此，契约要在激励高管努力工作和合理分担风险之间找到平衡。然而，最优契约不是一成不变的，而是需要根据公司的发展阶段、行业环境变化、高管的工作表现等因素进行动态调整。

结合本书研究主体和研究方向，最优契约理论主要用于实证章节第6章企业去杠杆与高管薪酬业绩敏感性的理论分析部分，为后续的实证研究章节奠定基础。

## 4.7　管理者权力理论

管理层权力理论主要关注管理者在公司决策过程中所拥有的权力，以及这种权力如何影响公司的治理结构、战略决策和资源分配等。管理层权力理论认为，管理者并非完全被动地接受股东的委托进行公司管理，而是能够利用自身权力对公司事务施加重要影响，当权力较高的管理层能够影响自己的薪酬契约设计时，股权激励就不再是缓解管理层代理问题的有效方式，反而会引发新的委托代理问题。现在越来越多的研究表明，薪酬业绩不匹配乱象严重降低了最优契约理论的有效性，高管薪酬粘性问题需要寻找新的突破口（李洋 等，2019），此时薪酬契约反而成为股东和董事会之间一种新的代理问题。薪酬的制定与执行机制可能使其成为代理问题的一部分，企业管理层在很大程度上影响甚至决定着自己的薪酬（陈震和丁忠明，2011）。因此，管理者更倾向于维持目前的结构不变或者是更偏向有利于管理者的方向改变，以保证权力租金的稳定性（张亮亮和黄国良，2013）。管理者的权力来源包括企业层级结构赋予的权力、管理者的信息优势、自身的专业知识和经验以及人际关系。管理者通常比股东和其他利益相关者掌握更多关于公司内部运营的详细信息。他们了解公司的财务状况、业务流程、市场情报等关键信息，并能利用这些信息来影响决策。同时，管理者在行业内的长期工作，积累了丰富的专业知识和经验，在公司内外构建了广泛社会网络和良好人际关系。在公司内部，他们与其他高层管理人员、关键部门负责人建立的紧密合作关系，有助于推动决策按照自己的意愿进行；在公司外部，他们与供应商、客户、行业协会等建立的联系可以为公司获取资源、信息和支持，从而增强管理者在公司决策中的话语权。

管理层权力影响薪酬契约的结果是，增加可控因素对薪酬的影响程度，降低不可控因素对薪酬的影响，提高整体薪酬水平（陈震和丁忠明，2011）。具体而言，管理者可以利用自己的权力影响薪酬制定者，从而为自己争取更高的薪酬和更有利的薪酬结构。他们可能会在薪酬方案中加入一些与业绩关联度不高但对自己有利的条款，如高额的退休金计划、慷慨的福利待遇等。同时，即使公司业绩不佳，管理者也可能凭借权力维持自己较高的薪酬水平，导致薪酬与公司业绩的脱钩。因此，其他内部利益相关者应对管理层进行制衡约束。

结合本书研究主体和研究方向，管理者权力理论主要用于实证章节第6章企业去杠杆与高管薪酬业绩敏感性的理论分析部分，为后续的实证研究章节奠定基础。

## 4.8　薪酬差距理论

薪酬差距理论是研究企业内部不同员工群体或者不同职位之间薪酬差异的理论。该理论主要包括基于经济学的薪酬差距理论和基于行为学的薪酬差距理论。基于经济学的薪酬差距理论有锦标赛理论等，基于行为学的薪酬差距理论有公平理论、相对剥夺理论等。

（1）锦标赛理论

锦标赛理论由 Lazear 和 Rosen 共同提出，该理论基于委托—代理理论发展而来。锦标赛理论认为激励员工与既定晋升相联系的工资增长幅度相关，只要存在薪酬差距并且薪酬差距越大，那么对管理层和员工的激励就越大，与企业发展成正相关，能够有效减少搭便车的行为。Rosen 认为薪酬水平与经理层级的关系曲线应该呈现下凸的曲线形状结构，假设普通员工晋升到较高级别的岗位时能获取超额奖金，那么这就能够激励各员工向着顶层岗位努力工作，而此超额奖金在由次高层级管理层晋升到最高层级管理层时最为明显。

（2）边际生产力理论

19 世纪末美国经济学家克拉克提出了边际生产力理论。该理论指出当其他要素数量不变时，单位某种生产要素离开（或加入）生产过程时所引起的商品产值的减（或增加）量，就等于该种生产要素一个单位的服务报酬或其他报酬，即在经济利润为零的静态经济中，要素的价格是由其边际生产力决定的。只有提高劳动的产出弹性才能增加劳动报酬在初次分配中的比重，但劳动者产出弹性的提高并不是从天上掉下来的，而是要给予员工教育和培养，这是被看作进行智力投资的人力资本（陈章武，2019）。

（3）公平理论

公平理论是基于行为理论来研究企业员工的薪酬差距带来的影响。它主要关注薪酬差距如何影响员工的行为和态度。该理论与锦标赛理论不同，不仅仅从激励的角度关注如何提高员工积极性从而提升企业价值，而是更加关注公平分配，考虑到员工的心理感受、公平认知等因素对工作行为的影响，较大薪酬差距不利于实现团队高效率协作，降低了企业利润。高管和普通员工之间的薪酬差距变大也并不能够抑制高管的盈余管理行为（杨志强和王华，2014）。

结合本书研究主体和研究方向，薪酬差距理论主要用于实证章节第 6 章企业去杠杆与高管薪酬业绩敏感性的理论分析部分，为后续的实证研究章节奠定基础。

## 4.9　薪酬理论

美国知名的工资管理研究学者米尔科维奇指出，工资应该是员工成为聘用伙伴关系之一所获得的各项货币总收入、公共服务及社会福利之和。从概念中可以知道工资的主客体（给付市场主体是劳动者，客体是员工）、工资给付的具体内容和表现形式（各项货币总收入、公共服务及社会福利之和），以及给付条件（发生雇佣关系），这些都反映了工资的基本内涵。报酬体现了员工为公司做贡献的报酬，该回报率一般可分成物质性工资与非物质性工资。所谓物质性工资即狭义的薪酬，是指有形的货币流薪酬，主要包括了由员工自己直接获得的工资、奖金、福利补助等，人们对工资的界定一般也是从这种视角进行的。而非物质性工资，则是指个人无法直观得到的工资，包括隐性工资，主要包括了社会奖赏（地位、名誉、成功感等）和职位奖赏（包含职位安全感、岗位满足感、培养发展、升迁机遇等）两方面。而广义的工资既包含物质性工资，也包含非物质性工资，研究发现，企业的规模、绩效以及治理等因素也会影响高管的薪酬，吴玉梅（2018）在梳理高管薪酬影响因素的文献之后，发现高管的薪酬波动与公司绩效、规模等呈现正相关的关系。Raithatha 和 Komera（2016）研究发现，高管现金薪酬与企业环境绩效呈正相关关系，股权与企业环境绩效呈负相关关系。基于去杠杆的宏观大背景，本书以广义工资为主要对象。薪酬管理理论中的工资基金理论、劳动边际生产率分配理论以及共享薪酬学说为本研究提供了重要的理论基础。

（1）工资基金理论

19世纪中叶，随着生存工资论的没落，工资基金理论开始产生。英国经济学家约翰·穆勒是代表人物之一。他认为，在企业资本总额一定的条件下，工资取决于劳动力人数和用于购买劳动力的资本与其他资本之间的关系。用于支付工资的资本就是短期内难以改变的工资基金，由此证实了工资不是由生存资料决定的，而是由资本决定的。之后，英国经济学家纳索·西尼尔对该理论进行了修改，他认为工资应该是所生产的产品和服务中分给工人的那一部分，工资基金取决于工人直接或间接生产产品和服务的生产效率。

（2）劳动边际生产率分配理论

在20世纪初出现了劳动边际生产率分配理论，该理论证实了工资水平与劳动生产率之间的关系：薪酬取决于劳动边际生产率。也就是说，雇主所雇佣的工人所增加的产量的价值就等于该工人的薪酬。如果最后这个工人增加的产量的价值小于付给他的薪酬，雇主就不会雇佣他，只有工人所增加的产量的价值大于付给他的薪酬，雇主才会雇佣这个工人。不过由于边际生产率递减法则，每额外增加的最后一个雇员所增加的生产的总量将不断下降，因此只有在雇员所增产量低于所获得的平均工资时，公司才不会减少雇员。

（3）共享薪酬学说

20世纪70年代美国经济学家马丁·魏茨曼提出了共享薪酬学说。该理论认为，传统的资本主义经济的根本弊端并不是生产，而是分配的问题，特别是员工的工资分配。根据传统的工资分配制度，工人的工资与企业的经济活动没有任何关系，工资是固定的，劳动成本也就是固定的，企业的利润完全取决于产品数量，一旦市场需求减少，厂商只能减少生产，而不能降低价格，在这种情况下，员工就必然面临失业的风险。基于此，马丁·魏茨曼提出了分享经济。他认为企业应将工人的工资与企业的某些经济效益指标挂钩，随经济效益水平同比例增减工人的劳动报酬。

## 4.10 激励理论

激励理论是研究如何满足人的各种需要并且调动人的积极性的理论。激励理论认为员工的工作效率与员工的工作态度有直接关系，而员工的工作态度则取决于需要的满足程度和激励因素，那么如何调动员工的积极性就是企业提高人力资本方面的重要问题。本书研究的是企业去杠杆后对内部利益相关者产生的经济后果，同时为平衡内部利益相关者的利益诉求提供新思路。

（1）马斯洛需求层次理论

20世纪50年代，美国心理学家亚伯拉罕·马斯洛在《人类动机理论》中提出了马斯洛需求层次理论。他认为人类做出某种行为的动机是基于个体的某种需求，并将人的需求从底层到顶层分为生理需求、安全需求、社交需求、尊重需求和自我实现需求，人们只有在较低层次的需求得到满足后，才会开始追求更高层次的需求。这项理论提醒企业管理者要关注员工不同层次的需求，不能局限于物质激励，还应重视员工的心理和精神需求，从而更有效地激励员工，提高员工的工作满意度和工作绩效。

（2）赫兹伯格双因素理论

20 世纪 50 年代末，弗雷德里克·赫兹伯格提出双因素理论，也称为"激励—保健理论"。他将影响员工工作态度的因素分为激励因素和保健因素。激励因素是指能使员工感到满意并且能够真正激励员工工作的因素，激励因素包括工作成绩得到认可，个人成长进步以及工作本身的魅力等；保健因素是指那些能防止员工产生不满情绪的因素，但保健因素只能消除员工的不满，并不能使员工感到真正的满意和激励他们积极工作。保健因素包括员工工资、工作环境及人际关系等。赫兹伯格认为，保健因素的缺乏会导致员工产生不满，但保健因素的满足仅仅是消除不满，并不能使员工满意；激励因素能使员工产生满意感，从而激励员工。

（3）期望理论

20 世纪 60 年代，弗鲁姆提出了期望理论，这是一种过程型激励理论，强调的是要关注员工在工作环境中的激励过程。期望理论认为，员工采取某种行动的动力或激励力取决于他们对行动结果的价值评价和预期达成该结果可能性的估计。简单来说，激励力是效价和期望值的乘积，用公式表示为：激励力 = 效价×期望值。效价是指员工对工作成果展现出来的价值的偏好程度，期望值是指员工对通过自己的努力完成工作任务的可能性大小的主观估计。

结合本书研究主体和研究方向，激励理论主要用于实证章节第 6 章和第 7 章理论分析部分，为后续的实证研究章节奠定基础。

# 5　企业去杠杆与股价波动

## 5.1　引言

　　股票市场作为上市公司重要的融资渠道,对资源配置发挥导向性作用,支持企业高质量发展。在资本市场上,投资者通过对证券投资风险与期望收益的权衡进行投资决策,而对企业风险进行估算是其决策的重要一环(张志强,2010)。但是,股价波动为资本市场的发展带来了不稳定因素,严重时会危害投资者的个人财富,动摇投资者对资本市场的信心,甚至危及实体经济的发展。当企业选择去杠杆时,其负债水平的降低能够减轻企业债务负担,提高企业投资激励,从而增加企业投资(Myers,1977)。投资作为企业在生产经营领域投放要素资源以期获得未来收益的经济活动,是企业价值的主要来源(李志生和金凌,2021)。企业未来预期收益的改变,会对投资者(股东)投资决策产生重要影响。因此,企业的去杠杆行为可以通过影响资本市场投资者的投资决策,对市场资源配置产生导向性作用,从而促进资本市场健康发展。

　　基于此,本章以2008—2020年①中国A股上市公司为研究对象,探究企业去杠杆行为对股价波动的影响及其作用机理。研究发现企业去杠杆行为与股价波动显著负相关,表明企业去杠杆行为有利于降低上市公司资本市场股价波动性,发挥市场的资源配置作用,促进资本市场健康发展。这一结论在经过一系列的内生性检验后,结论仍然成立。机制研究发现,企业去杠杆主要通过缓解债务解决悬置效应导致的投资不足问题,而非信用

---

风险路径,从而降低了股价波动。进一步研究发现,国有企业与非国有企业去杠杆都能够降低股价波动,在大规模企业和低成长性的企业去杠杆存在显著的风险降低效应,表明企业应该坚持结构性去杠杆;同时,企业去杠杆有利于增加下一期的资本投资和创新投资水平,改善企业绩效水平,从而提高投资者的盈利预期,这进一步支持了债务悬置理论。

本章剩余部分安排如下:第二部分为本章的理论分析与研究假设,介绍了本章研究的理论逻辑与研究假设。第三部分是研究设计,详细说明了本章的样本选择与数据来源,介绍了股价波动和企业去杠杆等变量的详细计算方法,以及控制变量的选取和理论模型的文献依据。第四部分是实证结果与分析,首先是描述性统计和单变量检验,给出了全样本描述性统计和分样本描述性统计结果,基于 Pearson 相关系数矩阵给出了单变量检验结果。其次是实证检验,通过最小二乘回归方法(OLS)实证分析了影响企业去杠杆的公司特征,企业去杠杆对股价波动的影响效应,以及企业去杠杆对不同风险类型的影响。第五部分是稳健性检验,针对上述实证结论可能存在的内生性问题,进行了随机改变样本分布的安慰剂检验(Placebo)、PSM 检验、工具变量 2SLS 法、Change 模型、企业固定效应模型、替换核心变量度量指标和改变研究样本等一系列内生性检验。第六部分为进一步研究,首先是采用分组回归的方法进行作用机制检验,然后分析了公司特征对企业去杠杆行为与股价波动的异质性影响,并探讨了企业去杠杆如何影响企业投资行为和投资者盈利预期。第七部分是本章小结,对本章的研究结果进行总结概括。

## 5.2　理论分析与研究假设

近年来我国债务水平不断提高,特别是 2008 年金融危机后,国家采取了大规模的经济刺激政策,我国实体部门宏观杠杆率不断攀升。由国家金融与发展实验室数据①可知,我国实体部门宏观杠杆率从 2008 年的 141.1%增长至 2019 年的 245.4%,非金融企业部门杠杆率提高是我国宏观

---

① 国家金融与发展实验室. NIFD 季报:2019 年度宏观杠杆率 [EB/OL]. (2020-02-15) [2025-01-01]. http://www.nifd.cn/SeriesReport/Details/1709.

杠杆率不断攀升的主要原因[①]。与欧美等发达国家相比，我国非金融企业杠杆率过高需要高度警惕（马建堂 等，2016）。因此，为了实现"稳增长"，有效化解债务，防范系统性金融风险，积极稳妥地降低非金融企业杠杆率是我国去杠杆的重中之重。

根据现代资本结构权衡理论，企业杠杆的变动可能会对财务困境成本和债务利息的抵税效应产生影响，其中债务利息的抵税效应被称为债务税盾[②]。财务困境成本有直接财务困境成本和间接财务困境成本之分[③]（Warner，1977）：直接财务困境成本源于不同权益求偿人之间协商、谈判而导致的交易成本，是必然发生的并且范围明确（章之旺和吴世农，2006）；而间接财务困境成本所包含的内容十分庞杂，由此造成的投资机会损失相当惊人（Robichek & Myers，1966）。

根据 Myers（1977）提出企业债务悬置（debt overhang）理论，当利润主要有利于现有债务持有人而不是新投资者时，企业就无法筹集到新资本，这将使企业不得不放弃一些正净现值项目。当企业债务水平较高，企业债务超过其收益时，潜在的债权人由于无法准确评估一家公司的投资机会而不愿意为企业提供资金（Fazzari et al.，1988）。债权优先于股权，这一特征使得企业投资项目产生的现金主要受益人是现有债务持有人而非股东，然而股东却要承担投资成本。基于此，股东会选择放弃投资。股东与债权人之间存在利益冲突，该冲突引发了企业投资不足问题，这一问题又称债务悬置效应。在公司财务领域，已有大量文献研究债务悬置对企业投资决策的影响，债务悬置会限制和扭曲企业投资决策（Myers，1977；Hennessy，2004；Hennessy et al.，2007；Barbiero et al.，2020；Borensztein & Ye，2021；Blickle & Santos，2021；Vanlaer et al.，2021），尤其是对长期项目的投资降低作用更为明显（Hennessy et al.，2007），其会降低公司的成长期权价值（Myers，1977；Jie & Zhe，2011），危害企业价值。

虽然中国上市公司债务税盾效应显著存在（樊勇和王蔚，2014），但是从国际对比看，我国非金融企业杠杆率过高（马建堂 等，2016），位

---

[①] 非金融企业部门 2008 年杠杆为 95.2%，2019 年为 152.3%；政府部门 2008 年杠杆率为 28.1%，2019 年为 38.3%；家庭部门 2008 年杠杆率为 17.9%，2019 年为 55.8%。

[②] 债务税盾是指企业在生产经营活动中发生的利息支出，并可以在税前扣除的部分。

[③] 直接成本包括律师和会计师费用、其他职业性费用，以及管理者消耗在破产行政管理事务上的时间价值；间接成本包括销售和盈利损失，以及除非接受特别苛刻的条款否则无法获取信贷或发行证券。

列全球前列（张晓晶 等，2018），因此债务税盾效应的收益低于债务悬置效应的损失。如果企业选择去杠杆，其负债水平的降低能够降低企业债务负担，提高企业投资激励[①]，从而增加企业投资，降低债务悬置效应导致的投资不足问题。因此，投资的增加能够提高投资者盈利预期，降低股价波动。综上所述，企业去杠杆能够缓解债务悬置效应，增加企业投资，提高投资者盈利预期，从而降低股价波动。因此，本书做出以下假设：

**假设 5.1：企业去杠杆能够降低股价波动。**

## 5.3 研究设计

### 5.3.1 样本选择与数据来源

本书以 2007—2019 年中国 A 股上市公司为研究对象，为保证企业杠杆率的变动能够及时被投资者观测到，对因变量取下一期处理，因此本书的实际研究区间为 2008—2020 年。为了避免 2005 年我国股权分置改革引发的股权结构变化、市场估值紊乱、企业经营策略波动等影响，同时在计算杠杆率变动时需要用到滞后一期的杠杆率水平，本书将 2007 年作为研究样本的起始年份。本书对原始样本进行如下处理：①考虑到金融保险行业公司财务报表的特殊性，剔除了金融保险行业这类公司；②为避免公司因自身经营不善，造成财务指标异常的干扰，剔除了当年被 ST 和 ＊ST 处理的样本；③剔除了资产负债率大于等于 1 的样本；④剔除了关键财务数据缺失的样本；⑤为消除异常值影响，本书所有连续变量均进行上下 1% 的 Winsorize 处理。最后得到 3 478 家公司，26 283 个公司年度观测值。无风险收益率数据来自锐思金融研究数据库，其余所有数据均来自 CSMAR 数据库。

### 5.3.2 变量定义

（1）股价波动

本书借鉴冯丽艳 等（2016）、曾辉祥 等（2018）和 Bernile 等（2018）的做法，以年度股票日收益率的标准差 $Volatility^D$ 度量股价波动。为避免估

---

① 由于企业高管持有股权，此时其利益与股东一致，管理层为了提高自身收益，也会选择增加投资。

计系数过小的问题，我们对股价波动度量指标进行了年化处理。

（2）企业去杠杆

现有研究在实证考察企业去杠杆的影响时，采用的方法大体可以分为两种：一种是直接将杠杆率与被解释变量回归，并将实际杠杆率水平与"最优杠杆率"进行比较，间接确定是否应该去杠杆（Coricelli et al.，2012；周茜 等，2020）；另一种是依照杠杆率的变动趋势，依照"波峰"和"波谷"对企业是否处于去杠杆阶段设置虚拟变量，最终确定去杠杆的作用效果（DeAngelo 等，2018；马草原和朱玉飞，2020）。对比这两种实证方法可知，第一种方法受限于最优杠杆率的设定，并且是否存在最优杠杆率需要进行进一步探究（马草原和朱玉飞，2020）；第二种方法能够更加直接地度量去杠杆的影响。因此，本书借鉴马草原和朱玉飞（2020）的做法，采用资产负债率作为企业杠杆率的度量指标，以设置虚拟变量的方式衡量企业是否去杠杆 Deleverage，并借鉴綦好东 等（2018）、周茜等（2020）的研究，以杠杆率的变动率度量企业去杠杆程度 Delta。具体模型如下：

$$\text{Deleverage} = \begin{cases} 1 & \text{if} \quad \text{Lev}_{i,t} - \text{Lev}_{i,t-1} < 0 \\ 0 & \text{else} \end{cases} \qquad (5\text{-}1)$$

$$\text{Delta} = \frac{\text{Lev}_{i,t} - \text{Lev}_{i,t-1}}{\text{Lev}_{i,t-1}} * (-1) \qquad (5\text{-}2)$$

（3）控制变量

本书参考现有文献对股价波动的研究（张敏和黄继承，2009；翟胜宝等，2014；罗党论 等，2016；Guenther et al.，2017；曾辉祥 等，2018；Bernile et al.，2018；Christensen et al.，2020），选取控制变量。在公司绩效方面，选取公司规模（Size）、公司成长性（TobinQ）、公司盈利能力（ROA）、资本支出水平（Capexp）、现金持有水平（Cash）、研发支出水平（R&D）、资产有形性（Tangibility）、是否支付股利（Dividend）等指标；在公司治理方面，选取企业上市年限（FirmAge）、董事会成员平均年龄（Boardage）、董事会规模（BoardSize）、两职合一（CEO）和企业属性（State）等变量；同时，为消除年份差异、行业差异和地区差异的影响，选取年度效应（Year）、行业效应（Industry）和地区固定效应（Province）。变量定义见表5-1。

表 5-1 变量定义

| 变量名称 | 变量含义 | 变量定义 |
|---|---|---|
| Volatility$^D$ | | 252 的平方根乘以当年股票日收益率的标准差 |
| Volatility$^W$ | 股价波动 | 52 的平方根乘以当年股票周收益率的标准差 |
| Volatility$^M$ | | 12 的平方根乘以当年股票月收益率的标准差 |
| Deleverage | 企业是否去杠杆 | 具体算法见模型（5-1） |
| Delta | 企业去杠杆程度 | 具体算法见模型（5-2） |
| Size | 公司规模 | 总资产取自然对数 |
| TobinQ | 企业成长性（托宾 Q 值） | 总市值/（总资产-无形资产净额-商誉净额） |
| ROA | 公司盈利能力 | 净利润/企业平均资产总额 |
| Cash | 现金持有水平 | 期末现金及现金等价物/总资产 |
| Dividend | 是否支付股利 | 若企业当年发放股利则为 1，否则为 0 |
| R&D | 研发支出水平 | 研发支出/总资产 |
| Capexp | 资本支出水平 | 资本支出/总资产 |
| Tangibility | 资产有形性 | （总资产-无形资产净额-商誉净额）/总资产 |
| BoardAge | 董事会成员平均年龄 | 董事会成员平均年龄的自然对数 |
| FirmAge | 企业上市年数 | 企业当年年份减去 IPO 年份加 1 |
| BoardSize | 董事会规模 | 董事会人数取自然对数 |
| CEO | 两职合一 | 董事长与总经理为同一人时为 1，否则为 0 |
| State | 企业属性 | 国有企业为 1，否则为 0 |
| Year | 年度效应 | 2016 年为基准年度，属于相应年份取值为 1，否则为 0 |
| Industry | 行业效应 | 依据 2012 年《上市公司行业分类指引》，制造业以二级行业代码分类，其他以一级行业代码分类 |
| Province | 地区固定效应 | 企业注册所在地属于相应省份取值为 1，否则为 0 |

资料来源：作者整理。

### 5.3.3 实证模型

本书借鉴已有文献做法（张敏和黄继承，2009；翟胜宝 等，2014；罗党论 等，2016；曾辉祥 等，2018；Guenther et al.，2017；Bernile et al.，2018；Christensen et al.，2020），构建模型（5-3）并进行实证检验。考虑到财务报表披露具有时滞性，为保证企业杠杆率的变动能够及时被投资者观测到，本书对股价波动取下一期处理，各变量的具体定义参见表 5-1。

$$
\begin{aligned}
\text{Volatility}^D{}_{i,t} = {} & \beta_0 + \beta_1 \text{Deleverage}_{i,t-1}/\text{Delta}_{i,t-1} + \beta_2 \text{ROA}_{i,t-1} + \beta_3 \text{Size}_{i,t-1} + \\
& \beta_4 \text{TobinQ}_{i,t-1} + \beta_5 \text{Cash}_{i,t-1} + \beta_6 \text{State}_{i,t-1} + \beta_7 \text{Capexp}_{i,t-1} + \\
& \beta_8 \text{FirmAge}_{i,t-1} + \beta_9 \text{BoardAge}_{i,t-1} + \beta_{10} \text{BoardSize}_{i,t-1} + \\
& \beta_{11} \text{Tangibility}_{i,t-1} + \beta_{12} \text{CEO}_{i,t-1} + \beta_{13} \text{Dividend}_{i,t-1} + \\
& \sum \beta_j \text{Year} + \sum \beta_k \text{Industry} + \sum \beta_l \text{Province} + \varepsilon_{i,t} \qquad (5-3)
\end{aligned}
$$

模型（5-3）用以检验上文假设 5.1，$\beta_1$ 是我们主要关注的对象。如果 $\beta_1$ 显著为负，表明企业去杠杆能够降低其股价波动，假设 5.1 成立。

## 5.4 实证结果与分析

### 5.4.1 描述性统计

（1）全样本描述性统计

表 5-2 是全样本描述性统计结果，企业是否去杠杆 Deleverage 的均值为 0.454，表明 45.4% 的样本选择了去杠杆。企业去杠杆程度 Delta 的均值为 −0.061，中位数为 −0.013，标准差为 0.306。股价波动 Volatility$^D$ 的均值为 46.400%，中位数为 43.858%，标准差为 14.355，第 25 分位数为 36.265%，第 75 分位数为 53.759%，表明不同企业的股价波动差异较大，为本书研究提供了很好的数据支持。

表 5-2　全样本描述性统计

| VarName | N | Mean | SD | Median | P25 | P75 |
|---|---|---|---|---|---|---|
| Volatility$^D$ | 26 283 | 46. 400 | 14. 355 | 43. 858 | 36. 265 | 53. 759 |
| Deleverage | 26 283 | 0. 454 | 0. 498 | 0 | 0 | 1 |

表5-2(续)

| VarName | N | Mean | SD | Median | P25 | P75 |
|---|---|---|---|---|---|---|
| Delta | 26 283 | −0.061 | 0.306 | −0.013 | −0.125 | 0.072 |
| Size | 26 283 | 22.117 | 1.278 | 21.934 | 21.187 | 22.842 |
| ROA | 26 283 | 0.050 | 0.048 | 0.041 | 0.018 | 0.072 |
| TobinQ | 26 283 | 2.225 | 1.416 | 1.764 | 1.336 | 2.575 |
| Cash | 26 283 | 0.163 | 0.126 | 0.127 | 0.075 | 0.213 |
| State | 26 283 | 0.397 | 0.489 | 0 | 0 | 1 |
| Capexp | 26 283 | 0.053 | 0.050 | 0.038 | 0.016 | 0.074 |
| FirmAge | 26 283 | 10.714 | 6.748 | 10 | 5 | 16 |
| BoardAge | 26 283 | 3.930 | 0.070 | 3.932 | 3.885 | 3.978 |
| BoardSize | 26 283 | 2.147 | 0.200 | 2.197 | 1.946 | 2.197 |
| Tangibility | 26 283 | 0.927 | 0.090 | 0.957 | 0.915 | 0.980 |
| CEO | 26 283 | 0.248 | 0.432 | 0 | 0 | 0 |
| Dividend | 26 283 | 0.742 | 0.438 | 1 | 0 | 1 |
| R&D | 19 557 | 0.021 | 0.018 | 0.018 | 0.008 | 0.029 |

(2)分样本描述性统计

为了比较去杠杆对企业的影响,我们进一步将样本分为去杠杆企业和非去杠杆企业,并分别对变量进行了描述性统计。表5-3为分样本描述性统计,去杠杆样本组的 $Volatility^D$ 的均值(中位数)为 46.150%(43.701%),非去杠杆样本组 $Volatility^D$ 的均值、中位数分别为 46.609%、43.980%,组间差异检验表明,去杠杆企业样本组的股价波动显著低于非去杠杆样本组,为本书假设 5.1 提供了初步证据。企业属性 State 的均值分别为 0.429 和 0.371,表明去杠杆样本组 42.9%的样本为国有企业,显著高于非去杠杆样本组的 37.1%。这与 2018 年中央财经委员会第一次会议明确提出的"要以结构性去杠杆为思路,分部门、分债务类型提出不同要求,地方政府和企业特别是国有企业要尽快把杠杆降下来,努力实现宏观杠杆率稳定和逐步下降"政策相一致。

同时可以发现,在公司绩效方面,与非去杠杆样本组相比,去杠杆样本组的企业盈利能力(ROA)、企业成长性(TobinQ)、现金持有水平

（Cash）和资产有形性（Tangibility）均更高一些，而资本支出水平（Capexp）和是否支付股利（Dividend）更低一些。在公司治理方面，去杠杆样本组公司上市年数（FirmAge）、董事会成员平均年龄（BoardAge）更长一些，而两职合一（CEO）的比例更低。在公司规模（Size）和董事会规模（BoardSize）方面，两组之间没有显著性差异。

表 5-3　分样本描述性统计

| VarName | （1）去杠杆样本 | | （2）非去杠杆样本 | | （2）-（1）组间差异检验 | |
|---|---|---|---|---|---|---|
| | Mean | Median | Mean | Median | Mean | Median |
| Volatility$^D$ | 46. 150 | 43. 701 | 46. 609 | 43. 980 | 2. 582*** | 3. 050*** |
| Delta | 0. 132 | 0. 086 | −0. 221 | −0. 109 | −110. 00*** | −139. 81*** |
| Size | 22. 124 | 21. 948 | 22. 110 | 21. 925 | −0. 877 3 | −0. 255 |
| ROA | 0. 054 | 0. 044 | 0. 046 | 0. 039 | −14. 737*** | −11. 575*** |
| TobinQ | 2. 284 | 1. 803 | 2. 176 | 1. 733 | −6. 162*** | −5. 089*** |
| Cash | 0. 167 | 0. 130 | 0. 160 | 0. 125 | −4. 702*** | −3. 401*** |
| State | 0. 429 | 0 | 0. 371 | 0 | −9. 503*** | −9. 487*** |
| Capexp | 0. 046 | 0. 033 | 0. 059 | 0. 043 | 21. 190*** | 19. 423*** |
| FirmAge | 11. 583 | 11 | 9. 990 | 8 | −19. 193*** | −19. 544*** |
| BoardAge | 3. 932 | 3. 934 | 3. 929 | 3. 930 | −2. 892*** | −3. 125*** |
| BoardSize | 2. 149 | 2. 197 | 2. 145 | 2. 197 | −1. 395 | −1. 529 |
| Tangibility | 0. 928 | 0. 958 | 0. 926 | 0. 956 | −1. 246 | −4. 077*** |
| CEO | 0. 233 | 0 | 0. 260 | 0 | 5. 221*** | 5. 218*** |
| Dividend | 0. 735 | 1 | 0. 748 | 1 | 2. 280** | 2. 280** |
| N | 11 944 | | 14 339 | | — | |

注：均值差异检验数值是 $t$ 统计量，中位数差异检验数值是 $z$ 统计量，***、**、* 分别表示在 1%、5%、10%的水平上显著。

### 5.4.2 单变量检验

表5-4为 Pearson 相关系数矩阵。其中，Volatility$^D$ 与企业去杠杆行为 Deleverage 和 Delta 之间的相关系数均在 1% 的水平上显著为负，表明企业去杠杆行为与股价波动之间具有显著的负相关关系，为假设 5.1 提供了初步证据；公司规模（Size）、公司盈利能力（ROA）、现金持有水平（Cash）、企业属性（State）、资本支出水平（Capital）、企业上市年数（FirmAge）、董事会成员平均年龄（BoardAge）、是否支付股利（Dividend）与股价波动（Volatility$^D$）之间显著负相关；企业成长性（TobinQ）、两职合一（CEO）与股价波动（Volatility$^D$）之间显著正相关；资产有形性（Tangibility）与股价波动（Volatility$^D$）之间负相关，但是我们没有得到显著性结论。此外控制变量之间的相关系数都较小，表明各变量之间不存在明显的多重共线性。

### 5.4.3 公司特征与企业去杠杆检验

由于企业去杠杆能够对其经营决策（如投资决策）产生重要影响，我们可以预期企业选择是否去杠杆并不是随机决定的。因此，本部分我们研究企业选择是否去杠杆具体受哪些公司特征的影响。我们构建模型（5-4）进行实证探究，具体如下：

$$
\begin{aligned}
\text{Deleverage}_{i,t} = & \beta_0 + \beta_1 \text{ROA}_{i,t} + \beta_2 \text{Size}_{i,t} + \beta_3 \text{TobinQ}_{i,t} + \beta_4 \text{Cash}_{i,t} + \\
& \beta_5 \text{State}_{i,t} + \beta_6 \text{Capexp}_{i,t} + \beta_7 \text{FirmAge}_{i,t} + \beta_8 \text{BoardAge}_{i,t} + \\
& \beta_9 \text{BoardSize}_{i,t} + \beta_{10} \text{Tangibility}_{i,t} + \beta_{11} \text{CEO}_{i,t} + \\
& \beta_{12} \text{Dividend}_{i,t} + \sum \beta_j \text{Year} + \sum \beta_k \text{Industry} + \\
& \sum \beta_l \text{Province} + \varepsilon_{i,t}
\end{aligned}
\tag{5-4}
$$

在表 5-5 中，我们探究企业特征如何影响企业去杠杆决策，列（1）~列（3）的因变量为企业去杠杆的虚拟变量 Deleverage，采用 Probit 估计方法进行检验，可以看出，在控制时间、行业和地区固定效应的情况下，盈利能力强、现金持有水平高、上市时间长和国有产权的企业，去杠杆的概率更高；公司规模大、成长性好、资本支出水平高和发放股利的企业，去杠杆的概率较低。列（4）~列（6）的因变量为企业去杠杆 Delta，采用 OLS 估计方法进行检验，可以看出，在控制时间、行业和地区固定效应

表 5-4　Pearson 相关系数矩阵

| | (1) | (2) | (3) | (4) | (5) | (6) | (7) | (8) | (9) | (10) | (11) | (12) | (13) | (14) | (15) |
|---|---|---|---|---|---|---|---|---|---|---|---|---|---|---|---|
| (1) VolatilityD | 1 | | | | | | | | | | | | | | |
| (2) Deleverage | -0.022*** | 1 | | | | | | | | | | | | | |
| (3) Delta | -0.041*** | 0.574*** | 1 | | | | | | | | | | | | |
| (4) Size | -0.277*** | 0.009 | 0.071*** | 1 | | | | | | | | | | | |
| (5) ROA | -0.131*** | 0.153*** | 0.100*** | 0.114*** | 1 | | | | | | | | | | |
| (6) TobinQ | 0.132*** | 0.032*** | -0.038*** | -0.397*** | 0.022*** | 1 | | | | | | | | | |
| (7) Cash | -0.013* | 0.045*** | 0.010* | -0.225*** | 0.158*** | 0.136*** | 1 | | | | | | | | |
| (8) State | -0.080*** | 0.049*** | 0.106*** | 0.315*** | -0.021 | -0.163*** | -0.082*** | 1 | | | | | | | |
| (9) Capexp | -0.022*** | -0.119*** | -0.123*** | -0.028*** | 0.107*** | -0.050*** | -0.042*** | -0.046*** | 1 | | | | | | |
| (10) FirmAge | -0.119*** | 0.102*** | 0.142*** | 0.332*** | -0.075*** | -0.015*** | -0.178*** | 0.389*** | -0.252*** | 1 | | | | | |
| (11) BoardAge | -0.145*** | 0.018*** | 0.053*** | 0.315*** | 0.039*** | -0.104*** | -0.053*** | 0.184*** | -0.034*** | 0.137*** | 1 | | | | |
| (12) BoardSize | -0.079*** | 0.009 | 0.055*** | 0.244*** | 0.045*** | -0.141*** | -0.046*** | 0.269*** | 0.058*** | 0.098*** | 0.067*** | 1 | | | |
| (13) Tangibility | -0.004 | 0.008 | 0.076*** | -0.003 | 0.044*** | -0.253*** | 0.115*** | 0.130*** | -0.002 | 0.042*** | 0.034*** | 0.045*** | 1 | | |
| (14) CEO | 0.046*** | -0.030*** | -0.067*** | -0.156*** | 0.002 | 0.070*** | 0.069*** | -0.286*** | 0.052*** | -0.204*** | -0.096*** | -0.186*** | -0.049*** | 1 | |
| (15) Dividend | -0.134*** | -0.017*** | -0.026*** | 0.143*** | 0.312*** | -0.085*** | 0.141*** | -0.046*** | 0.084*** | -0.185*** | 0.113*** | 0.038*** | 0.018*** | 0.038*** | 1 |

注：*，**，***分别表示在 10%，5% 和 1% 的水平上显著。

的情况下，盈利能力强、上市时间长、董事会成员年龄和董事会规模较大、有形资产比例较高的企业和国有产权的企业，去杠杆的程度更高；成长能力好、资本支出水平高和两职合一的企业，去杠杆的程度较低。以上结果，在进一步控制企业研发支出水平的情况下，结论基本不发生改变。

表 5-5　公司特征与企业去杠杆检验结果

| | （1） | （2） | （3） | （4） | （5） | （6） |
|---|---|---|---|---|---|---|
| | Deleverage | Deleverage | Deleverage | Delta | Delta | Delta |
| ROA | 2.204*** | 2.335*** | 2.165*** | 0.274*** | 0.258*** | 0.246*** |
| | （18.309） | （18.675） | （14.727） | （9.852） | （9.016） | （7.246） |
| Size | −0.061*** | −0.064*** | −0.049*** | −0.004** | −0.002 | 0.001 |
| | （−6.944） | （−6.930） | （−4.640） | （−2.235） | （−1.102） | （0.283） |
| TobinQ | −0.004 | −0.024*** | −0.033*** | −0.004** | −0.007*** | −0.011*** |
| | （−0.644） | （−3.194） | （−3.776） | （−2.477） | （−3.602） | （−4.686） |
| Cash | 0.184*** | 0.316*** | 0.392*** | 0.023 | 0.054*** | 0.049** |
| | （2.608） | （4.265） | （4.594） | （1.213） | （2.824） | （2.156） |
| State | 0.080*** | 0.046** | 0.070*** | 0.026*** | 0.016*** | 0.019*** |
| | （4.221） | （2.194） | （2.837） | （7.205） | （4.078） | （3.986） |
| Capexp | −3.075*** | −3.546*** | −3.398*** | −0.656*** | −0.732*** | −0.785*** |
| | （−17.782） | （−19.214） | （−15.924） | （−14.651） | （−15.409） | （−13.577） |
| FirmAge | 0.019*** | 0.019*** | 0.018*** | 0.005*** | 0.005*** | 0.005*** |
| | （12.706） | （12.364） | （9.466） | （15.799） | （16.236） | （13.549） |
| BoardAge | 0.240** | 0.203 | 0.205 | 0.099*** | 0.135*** | 0.112*** |
| | （2.002） | （1.630） | （1.449） | （3.504） | （4.660） | （3.288） |
| BoardSize | 0.033 | −0.024 | −0.034 | 0.047*** | 0.033*** | 0.030*** |
| | （0.787） | （−0.582） | （−0.700） | （5.194） | （3.579） | （2.663） |
| Tangibility | −0.174* | −0.125 | −0.109 | 0.188*** | 0.177*** | 0.229*** |
| | （−1.918） | （−1.297） | （−0.967） | （6.917） | （6.202） | （6.909） |
| CEO | −0.011 | −0.006 | −0.016 | −0.016*** | −0.012*** | −0.014*** |
| | （−0.567） | （−0.327） | （−0.758） | （−3.408） | （−2.592） | （−2.645） |

表5-5(续)

|  | (1) | (2) | (3) | (4) | (5) | (6) |
|---|---|---|---|---|---|---|
|  | Deleverage | Deleverage | Deleverage | Delta | Delta | Delta |
| Dividend | −0.063*** | −0.061*** | −0.031 | −0.013*** | −0.007 | −0.003 |
|  | (−3.028) | (−2.836) | (−1.200) | (−3.010) | (−1.515) | (−0.569) |
| R&D |  |  | −1.408** |  |  | 0.203 |
|  |  |  | (−2.370) |  |  | (1.451) |
| Cons | 0.156 | 0.706 | 0.475 | −0.667*** | −0.776*** | −0.745*** |
|  | (0.317) | (1.380) | (0.802) | (−6.071) | (−6.739) | (−5.527) |
| $N$ | 26 283 | 26 283 | 19 557 | 26 283 | 26 283 | 19 557 |
| Industry | No | Yes | Yes | No | Yes | Yes |
| Year | No | Yes | Yes | No | Yes | Yes |
| Province | No | Yes | Yes | No | Yes | Yes |
| Pseudo $R^2$ | 0.031 | 0.039 | 0.037 |  |  |  |
| Adj-$R^2$ |  |  |  | 0.045 | 0.052 | 0.057 |

注：括号内为公司层面聚类标准误调整后的 $t$ 值，＊、＊＊、＊＊＊分别表示在10%、5%和1%的水平上显著。Industry、Year 和 Province 中的"Yes"分别表示控制行业、年度和省份固定效应，否则就表示没有控制。

### 5.4.4 企业去杠杆与股价波动检验

表 5-6 为企业去杠杆与股价波动检验结果。因变量为股价波动度量指标 Volatility[D]，自变量为企业去杠杆行为的度量指标 Deleverage 和 Delta。列（1）~列（2）为单变量估计结果，可以看出，在不控制任何影响股价波动因素的情况下，Deleverage 和 Delta 与股价波动 Volatility[D]，估计系数至少在5%的水平上显著为负；列（3）~列（4）为控制行业效应、年度效应和地区固定效应后的单变量估计结果，Deleverage 和 Delta 对股价波动 Volatility[D] 的估计系数均在1%水平显著为负；列（5）~列（6）为在列（3）~列（4）的基础进一步控制影响股价波动的公司特征变量的估计结果，Deleverage 和 Delta 对股价波动 Volatility[D] 的估计系数仍然在1%水平显著为负。Bernile 等（2018）认为企业创新行为对股价波动具有重要的影响作用，因此为了保证企业去杠杆对股价波动的降低效应，不是由企业研发变量导致的，我

们在模型（7）～（8）中进一步控制了企业研发投入度量变量 R&D。可以看出，企业研发投入水平 R&D 与股价波动 Volatility$^D$ 之间显著正相关，与 Bernile 等（2018）的研究结论一致。同时，我们可以发现在控制企业研发投入水平 R&D 之后，企业去杠杆行为 Deleverage 和 Delta 对股价波动 Volatility$^D$ 的估计系数仍然显著为负。综合以上结果，可以看出，企业去杠杆行为显著降低了股价波动，假设 5.1 成立。

表 5-6　企业去杠杆与股价波动检验结果

| | （1）Volatility$^D$ | （2）Volatility$^D$ | （3）Volatility$^D$ | （4）Volatility$^D$ | （5）Volatility$^D$ | （6）Volatility$^D$ | （7）Volatility$^D$ | （8）Volatility$^D$ |
|---|---|---|---|---|---|---|---|---|
| Deleverage | −0.459 ** | | −0.622 *** | | −0.364 *** | | −0.300 ** | |
| | (−2.534) | | (−5.520) | | (−3.426) | | (−2.419) | |
| Delta | | −1.920 *** | | −1.984 *** | | −0.966 *** | | −0.800 *** |
| | | (−6.547) | | (−10.854) | | (−5.542) | | (−4.092) |
| ROA | | | | | −11.155 *** | −11.221 *** | −15.313 *** | −15.356 *** |
| | | | | | (−11.581) | (−11.758) | (−13.230) | (−13.367) |
| Size | | | | | −1.994 *** | −1.987 *** | −2.025 *** | −2.019 *** |
| | | | | | (−24.397) | (−24.366) | (−21.582) | (−21.560) |
| TobinQ | | | | | 0.225 *** | 0.221 *** | 0.288 *** | 0.283 *** |
| | | | | | (3.474) | (3.425) | (3.922) | (3.855) |
| Cash | | | | | −1.919 *** | −1.910 *** | −0.906 | −0.912 |
| | | | | | (−3.244) | (−3.239) | (−1.388) | (−1.400) |
| State | | | | | −0.368 * | −0.359 * | −0.094 | −0.087 |
| | | | | | (−1.895) | (−1.852) | (−0.409) | (−0.378) |
| Capexp | | | | | −2.010 | −2.240 | 1.450 | 1.195 |
| | | | | | (−1.476) | (−1.644) | (0.909) | (0.748) |
| FirmAge | | | | | −0.101 *** | −0.098 *** | −0.096 *** | −0.094 *** |
| | | | | | (−6.928) | (−6.782) | (−5.746) | (−5.628) |
| BoardAge | | | | | −7.528 *** | −7.425 *** | −6.956 *** | −6.890 *** |
| | | | | | (−6.960) | (−6.877) | (−5.770) | (−5.724) |
| BoardSize | | | | | −1.235 *** | −1.199 *** | −0.975 ** | −0.948 ** |
| | | | | | (−3.121) | (−3.034) | (−2.216) | (−2.154) |

表5-6(续)

| | (1) | (2) | (3) | (4) | (5) | (6) | (7) | (8) |
|---|---|---|---|---|---|---|---|---|
| | Volatility$^D$ | Volatility$^D$ | Volatility$^D$ | Volatility$^D$ | Volatility$^D$ | Volatility$^D$ | Volatility$^D$ | Volatility$^D$ |
| Tangibility | | | | | −2.520 *** | −2.332 ** | −3.907 *** | −3.712 *** |
| | | | | | (−2.737) | (−2.534) | (−4.144) | (−3.938) |
| CEO | | | | | 0.337 ** | 0.327 ** | 0.324 * | 0.315 * |
| | | | | | (2.046) | (1.983) | (1.807) | (1.757) |
| Dividend | | | | | −1.693 *** | −1.691 *** | −1.608 *** | −1.606 *** |
| | | | | | (−10.504) | (−10.497) | (−8.482) | (−8.480) |
| R&D | | | | | | | 22.179 *** | 22.499 *** |
| | | | | | | | (4.305) | (4.370) |
| Cons | 46.609 *** | 46.284 *** | 73.402 *** | 73.005 *** | 153.054 *** | 152.028 *** | 151.211 *** | 150.413 *** |
| | (342.388) | (419.743) | (93.594) | (93.849) | (33.718) | (33.563) | (30.331) | (30.226) |
| $N$ | 26 283 | 26 283 | 26 283 | 26 283 | 26 283 | 26 283 | 19 557 | 19 557 |
| Industry | No | No | Yes | Yes | Yes | Yes | Yes | Yes |
| Year | No | No | Yes | Yes | Yes | Yes | Yes | Yes |
| Province | No | No | Yes | Yes | Yes | Yes | Yes | Yes |
| Adj-$R^2$ | 0.000 | 0.002 | 0.610 | 0.611 | 0.665 | 0.665 | 0.637 | 0.637 |

注:括号内为公司层面聚类标准误调整后的 $t$ 值, *、**、***分别表示在10%、5%和1%的水平上显著。Industry、Year 和 Province 中的"Yes"分别表示控制行业、年度和省份固定效应,否则就表示没有控制。资料来源:由 Stata 15.1 整理得到。

### 5.4.5 企业去杠杆与股价波动类型检验

由上文可知,企业去杠杆能够降低股价波动,本部分我们进一步探究企业去杠杆行为具体是影响股价市场还是股价特质性波动。借鉴冯丽艳等(2016)、曾辉祥等(2018)和 Rui 等(2019)的做法,我们以 CAPM 模型对股价波动进行分解,以 CAPM 模型估计残差项的标准差度量企业特质性波动 Idiosyncratic Risk,以 CAPM 模型估计的 $\beta$ 系数度量企业股价市场波动 Market Risk,模型如下:

$$R_{it} - R_{ft} = \alpha_i + \beta_i (R_{Mt} - R_{ft}) + \varepsilon_{it} \tag{5-5}$$

其中, $R_{it}$ 为日个股收益率, $R_{ft}$ 为日无风险收益率, $R_{Mt}$ 为考虑现金红利再投资的流通市值加权平均日综合市场收益率。

以模型（5-5）得到股价市场波动 Market Risk 和企业股价特质性波动 Idiosyncratic Risk，将其代入模型（5-3）并进行 OLS 估计，检验结果见表 5-7。可以看出 Deleverage 和 Delta 与企业股价特质性波动 Idiosyncratic Risk 在1%的水平上显著为负，而 Deleverage 和 Delta 与企业股价市场波动 Market Risk 在统计上不显著，表明企业去杠杆能够降低企业股价特质性波动，而不能降低企业股价市场波动。股价特质性波动 Idiosyncratic Risk 与企业投资负相关（Panousi & Papanikolaou，2012），在股价特质性波动较高时，企业往往投资不足（Rhee，2021）。因此，企业去杠杆能降低企业股价特质性波动，有利于降低企业投资不足风险，为债务悬置路径提供了初步证据。

表 5-7　企业去杠杆与股价波动类型检验结果

| | （1） | （2） | （3） | （4） |
|---|---|---|---|---|
| | Market Risk | Idiosyncratic Risk | Market Risk | Idiosyncratic Risk |
| Deleverage | 0.000 | −0.424*** | | |
| | (0.043) | (−3.986) | | |
| Delta | | | −0.002 | −1.124*** |
| | | | (−0.378) | (−6.308) |
| ROA | −0.205*** | −9.771*** | −0.205*** | −9.847*** |
| | (−6.902) | (−10.448) | (−6.928) | (−10.617) |
| Size | −0.028*** | −2.083*** | −0.028*** | −2.076*** |
| | (−10.555) | (−26.865) | (−10.558) | (−26.829) |
| TobinQ | −0.010*** | 0.363*** | −0.010*** | 0.359*** |
| | (−4.326) | (6.309) | (−4.330) | (6.244) |
| Cash | −0.089*** | −1.043* | −0.089*** | −1.032* |
| | (−4.889) | (−1.793) | (−4.884) | (−1.781) |
| State | 0.024*** | −0.843*** | 0.024*** | −0.833*** |
| | (4.089) | (−4.282) | (4.094) | (−4.238) |
| Capexp | −0.027 | −2.347* | −0.028 | −2.615** |
| | (−0.637) | (−1.760) | (−0.674) | (−1.961) |

表5-7(续)

| | （1） | （2） | （3） | （4） |
|---|---|---|---|---|
| | Market Risk | Idiosyncratic Risk | Market Risk | Idiosyncratic Risk |
| FirmAge | −0.000 | −0.113 *** | −0.000 | −0.111 *** |
| | (−0.978) | (−7.853) | (−0.955) | (−7.674) |
| CEO | 0.008 * | 0.384 ** | 0.008 * | 0.372 ** |
| | (1.661) | (2.333) | (1.656) | (2.261) |
| Dividend | 0.003 | −2.086 *** | 0.003 | −2.083 *** |
| | (0.556) | (−12.841) | (0.552) | (−12.839) |
| Cons | 2.034 *** | 133.157 *** | 2.033 *** | 131.963 *** |
| | (14.100) | (30.674) | (14.097) | (30.462) |
| $N$ | 26 283 | 26 283 | 26 283 | 26 283 |
| Industry | Yes | Yes | Yes | Yes |
| Year | Yes | Yes | Yes | Yes |
| Province | Yes | Yes | Yes | Yes |
| Adj-$R^2$ | 0.248 | 0.458 | 0.248 | 0.458 |

注：括号内为公司层面聚类标准误调整后的 $t$ 值，*、**、***分别表示在10%、5%和1%的水平上显著。Industry、Year 和 Province 中的"Yes"分别表示控制行业、年度和省份固定效应，否则就表示没有控制。资料来源：由 Stata 15.1 整理得到。

### 5.4.6 企业去杠杆类型与股价波动检验

企业去杠杆的方式主要包括"减债"和"增权"。具体哪种去杠杆方式在股价波动中发挥主要作用呢？本部分将进行进一步探究。DDebt_dum 为企业是否"减债"的虚拟变量，如果企业当年总债务较上一年降低，取值为1，否则为0；DEquity_dum 为企业是否"增权"虚拟变量，如果企业当年的所有者权益较上一年提高，取值为1，否则为0；DDebt_dum * Deleverage 表示企业是否采用"减债"的方式去杠杆，DEquity_dum * Deleverage 表示企业是否采用"增权"的方式去杠杆。Debt_delta 为负债变化率，负债变化率 = （上期总负债−当期总负债）/上期总负债，该值越大，说明公司越多地采用了"减债"方式去杠杆；Equity_delta 为所有者权益变化率，所有者权益变化率 = （当期所有者权益−上期所有者权益）/上期所有者权益，该值越大，说明公司越多地采用了"增权"方式去杠杆。

表5-8为企业去杠杆类型与股价波动检验结果。在列（1）中DDebt_dum * Deleverage 估计系数为-0.660，在1%的水平上显著为负；列（2）中 DEquity_dum * Deleverage 估计系数为-0.387，在1%的水平上显著为负；列（3）中 Debt_delta 的估计系数为-1.153，在1%的水平上显著为负；列（4）中 Equity_delta 的估计系数为0.879，但是在1%的水平上显著为正，表明企业越积极采用"减债"方式去杠杆，越能够降低股价波动，但是越积极采用"增权"方式去杠杆，不仅不能降低股价波动，反而增强了股价波动。综合以上结果可知，采用"减债"方式去杠杆是降低股价波动的主要因素，而"增权"方式去杠杆并不能降低股价波动。

表5-8　企业去杠杆类型与股价波动检验结果

| | （1） | （2） | （3） | （4） |
|---|---|---|---|---|
| | Volatility$^D$ | Volatility$^D$ | Volatility$^D$ | Volatility$^D$ |
| DDebt_dum * Deleverage | -0.660 *** | | | |
| | (-5.313) | | | |
| DEquity_dum * Deleverage | | -0.387 *** | | |
| | | (-3.557) | | |
| Debt_delta | | | -1.153 *** | |
| | | | (-4.715) | |
| Equity_delta | | | | 0.897 *** |
| | | | | (6.042) |
| ROA | -11.700 *** | -11.267 *** | -8.114 *** | -8.357 *** |
| | (-12.211) | (-11.593) | (-6.117) | (-6.429) |
| Size | -1.998 *** | -1.964 *** | -2.147 *** | -2.130 *** |
| | (-23.882) | (-23.548) | (-20.597) | (-20.547) |
| TobinQ | 0.255 *** | 0.252 *** | 0.170 ** | 0.177 ** |
| | (3.888) | (3.838) | (1.992) | (2.078) |
| Cash | -2.285 *** | -2.257 *** | -2.846 *** | -3.448 *** |

表5-8（续）

| | （1） | （2） | （3） | （4） |
|---|---|---|---|---|
| | Volatility$^D$ | Volatility$^D$ | Volatility$^D$ | Volatility$^D$ |
| | （−3.834） | （−3.780） | （−3.765） | （−4.532） |
| State | −0.406** | −0.404** | −0.179 | −0.160 |
| | （−2.114） | （−2.104） | （−0.758） | （−0.680） |
| Capexp | −2.837** | −2.463* | −0.897 | −1.637 |
| | （−2.055） | （−1.782） | （−0.431） | （−0.787） |
| FirmAge | −0.832*** | −0.849*** | −0.762*** | −0.699*** |
| | （−6.995） | （−7.138） | （−5.042） | （−4.602） |
| BoardAge | −7.426*** | −7.464*** | −6.908*** | −6.636*** |
| | （−6.879） | （−6.901） | （−4.780） | （−4.586） |
| BoardSize | −1.236*** | −1.245*** | −1.125** | −1.108** |
| | （−3.131） | （−3.146） | （−2.216） | （−2.189） |
| Tangibility | −2.546*** | −2.687*** | −4.170*** | −3.767*** |
| | （−2.775） | （−2.921） | （−3.525） | （−3.183） |
| CEO | 0.327** | 0.336** | 0.193 | 0.195 |
| | （1.983） | （2.036） | （0.882） | （0.888） |
| Dividend | −1.695*** | −1.682*** | −1.839*** | −1.769*** |
| | （−10.474） | （−10.387） | （−8.117） | （−7.872） |
| Cons | 153.673*** | 153.200*** | 156.032*** | 153.717*** |
| | （33.932） | （33.772） | （26.085） | （25.593） |
| N | 26 283 | 26 283 | 11 944 | 11 943 |
| Industry | Yes | Yes | Yes | Yes |
| Year | Yes | Yes | Yes | Yes |
| Province | Yes | Yes | Yes | Yes |
| Adj-$R^2$ | 0.665 | 0.665 | 0.670 | 0.671 |

注：括号内为公司层面聚类标准误调整后的 $t$ 值，*、**、***分别表示在10%、5%和1%的水平上显著。Industry、Year 和 Province 中的"Yes"分别表示控制行业、年度和省份固定效应，否则就表示没有控制。资料来源：由 Stata 15.1 整理得到。

## 5.5 稳健性检验

### 5.5.1 工具变量检验

由于本书可能遗漏了同时影响自变量与因变量的因素，产生内生性问题，因此本书采用工具变量 2SLS 法，缓解内生性问题。本书以剔除该企业的年度相同地区的其他企业的去杠杆程度 AvgDelta，作为企业去杠杆行为 Deleverage 和 Delta 的工具变量，应用工具变量 2SLS 法进行检验。弱工具变量检验发现，$F$ 统计量为 33.524 和 97.100，均大于经验值 10，说明本书选取的工具变量不存在弱工具变量问题。

表 5-9 中列（1）~（2）为工具变量 2SLS 法第一阶段检验结果，工具变量 AvgDelta 对企业去杠杆行为 Deleverage 和 Delta 的估计系数均在 1% 的水平上显著为正，说明企业去杠杆行为受到地区去杠杆水平的影响。本书选取的工具变量满足相关性要求，一方面，同一地区政策具有统一性；另一方面，企业行为存在同群效应，一个企业的行为往往受到企业同一行为的影响。同时，地区去杠杆程度通常不会直接影响个体企业的风险水平，因而满足工具变量的外生性要求。综上，本书所选取的工具变量满足相关性和外生性条件。列（3）~（4）为工具变量 2SLS 法第二阶段检验结果，Deleverage 回归系数为 -13.878，在 1% 的水平上显著，Delta 回归系数为 -13.308，在 1% 的水平上显著，表明控制潜在的遗漏变量问题之后，本书结论依然成立。

表 5-9　工具变量 2SLS 法检验结果

| | 第一阶段 | | 第二阶段 | |
|---|---|---|---|---|
| | （1） | （2） | （3） | （4） |
| | Deleverage | Delta | Volatility$^D$ | Volatility$^D$ |
| AvgDelta | 0.002*** | 0.002*** | | |
| | (5.790) | (9.854) | | |
| Deleverage | | | -13.878*** | |
| | | | (-3.687) | |

表5-9（续）

| | 第一阶段 | | 第二阶段 | |
|---|---|---|---|---|
| | （1） | （2） | （3） | （4） |
| | Deleverage | Delta | Volatility$^D$ | Volatility$^D$ |
| Delta | | | | -13.308*** |
| | | | | (-4.298) |
| ROA | 0.868*** | 0.262*** | 0.539 | -8.033*** |
| | (19.202) | (9.439) | (0.158) | (-6.901) |
| Size | -0.024*** | -0.002 | -2.314*** | -2.012*** |
| | (-7.221) | (-1.134) | (-20.144) | (-32.275) |
| TobinQ | -0.009*** | -0.007*** | 0.105 | 0.136** |
| | (-3.158) | (-4.034) | (1.517) | (2.405) |
| Cash | 0.119*** | 0.053*** | -0.301 | -1.239** |
| | (4.400) | (3.225) | (-0.406) | (-2.328) |
| State | 0.018** | 0.017*** | -0.134 | -0.163 |
| | (2.306) | (3.474) | (-0.723) | (-1.041) |
| Capexp | -1.302*** | -0.724*** | -19.712*** | -11.280*** |
| | (-19.501) | (-17.696) | (-3.835) | (-4.358) |
| FirmAge | 0.007*** | 0.005*** | -0.001 | -0.036* |
| | (12.358) | (13.810) | (-0.039) | (-1.871) |
| BoardAge | 0.075 | 0.133*** | -6.498*** | -5.759*** |
| | (1.574) | (4.587) | (-6.050) | (-5.868) |
| BoardSize | -0.010 | 0.033*** | -1.368*** | -0.789** |
| | (-0.636) | (3.265) | (-3.824) | (-2.450) |
| Tangibility | -0.046 | 0.176*** | -3.134*** | -0.144 |
| | (-1.225) | (7.640) | (-3.735) | (-0.161) |
| CEO | -0.003 | -0.012*** | 0.305* | 0.178 |

表5-9（续）

| | 第一阶段 | | 第二阶段 | |
|---|---|---|---|---|
| | （1） | （2） | （3） | （4） |
| | Deleverage | Delta | Volatility$^{\mathrm{D}}$ | Volatility$^{\mathrm{D}}$ |
| | （-0.346） | （-2.676） | （1.880） | （1.240） |
| Dividend | -0.024 *** | -0.007 | -2.014 *** | -1.776 *** |
| | （-3.083） | （-1.526） | （-10.444） | （-11.989） |
| Cons | 0.777 *** | -0.759 *** | 163.334 *** | 142.451 *** |
| | （4.040） | （-6.441） | （32.185） | （32.944） |
| $N$ | 26 283 | 26 283 | 26 283 | 26 283 |
| Industry | Yes | Yes | Yes | Yes |
| Year | Yes | Yes | Yes | Yes |
| Province | Yes | Yes | Yes | Yes |
| Adj-$R^2$ | 0.051 | 0.056 | 0.456 | 0.600 |
| 弱工具变量检验 | | | | |
| Partial $R^2$ | 0.001 | 0.004 | | |
| $F$ 统计量 | 33.524 | 97.100 | | |

注：括号内为公司层面聚类标准误调整后 $t$ 值，＊、＊＊、＊＊＊分别表示在10%、5%和1%的水平上显著。Industry、Year 和 Province 中的"Yes"分别表示控制行业、年度和省份固定效应，否则就表示没有控制。资料来源：由 Stata 15.1 整理得到。

### 5.5.2 Change 模型检验

由于企业去杠杆行为可能与不随时间变化的、不可观测的企业特定异质性相关，因此会产生内生性问题，造成系数估计的偏误。为了消除不随时间变化的企业异质性影响，本书借鉴冯丽艳等（2016）、Quan 和 Zhang（2021）研究，对模型（5-3）采用 Change 模型重新进行检验。Change 模型检验结果见表5-10，可以看出，Change 模型检验结果与前文一致。

表 5-10　Change 模型检验结果

| | （1） | （2） |
|---|---|---|
| | $\Delta Volatility^D$ | $\Delta Volatility^D$ |
| $\Delta Deleverage$ | $-0.239^{**}$ | |
| | $(-2.223)$ | |
| $\Delta Delta$ | | $-0.459^{**}$ |
| | | $(-2.495)$ |
| $\Delta ROA$ | $-8.963^{***}$ | $-9.005^{***}$ |
| | $(-7.901)$ | $(-7.954)$ |
| $\Delta Size$ | $-2.579^{***}$ | $-2.615^{***}$ |
| | $(-8.707)$ | $(-8.812)$ |
| $\Delta TobinQ$ | $-0.559^{***}$ | $-0.560^{***}$ |
| | $(-6.589)$ | $(-6.617)$ |
| $\Delta Cash$ | $-1.458$ | $-1.341$ |
| | $(-1.632)$ | $(-1.495)$ |
| $\Delta State$ | $0.356$ | $0.363$ |
| | $(0.519)$ | $(0.527)$ |
| $\Delta Capexp$ | $-3.696^{**}$ | $-3.765^{**}$ |
| | $(-2.204)$ | $(-2.240)$ |
| $\Delta FirmAge$ | $1.605^{**}$ | $1.611^{**}$ |
| | $(2.120)$ | $(2.125)$ |
| $\Delta BoardAge$ | $-2.124$ | $-2.027$ |
| | $(-0.965)$ | $(-0.922)$ |
| $\Delta BoardSize$ | $-0.080$ | $-0.056$ |
| | $(-0.110)$ | $(-0.077)$ |
| $\Delta Tangibility$ | $0.766$ | $0.954$ |
| | $(0.429)$ | $(0.533)$ |
| $\Delta CEO$ | $0.376$ | $0.374$ |
| | $(1.309)$ | $(1.302)$ |

表5-10(续)

|  | （1） | （2） |
|---|---|---|
|  | $\Delta \text{Volatility}^{\text{D}}$ | $\Delta \text{Volatility}^{\text{D}}$ |
| $\Delta \text{Dividend}$ | −0.129 | −0.135 |
|  | （−0.727） | （−0.762） |
| Cons | −20.495*** | −20.495*** |
|  | （−23.354） | （−23.332） |
| $N$ | 21 339 | 21 339 |
| Industry | Yes | Yes |
| Year | Yes | Yes |
| Province | Yes | Yes |
| Adj−$R^2$ | 0.703 | 0.703 |

注：括号内为公司层面聚类标准误调整后的 $t$ 值，＊、＊＊、＊＊＊分别表示在10%、5%和1%的水平上显著。Industry、Year 和 Province 中的"Yes"分别表示控制行业、年度和省份固定效应，否则就表示没有控制。资料来源：由 Stata 15.1 整理得到。

### 5.5.3　企业固定效应模型检验

为了保证结果的稳健性，本书也采用企业固定效应模型消除不随时间变化的企业异质性的影响。企业固定效应模型检验结果如表5-11所示，从中可以看出 Deleverage 和 Delta 的估计系数至少在5%的水平上显著为负，与前文结论保持一致，结论稳健。

表5-11　企业固定效应模型检验结果

|  | （1） | （2） |
|---|---|---|
|  | $\text{Volatility}^{\text{D}}$ | $\text{Volatility}^{\text{D}}$ |
| Deleverage | −0.242** |  |
|  | （−2.347） |  |
| Delta |  | −0.644*** |
|  |  | （−3.735） |
| ROA | −6.734*** | −6.791*** |

表5-11(续)

| | (1) | (2) |
|---|---|---|
| | Volatility$^D$ | Volatility$^D$ |
| | (−6.809) | (−6.893) |
| Size | −1.189*** | −1.188*** |
| | (−7.279) | (−7.296) |
| TobinQ | 0.221*** | 0.221*** |
| | (3.130) | (3.133) |
| Cash | −2.487*** | −2.415*** |
| | (−3.511) | (−3.414) |
| State | 0.182 | 0.193 |
| | (0.394) | (0.418) |
| Capexp | −4.121*** | −4.352*** |
| | (−2.856) | (−3.021) |
| FirmAge | 1.422** | 1.432** |
| | (2.391) | (2.407) |
| BoardAge | −3.514** | −3.409** |
| | (−2.245) | (−2.182) |
| BoardSize | 0.671 | 0.697 |
| | (1.209) | (1.257) |
| Tangibility | 0.619 | 0.735 |
| | (0.518) | (0.615) |
| CEO | −0.070 | −0.077 |
| | (−0.319) | (−0.351) |
| Dividend | −0.875*** | −0.873*** |
| | (−5.376) | (−5.369) |
| Cons | 106.694*** | 105.918*** |
| | (14.638) | (14.566) |

表5-11(续)

| | （1） | （2） |
|---|---|---|
| | Volatility$^{\mathrm{D}}$ | Volatility$^{\mathrm{D}}$ |
| $N$ | 26 283 | 26 283 |
| Year | Yes | Yes |
| Industry | No | No |
| Province | No | No |
| Firm | Yes | Yes |
| Overall $R^2$ | 0.279 | 0.278 |

注：括号内为公司层面聚类标准误调整后的 $t$ 值，*、**、***分别表示在10%、5%和1%的水平上显著。Industry、Year、Province 和 Firm 中的"Yes"分别表示控制行业、年度、省份和企业固定效应，否则就表示没有控制。资料来源：由 Stata 15.1 整理得到。

### 5.5.4 PSM 检验

为解决因模型设定偏误产生的遗漏变量问题，本书采用 Rosenbaum 和 Rubin（1983）的倾向得分匹配法（PSM）进行控制。这种方法根据多个维度的倾向得分匹配，将样本分为去杠杆样本组与非去杠杆样本组两个子样本，通过比较两组之间的差值反映企业去杠杆对股价波动的净效应，来判断企业去杠杆行为能否降低股价波动。本文构建模型（5-6），采用 Logit 模型进行 1∶1 最近邻匹配，如下所示：

$$\mathrm{Deleverage}_{i,t} = \beta_0 + \beta_1 \mathrm{ROA}_{i,t} + \beta_2 \mathrm{Size}_{i,t} + \beta_3 \mathrm{TobinQ}_{i,t} + \beta_4 \mathrm{Cash}_{i,t} +$$
$$\beta_5 \mathrm{State}_{i,t} + \beta_6 \mathrm{Capexp}_{i,t} + \beta_7 \mathrm{FirmAge}_{i,t} +$$
$$\beta_8 \mathrm{BoardAge}_{i,t} + \beta_9 \mathrm{BoardSize}_{i,t} + \beta_{10} \mathrm{Tangibility}_{i,t} +$$
$$\beta_{11} \mathrm{CEO}_{i,t} + \beta_{12} \mathrm{Dividend}_{i,t} + \sum \beta_j \mathrm{Year} +$$
$$\sum \beta_k \mathrm{Industry} + \varepsilon_{i,t} \tag{5-6}$$

满足共同支撑假设和平衡性假设是 PSM 检验有效的前提条件，因此我们先进行检验。图 5-1 为匹配前后去杠杆组与非去杠杆组倾向得分概率分布图，匹配前去杠杆组与非去杠杆组之间，核密度图偏离度较大，匹配之后两组之间有显著趋近趋势，概率分布差异显著降低，这表明匹配样本符合共同支撑假设。

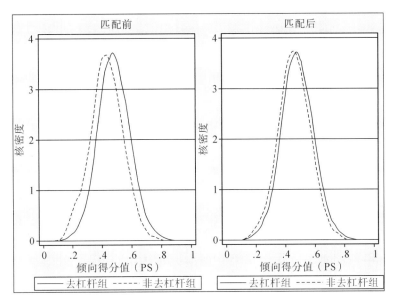

图 5-1　匹配前后去杠杆组与非去杠杆组倾向得分概率分布图

表 5-12 为匹配变量平衡性检验结果。可以看出，匹配后去杠杆组与非去杠杆组的各匹配变量之间均不存在显著差异，匹配后各匹配变量标准偏差都不超过 4%，这表明匹配效果较好，符合平衡性假设。

表 5-12　匹配变量平衡性检验

| 匹配变量 | | 均值 | | 标准偏差 /% | 标准偏差 减小幅度 /% | t 检验 | |
|---|---|---|---|---|---|---|---|
| | | 参与组 | 未参与组 | | | t | p>t |
| ROA | 匹配前 | 0.089 | 0.073 | 20.5 | 95.5 | 16.54 | 0.000 |
| | 匹配后 | 0.088 | 0.088 | 0.9 | | 0.73 | 0.467 |
| Size | 匹配前 | 22.124 | 22.11 | 1.1 | -73.4 | 0.88 | 0.380 |
| | 匹配后 | 22.127 | 22.151 | -1.9 | | -1.45 | 0.146 |
| TobinQ | 匹配前 | 2.284 | 2.176 | 7.6 | 65.9 | 6.16 | 0.000 |
| | 匹配后 | 2.276 | 2.239 | 2.6 | | 1.98 | 0.047 |
| Cash | 匹配前 | 0.167 | 0.160 | 5.8 | 72.4 | 4.70 | 0.000 |
| | 匹配后 | 0.167 | 0.169 | -1.6 | | -1.21 | 0.225 |
| State | 匹配前 | 0.429 | 0.371 | 11.8 | 92.4 | 9.50 | 0.000 |
| | 匹配后 | 0.429 | 0.433 | -0.9 | | -0.68 | 0.497 |

表5-12（续）

| 匹配变量 | | 均值 | | 标准偏差 /% | 标准偏差减小幅度 /% | t 检验 | |
|---|---|---|---|---|---|---|---|
| | | 参与组 | 未参与组 | | | t | p>t |
| Capexp | 匹配前 | 0.046 | 0.059 | −26.5 | 96.5 | −21.19 | 0.000 |
| | 匹配后 | 0.046 | 0.045 | 0.9 | | 0.81 | 0.420 |
| FirmAge | 匹配前 | 11.583 | 9.990 | 23.8 | 99.2 | 19.19 | 0.000 |
| | 匹配后 | 11.564 | 11.576 | −0.2 | | −0.14 | 0.889 |
| BoardAge | 匹配前 | 3.932 | 3.929 | 3.6 | 83.3 | 2.89 | 0.004 |
| | 匹配后 | 3.932 | 3.932 | −0.6 | | −0.46 | 0.644 |
| BoardSize | 匹配前 | 2.149 | 2.145 | 1.7 | 86.4 | 1.39 | 0.163 |
| | 匹配后 | 2.149 | 2.149 | −0.2 | | −0.18 | 0.856 |
| Tangibility | 匹配前 | 0.928 | 0.926 | 1.5 | −60.5 | 1.25 | 0.213 |
| | 匹配后 | 0.928 | 0.930 | −2.5 | | −1.92 | 0.055 |
| CEO | 匹配前 | 0.233 | 0.260 | −6.5 | 94.6 | −5.22 | 0.000 |
| | 匹配后 | 0.233 | 0.231 | 0.4 | | 0.28 | 0.782 |
| Dividend | 匹配前 | 0.735 | 0.748 | −2.8 | 49.8 | −2.28 | 0.023 |
| | 匹配后 | 0.736 | 0.743 | −1.4 | | −1.09 | 0.275 |

在符合共同支撑假设和平衡性假设后进行倾向得分匹配，最近邻匹配后去杠杆的处理效应见表5-13，ATT 值为−0.499%，t 值为−2.00，在5% 水平上显著，表明去杠杆样本组和非去杠杆样本组的股价波动存在显著差异，进一步验证了假设5.1结论成立。

表5-13　最近邻匹配后去杠杆的处理效应

| 变量 | 样本 | 去杠杆组 | 未去杠杆组 | 差别 | 标准误 | t 值 |
|---|---|---|---|---|---|---|
| Volatility$^D$ | 未匹配 | 46.150 | 46.609 | −0.459** | 0.178 | −2.58 |
| | ATT | 46.132 | 46.631 | −0.499** | 0.250 | −2.00 |
| | ATU | 46.603 | 45.911 | −0.692 | | |
| | ATE | | | −0.604 | | |

PSM 匹配后，采用模型（5-3）重新进行检验，PSM 检验结果见表 5-14，Deleverage 和 Delta 系数值分别为 0.560 和 1.131，均在 1%的水平上显著为负，这表明控制可能存在的模型设定偏误产生的遗漏变量问题之后，结论不发生改变，前文结论稳健。

表 5-14　PSM 检验结果

|  | （1） | （2） |
|---|---|---|
|  | $\text{Volatility}^{\text{D}}$ | $\text{Volatility}^{\text{D}}$ |
| Deleverage | −0.560*** | |
|  | （−3.926） | |
| Delta | | −1.131*** |
|  | | （−4.463） |
| ROA | −10.525*** | −10.673*** |
|  | （−7.561） | （−7.673） |
| Size | −2.021*** | −2.020*** |
|  | （−20.126） | （−20.139） |
| TobinQ | 0.254*** | 0.251*** |
|  | （3.067） | （3.033） |
| Cash | −1.977*** | −1.931*** |
|  | （−2.672） | （−2.614） |
| State | −0.362 | −0.346 |
|  | （−1.538） | （−1.471） |
| Capexp | −2.134 | −2.109 |
|  | （−1.110） | （−1.098） |
| FirmAge | −0.122*** | −0.120*** |
|  | （−6.945） | （−6.808） |
| BoardAge | −5.955*** | −5.898*** |
|  | （−4.403） | （−4.364） |
| BoardSize | −1.008** | −0.981** |
|  | （−2.064） | （−2.011） |

表5-14（续）

| | （1） | （2） |
|---|---|---|
| | Volatility$^D$ | Volatility$^D$ |
| Tangibility | −3.565*** | −3.378*** |
| | （−3.102） | （−2.944） |
| CEO | 0.357* | 0.350* |
| | （1.730） | （1.694） |
| Dividend | −1.767*** | −1.753*** |
| | （−8.249） | （−8.178） |
| Cons | 148.765*** | 147.928*** |
| | （26.219） | （26.117） |
| $N$ | 13 700 | 13 700 |
| Industry | Yes | Yes |
| Year | Yes | Yes |
| Province | Yes | Yes |
| Adj−$R^2$ | 0.665 | 0.665 |

注：括号内为公司层面聚类标准误调整后的$t$值，*、**、***分别表示在10%、5%和1%的水平上显著。Industry、Year和Province中的"Yes"分别表示控制行业、年度和省份固定效应，否则就表示没有控制。资料来源：由Stata 15.1整理得到。

### 5.5.5　安慰剂检验

企业去杠杆行为与股价波动之间的统计显著关系，可能是由某些随机性不可观测因素导致的。为此，本书借鉴刘瑞明等（2020）的处理办法构造安慰剂检验来判断企业去杠杆行为对股价波动的降低效应，是否是由其他随机性因素引起的。按照26 283个观测值的企业去杠杆情况，我们随机生成处理组，利用随机生成的处理组来判断企业去杠杆的状况，并生成模拟虚拟变量。然后用该虚拟变量替代真实的去杠杆虚拟变量Deleverage，采用模型（5-3）重复进行了1 000次回归，并将1 000次回归中企业是否去杠杆的估计系数统计出来，做出相应被解释变量下回归系数的密度函数图，并与企业真实参与去杠杆状况的回归系数进行比较。由图5-2可以看出，随机处理 1 000 次后 Deleverage 的系数集中分布在 0 的附近，并且全部大于真实估计系数，这说明企业去杠杆行为的确起到降低股价波动的作用。

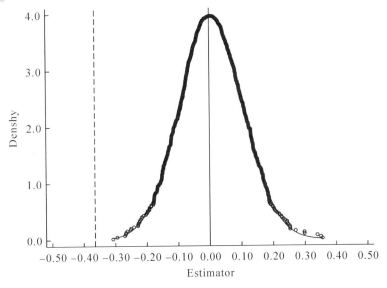

图 5-2　企业去杠杆对股价波动回归的估计系数图

### 5.5.6　改变研究样本检验

为了研究结果的普适性，本书采用改变样本的方式重新进行检验。主要包括以下四类：①在正文样本的基础上，剔除金融危机的影响和新型冠状病毒感染疫情对资本市场的影响，本书剔除了 2007 年和 2008 年以及 2020 年的数据，重新进行检验，检验结果见表 5-15 的列（1）、列（2）。②前文为了避免 2005 年我国股权分置改革的影响，选择以 2007 年为样本起始年份，为了研究结果的普适性，本书采用全样本进行稳健性检验，由于中国公司治理数据于 1999 年才开始披露，本书采用 1999—2019 年的样本重新进行检验，检验结果见列（3）、列（4）。③为了剔除股权分置改革的影响，本书在全样本的基础上剔除 2006—2007 年数据，检验结果见表 5-15 的列（5）、列（6）；为了剔除股权分置改革对企业去杠杆的影响，以及国际金融危机对资本市场股价波动的影响，本书剔除 2005—2009 年数据重新进行检验，检验结果见表 5-15 的列（7）、列（8）。综上可知，在改变研究样本的情况下，研究结论不发生任何改变。

表5-15 改变研究样本检验结果

| | 2010—2019年样本 | | 2000—2020年样本 | | 剔除2006—2007年样本 | | 剔除2005—2009年样本 | |
| --- | --- | --- | --- | --- | --- | --- | --- | --- |
| | (1)<br>Volatility$^D$ | (2)<br>Volatility$^D$ | (3)<br>Volatility$^D$ | (4)<br>Volatility$^D$ | (5)<br>Volatility$^D$ | (6)<br>Volatility$^D$ | (7)<br>Volatility$^D$ | (8)<br>Volatility$^D$ |
| Deleverage | -0.339*** | | -0.332*** | | -0.349*** | | -0.324*** | |
| | (-2.916) | | (-3.325) | | (-3.381) | | (-2.877) | |
| Delta | | -0.857*** | | -0.895*** | | -0.929*** | | -0.821*** |
| | | (-4.654) | | (-5.430) | | (-5.483) | | (-4.609) |
| ROA | -12.149*** | -12.221*** | -11.131*** | -11.183*** | -11.326*** | -11.386*** | -12.232*** | -12.296*** |
| | (-11.384) | (-11.551) | (-11.959) | (-12.143) | (-11.935) | (-12.113) | (-11.762) | (-11.929) |
| Size | -1.995*** | -1.989*** | -1.958*** | -1.952*** | -1.985*** | -1.979*** | -1.991*** | -1.986*** |
| | (-23.663) | (-23.640) | (-24.624) | (-24.584) | (-24.611) | (-24.578) | (-24.044) | (-24.017) |
| TobinQ | 0.287*** | 0.283*** | 0.235*** | 0.231*** | 0.228*** | 0.225*** | 0.286*** | 0.283*** |
| | (4.364) | (4.312) | (3.605) | (3.556) | (3.494) | (3.447) | (4.380) | (4.329) |
| Cash | -1.579** | -1.572** | -2.241*** | -2.238*** | -2.034*** | -2.029*** | -1.705*** | -1.701*** |
| | (-2.546) | (-2.542) | (-3.881) | (-3.886) | (-3.502) | (-3.503) | (-2.816) | (-2.816) |

表5-15(续)

| | 2010—2019 年样本 | | 2000—2020 年样本 | | 剔除 2006—2007 年样本 | | 剔除 2005—2009 年样本 | |
|---|---|---|---|---|---|---|---|---|
| | (1) | (2) | (3) | (4) | (5) | (6) | (7) | (8) |
| | $Volatility^D$ | $Volatility^D$ | $Volatility^D$ | $Volatility^D$ | $Volatility^D$ | $Volatility^D$ | $Volatility^D$ | $Volatility^D$ |
| State | -0.464** | -0.454** | -0.279 | -0.271 | -0.394** | -0.385** | -0.491** | -0.482** |
| | (-2.223) | (-2.180) | (-1.518) | (-1.474) | (-2.070) | (-2.027) | (-2.419) | (-2.376) |
| Capexp | -2.276 | -2.486 | -2.698** | -2.914** | -2.274* | -2.503* | -2.571* | -2.780* |
| | (-1.505) | (-1.640) | (-2.139) | (-2.310) | (-1.748) | (-1.925) | (-1.802) | (-1.945) |
| FirmAge | -0.099*** | -0.097*** | -0.104*** | -0.101*** | -0.100*** | -0.098*** | -0.098*** | -0.097*** |
| | (-6.607) | (-6.496) | (-7.275) | (-7.134) | (-6.946) | (-6.803) | (-6.642) | (-6.531) |
| BoardAge | -7.778*** | -7.677*** | -7.062*** | -6.973*** | -7.139*** | -7.044*** | -7.335*** | -7.242*** |
| | (-6.705) | (-6.627) | (-7.046) | (-6.965) | (-6.892) | (-6.811) | (-6.632) | (-6.556) |
| BoardSize | -1.412*** | -1.376*** | -1.072*** | -1.041*** | -1.178*** | -1.145*** | -1.339*** | -1.307*** |
| | (-3.401) | (-3.317) | (-2.888) | (-2.806) | (-3.099) | (-3.016) | (-3.380) | (-3.300) |
| Tangibility | -2.704*** | -2.528*** | -2.598*** | -2.428*** | -2.437*** | -2.255** | -2.588*** | -2.419** |
| | (-2.924) | (-2.735) | (-2.868) | (-2.683) | (-2.660) | (-2.463) | (-2.823) | (-2.639) |

表5-15（续）

| | 2010—2019 年样本 | | 2000—2020 年样本 | | 剔除 2006—2007 年样本 | | 剔除 2005—2009 年样本 | |
| --- | --- | --- | --- | --- | --- | --- | --- | --- |
| | (1) | (2) | (3) | (4) | (5) | (6) | (7) | (8) |
| | Volatility$^D$ | Volatility$^D$ | Volatility$^D$ | Volatility$^D$ | Volatility$^D$ | Volatility$^D$ | Volatility$^D$ | Volatility$^D$ |
| CEO | 0.372** | 0.365** | 0.400** | 0.391** | 0.369** | 0.358** | 0.407** | 0.399** |
| | (2.161) | (2.118) | (2.508) | (2.453) | (2.277) | (2.214) | (2.412) | (2.368) |
| Dividend | −1.737*** | −1.736*** | −1.755*** | −1.755*** | −1.719*** | −1.718*** | −1.768*** | −1.768*** |
| | (−9.762) | (−9.763) | (−11.618) | (−11.619) | (−11.014) | (−11.013) | (−10.346) | (−10.352) |
| Cons | 122.93*** | 121.98*** | 119.64*** | 118.64*** | 120.68*** | 119.62*** | 121.88*** | 120.90*** |
| | (25.688) | (25.526) | (27.880) | (27.662) | (27.327) | (27.118) | (26.515) | (26.316) |
| N | 22 860 | 22 860 | 29 003 | 29 003 | 27 333 | 27 333 | 23 910 | 23 910 |
| Industry | Yes | Yes | Yes | Yes | Yes | Yes | Yes | Yes |
| Year | Yes | Yes | Yes | Yes | Yes | Yes | Yes | Yes |
| Province | Yes | Yes | Yes | Yes | Yes | Yes | Yes | Yes |
| Adj-$R^2$ | 0.630 | 0.630 | 0.671 | 0.671 | 0.666 | 0.666 | 0.630 | 0.630 |

注:括号内为公司层面聚类标准误调整后的 $t$ 值,*、**、***分别表示在 10%、5% 和 1% 的水平上显著。Industry、Year 和 Province 中的"Yes"分别表示控制行业、年度和省份固定效应,否则就表示没有控制。

### 5.5.7 股价波动的替代性指标检验

前文以年度股票日收益率的标准差度量股价波动，考虑到中国资本市场涨跌停板限制的影响，本部分改用股票周收益率的标准差 Volatility$^W$ 和股票月收益率的标准差 Volatility$^M$ 度量股价波动，采用模型（5-3）重新进行检验。表 5-16 为股价波动的其他替代性指标检验结果，可以发现，股价波动对企业去杠杆行为 Deleverage 和 Delta 对的估计系数，均在 1% 的水平上显著为负，前文结论基本不发生改变。

表 5-16 股价波动的其他替代性指标检验结果

| | （1） | （2） | （3） | （4） |
|---|---|---|---|---|
| | Volatility$^M$ | Volatility$^M$ | Volatility$^W$ | Volatility$^W$ |
| Deleverage | −0.607*** | | −0.422*** | |
| | (−2.859) | | (−2.719) | |
| Delta | | −1.501*** | | −1.147*** |
| | | (−4.028) | | (−4.300) |
| ROA | −14.097*** | −14.234*** | −16.028*** | −16.097*** |
| | (−8.086) | (−8.211) | (−11.796) | (−11.933) |
| Size | −1.798*** | −1.787*** | −2.258*** | −2.250*** |
| | (−13.807) | (−13.736) | (−21.623) | (−21.580) |
| TobinQ | 0.412*** | 0.407*** | 0.392*** | 0.388*** |
| | (3.695) | (3.650) | (4.432) | (4.387) |
| Cash | −1.067 | −1.058 | −2.347*** | −2.335*** |
| | (−0.993) | (−0.986) | (−2.875) | (−2.869) |
| State | −1.184*** | −1.170*** | −0.912*** | −0.902*** |
| | (−3.830) | (−3.793) | (−3.588) | (−3.552) |
| Capexp | 1.329 | 1.025 | −2.342 | −2.629 |
| | (0.555) | (0.428) | (−1.248) | (−1.399) |
| FirmAge | −0.101*** | −0.098*** | −0.085*** | −0.083*** |
| | (−4.285) | (−4.149) | (−4.444) | (−4.307) |

表5-16(续)

| | （1） | （2） | （3） | （4） |
|---|---|---|---|---|
| | Volatility$^M$ | Volatility$^M$ | Volatility$^W$ | Volatility$^W$ |
| BoardAge | −9.665*** | −9.509*** | −9.409*** | −9.286*** |
| | (−5.177) | (−5.098) | (−6.346) | (−6.270) |
| Tangibility | −3.475** | −3.181** | −3.007** | −2.785** |
| | (−2.273) | (−2.075) | (−2.433) | (−2.251) |
| CEO | 0.286 | 0.270 | 0.277 | 0.265 |
| | (1.013) | (0.955) | (1.243) | (1.186) |
| BoardSize | −2.002*** | −1.947*** | −1.754*** | −1.712*** |
| | (−3.089) | (−3.007) | (−3.309) | (−3.233) |
| Dividend | −1.753*** | −1.749*** | −1.861*** | −1.859*** |
| | (−5.863) | (−5.854) | (−8.113) | (−8.108) |
| Cons | 152.319*** | 150.694*** | 165.705*** | 164.494*** |
| | (19.911) | (19.718) | (27.231) | (27.034) |
| $N$ | 26 280 | 26 280 | 26 283 | 26 283 |
| Industry | Yes | Yes | Yes | Yes |
| Year | Yes | Yes | Yes | Yes |
| Province | Yes | Yes | Yes | Yes |
| Adj−$R^2$ | 0.346 | 0.346 | 0.537 | 0.537 |

注：括号内为公司层面聚类标准误调整后的 $t$ 值，*、**、***分别表示在10%、5%和1%的水平上显著。Industry、Year 和 Province 中的"Yes"分别表示控制行业、年度和省份固定效应，否则就表示没有控制。

### 5.5.8 去杠杆政策冲击的影响检验

2015 年 12 月中央经济工作会议提出"三去一降一补"，明确提出 2016 年的经济工作重点为"去产能、去库存、去杠杆、降成本、补短板"五项任务。2016 年中央经济工作会议指出，要继续深化"三去一降一补"任务，在去杠杆方面，要在控制总杠杆率的前提下，把降低企业杠杆率作为重中之重。因此，本书将 2016 年作为政策冲击事件发生的年份。由于高杠杆企业是去杠杆的重点，去杠杆政策对其影响更大一些，因此本书依据企业杠杆率高低把样本分为处理组和控制组。具体根据去杠杆政策出台前2年企业杠杆率的平均值进行划分，高于中位数的为处理组，否则为控制组。具体实证模型如下：

$$\begin{aligned}
\text{Volatility}^{D}{}_{i,t} = & \beta_0 + \beta_1 \text{Treat} \cdot \text{Policy} + \beta_2 \text{Treat} \cdot \text{Policy} \cdot \text{Deleverage}_{i,t-1} / \\
& \text{Delta}_{i,t-1} + \beta_3 \text{Deleverage}_{i,t-1} / \text{Delta}_{i,t-1} + \beta_4 \text{ROA}_{i,t-1} + \\
& \beta_5 \text{Size}_{i,t-1} + \beta_6 \text{TobinQ}_{i,t-1} + \beta_7 \text{Cash}_{i,t-1} + \\
& \beta_8 \text{State}_{i,t-1} + \beta_9 \text{Capexp}_{i,t-1} + \beta_{10} \text{FirmAge}_{i,t-1} + \\
& \beta_{11} \text{BoardAge}_{i,t-1} + \beta_{12} \text{BoardSize}_{i,t-1} + \\
& \beta_{13} \text{Tangibility}_{i,t-1} + \beta_{14} \text{CEO}_{i,t-1} + \beta_{15} \text{Dividend}_{i,t-1} + \\
& \text{FIxed Effect} + \varepsilon_{i,t-1}
\end{aligned} \tag{5-7}$$

其中，Policy 为年份虚拟变量，本书以去杠杆政策开始实施的 2016 年为基年，在 2016 年及 2017 年 Policy 取值为 1，2014 年和 2015 年取值为 0。虚拟变量 Treat 表示样本企业是否属于处理组，如果企业 $i$ 在实验期内属于处理组，则取值为 1，否则为控制组，取值为 0，其他变量定义与模型（5-3）保持一致。$\beta_2$ 为我们关注的对象，表示去杠杆政策对高杠杆企业的股价波动的影响，预期该系数为负。

我们采用企业双固定效应模型进行实证检验，检验结果如表 5-17 所示，可以看出 Treat·Policy·Deleverage 和 Treat·Policy·Delta 的估计系数均在 1% 的水平上显著为负，表明去杠杆政策的实施能够降低高杠杆企业的股价波动，有利于促进资本市场的稳定性。

表 5-17　去杠杆政策冲击的影响

| | （1） | （2） |
| --- | --- | --- |
| | Volatility$^{D}$ | Volatility$^{D}$ |
| Treat·Policy | 0.654 | 0.128 |
| | (1.275) | (0.276) |
| Treat·Policy·Deleverage | −1.619*** | |
| | (−3.227) | |
| Deleverage | −0.225 | |
| | (−0.868) | |

表5-17(续)

| | （1） | （2） |
|---|---|---|
| | Volatility$^D$ | Volatility$^D$ |
| Treat · Policy · Delta | | −3.532*** |
| | | （−2.850） |
| Delta | | −0.336* |
| | | （−1.666） |
| ROA | −13.871*** | −14.364*** |
| | （−5.234） | （−5.428） |
| Size | −3.250*** | −3.279*** |
| | （−5.553） | （−5.843） |
| TobinQ | 0.139 | 0.139 |
| | （1.062） | （1.065） |
| Cash | 1.060 | 1.260 |
| | （0.596） | （0.704） |
| Capexp | −5.890 | −5.875 |
| | （−1.559） | （−1.549） |
| FirmAge | −3.095*** | −3.052** |
| | （−2.599） | （−2.565） |
| BoardAge | −0.746 | −0.527 |
| | （−0.184） | （−0.130） |
| BoardSize | 0.220 | 0.229 |
| | （0.162） | （0.168） |
| Tangibility | 4.864* | 4.968* |
| | （1.841） | （1.895） |
| CEO | −0.954* | −0.928* |
| | （−1.896） | （−1.843） |
| Dividend | 0.055 | 0.057 |
| | （0.143） | （0.149） |

表5-17(续)

| | （1） | （2） |
|---|---|---|
| | Volatility$^{\text{D}}$ | Volatility$^{\text{D}}$ |
| State | −0.351 | −0.393 |
| | （−0.237） | （−0.272） |
| Cons | 117.876*** | 117.326*** |
| | （5.791） | （5.841） |
| N | 26 283 | 26 283 |
| Firm | Yes | Yes |
| Year | Yes | Yes |
| Overall $R^2$ | 0.051 | 0.056 |

注：括号内为公司层面聚类标准误调整后的 $t$ 值，*、**、***分别表示在10%、5%和1%的水平上显著。Firm 和 Year 中的"Yes"分别表示控制企业和年度固定效应，否则就表示没有控制。

## 5.6　进一步研究

### 5.6.1　作用机制检验

如果企业去杠杆行为能够通过缓解债务悬置降低股价波动，则其对于更可能陷入债务悬置的样本影响更显著。借鉴 Jie 和 Zhe（2011）以及 Blickle 和 Santos（2021）的研究，本书分别采用企业偿债能力和利息保障倍数度量债务悬置，其中，偿债能力=息税折旧摊销前利润/总负债，利息保障倍数=息税折旧摊销前利润/财务费用。一般来说，偿债能力越弱、利息保障倍数越低的企业，越有可能陷入债务悬置。本书按照 $t-1$ 期企业的偿债能力和利息保障倍数的年度中位数进行分组，然后采用模型（5-3）进行分组检验，检验结果见表5-18和表5-19，从中可以看出，企业去杠杆行为对股价波动的影响，在偿债能力和利息保障倍数低的样本组更显著，这支持了债务悬置路径。

同时，权衡理论认为，公司通过权衡负债的利弊决定债务融资与权益融资的比例。根据最优资本结构理论，当企业杠杆率高于目标杠杆率时，企业过度负债，此时企业更有可能陷入债务悬置。当企业杠杆率低于目标杠杆率时，企业负债不足，企业陷入债务悬置的概率很低。参考 Harford 等（2009）和许晓芳等（2020）的做法，本书对全样本分年度、分行业进行 Tobit 回归，计算企业目标杠杆率（$LEV_t^*$）。若实际杠杆率（$LEV_t$）大于目标杠杆率（$LEV_t^*$），则为过度负债，否则为负债不足。按照负债不足和过度负债进行分样本回归，具体结果见表5-20，从中可以看出过度负债企业去杠杆能够降低股价波动，与表5-18和表5-19的检验结果保持一致。

**表5-18 企业去杠杆、偿债能力与股价波动**

| | （1） | （2） | （3） | （4） |
|---|---|---|---|---|
| | 偿债能力弱 | 偿债能力强 | 偿债能力弱 | 偿债能力强 |
| | Volatility$^D$ | Volatility$^D$ | Volatility$^D$ | Volatility$^D$ |
| Deleverage | −0. 474 *** | −0. 157 | | |
| | （−3. 095） | （−1. 078） | | |
| Delta | | | −1. 767 *** | −0. 739 *** |
| | | | （−5. 050） | （−3. 700） |
| ROA | −7. 232 *** | −6. 278 *** | −7. 061 *** | −6. 156 *** |
| | （−5. 347） | （−3. 920） | （−5. 249） | （−3. 853） |
| Size | −1. 889 *** | −2. 494 *** | −1. 890 *** | −2. 495 *** |
| | （−17. 911） | （−20. 380） | （−17. 945） | （−20. 413） |
| TobinQ | 0. 186 * | 0. 328 *** | 0. 178 | 0. 322 *** |
| | （1. 719） | （4. 130） | （1. 644） | （4. 065） |
| State | −0. 527 ** | −0. 366 | −0. 504 ** | −0. 353 |
| | （−2. 203） | （−1. 312） | （−2. 111） | （−1. 269） |
| Cash | −1. 674 | −1. 383 * | −1. 768 * | −1. 301 * |
| | （−1. 620） | （−1. 950） | （−1. 717） | （−1. 833） |
| Capexp | −2. 941 | 0. 465 | −3. 189 | 0. 058 |
| | （−1. 471） | （0. 263） | （−1. 605） | （0. 033） |
| FirmAge | −0. 993 *** | −0. 773 *** | −0. 961 *** | −0. 752 *** |

表5-18(续)

| | (1) | (2) | (3) | (4) |
|---|---|---|---|---|
| | 偿债能力弱 | 偿债能力强 | 偿债能力弱 | 偿债能力强 |
| | Volatility$^D$ | Volatility$^D$ | Volatility$^D$ | Volatility$^D$ |
| | (−5.681) | (−5.063) | (−5.497) | (−4.928) |
| BoardAge | −7.926*** | −6.134*** | −7.806*** | −6.016*** |
| | (−5.479) | (−4.232) | (−5.411) | (−4.159) |
| BoardSize | −0.888* | −1.585*** | −0.840 | −1.552*** |
| | (−1.718) | (−2.939) | (−1.631) | (−2.879) |
| Tangibility | −2.249* | −4.321*** | −1.951 | −4.175*** |
| | (−1.693) | (−3.737) | (−1.473) | (−3.608) |
| CEO | 0.058 | 0.626*** | 0.038 | 0.617*** |
| | (0.246) | (2.941) | (0.158) | (2.903) |
| Dividend | −1.409*** | −1.489*** | −1.398*** | −1.490*** |
| | (−7.199) | (−5.744) | (−7.140) | (−5.754) |
| Cons | 153.382*** | 158.889*** | 152.131*** | 158.121*** |
| | (25.948) | (25.558) | (25.818) | (25.464) |
| $N$ | 13 146 | 13 137 | 13 146 | 13 137 |
| Industry | Yes | Yes | Yes | Yes |
| Year | Yes | Yes | Yes | Yes |
| Province | Yes | Yes | Yes | Yes |
| Adj-$R^2$ | 0.665 | 0.674 | 0.665 | 0.675 |
| 组间差异检验 | | | | |
| 经验 $P$ 值 | 0.086 | | 0.001 | |

注：括号内为公司层面聚类标准误调整后的 $t$ 值，*、**、***分别表示在10%、5%和1%的水平上显著。经验 $P$ 值是两组间自变量系数差异的检验结果，通过自体抽样（Bootstrap）1 000 次得到。Industry、Year 和 Province 中的"Yes"分别表示控制行业、年度和省份固定效应，否则就表示没有控制。

表 5-19　企业去杠杆、利息保障倍数与股价波动

| | （1） | （2） | （3） | （4） |
|---|---|---|---|---|
| | 保障倍数低 | 保障倍数高 | 保障倍数低 | 保障倍数高 |
| | Volatility$^D$ | Volatility$^D$ | Volatility$^D$ | Volatility$^D$ |
| Deleverage | −0.582*** | −0.190 | | |
| | （−3.907） | （−1.252） | | |
| Delta | | | −1.195*** | −0.694*** |
| | | | （−5.117） | （−2.599） |
| ROA | −11.681*** | −10.216*** | −11.902*** | −10.174*** |
| | （−8.915） | （−7.856） | （−9.159） | （−7.906） |
| Size | −2.007*** | −1.967*** | −1.999*** | −1.963*** |
| | （−18.816） | （−18.360） | （−18.766） | （−18.354） |
| TobinQ | 0.173** | 0.344*** | 0.168** | 0.342*** |
| | （2.081） | （3.947） | （2.020） | （3.931） |
| State | −0.226 | −0.534** | −0.210 | −0.527** |
| | （−0.909） | （−2.225） | （−0.845） | （−2.198） |
| Cash | −2.996*** | −1.231 | −2.996*** | −1.155 |
| | （−4.134） | （−1.243） | （−4.147） | （−1.169） |
| Capexp | −2.745 | −0.920 | −2.864 | −1.195 |
| | （−1.469） | （−0.492） | （−1.532） | （−0.640） |
| FirmAge | −0.790*** | −0.881*** | −0.775*** | −0.864*** |
| | （−4.971） | （−5.770） | （−4.868） | （−5.670） |
| BoardAge | −6.927*** | −7.902*** | −6.855*** | −7.811*** |
| | （−5.056） | （−5.482） | （−5.013） | （−5.426） |
| BoardSize | −1.581*** | −1.016** | −1.542*** | −0.992* |
| | （−3.099） | （−1.971） | （−3.030） | （−1.925） |
| Tangibility | −3.427*** | −2.588** | −3.017*** | −2.516** |
| | （−3.034） | （−2.156） | （−2.664） | （−2.095） |
| CEO | 0.247 | 0.373* | 0.234 | 0.365* |

表5-19（续）

|  | （1） | （2） | （3） | （4） |
|---|---|---|---|---|
|  | 保障倍数低 | 保障倍数高 | 保障倍数低 | 保障倍数高 |
|  | Volatility$^D$ | Volatility$^D$ | Volatility$^D$ | Volatility$^D$ |
|  | （1.142） | （1.688） | （1.087） | （1.652） |
| Dividend | −1.920 *** | −1.166 *** | −1.918 *** | −1.163 *** |
|  | （−9.082） | （−5.393） | （−9.073） | （−5.384） |
| Cons | 154.309 *** | 153.099 *** | 153.031 *** | 152.378 *** |
|  | （27.462） | （25.658） | （27.303） | （25.588） |
| N | 13 145 | 13 138 | 13 145 | 13 138 |
| Industry | Yes | Yes | Yes | Yes |
| Year | Yes | Yes | Yes | Yes |
| Province | Yes | Yes | Yes | Yes |
| Adj-$R^2$ | 0.661 | 0.670 | 0.661 | 0.670 |
| 组间差异检验 |  |  |  |  |
| 经验 P 值 | 0.031 | | 0.073 | |

注：括号内为公司层面聚类标准误调整后的 t 值，* 、** 、***分别表示在10%、5%和1%的水平上显著。经验 P 值是两组间自变量系数差异的检验结果，通过自体抽样（Bootstrap）1 000 次得到。Industry、Year 和 Province 中的"Yes"分别表示控制行业、年度和省份固定效应，否则就表示没有控制。

表 5-20  企业去杠杆、最优资本结构与股价波动

|  | （1） | （2） | （3） | （4） |
|---|---|---|---|---|
|  | 负债不足 | 过度负债 | 负债不足 | 过度负债 |
|  | Volatility$^D$ | Volatility$^D$ | Volatility$^D$ | Volatility$^D$ |
| Deleverage | −0.131 | −0.420 ** |  |  |
|  | （−0.756） | （−2.307） |  |  |
| Delta |  |  | −0.349 * | −0.251 ** |
|  |  |  | （−1.772） | （−2.167） |
| ROA | −0.401 | −0.598 ** | −0.399 | −0.605 ** |
|  | （−0.607） | （−2.156） | （−0.605） | （−2.146） |
| TobinQ | 0.669 *** | 0.499 *** | 0.669 *** | 0.493 *** |

表5-20(续)

| | （1） | （2） | （3） | （4） |
|---|---|---|---|---|
| | 负债不足 | 过度负债 | 负债不足 | 过度负债 |
| | Volatility$^D$ | Volatility$^D$ | Volatility$^D$ | Volatility$^D$ |
| | （6.512） | （4.419） | （6.516） | （4.393） |
| Cash | 2.116** | -1.914 | 2.116** | -1.972 |
| | （2.278） | （-1.445） | （2.280） | （-1.491） |
| State | -1.239*** | -0.346 | -1.233*** | -0.344 |
| | （-3.930） | （-1.146） | （-3.915） | （-1.139） |
| Capexp | -4.892** | -7.149*** | -5.042** | -6.827*** |
| | （-2.180） | （-3.474） | （-2.237） | （-3.341） |
| FirmAge | -1.920*** | -1.849*** | -1.910*** | -1.873*** |
| | （-8.561） | （-8.699） | （-8.549） | （-8.863） |
| BoardAge | -14.500*** | -9.718*** | -14.431*** | -9.627*** |
| | （-7.909） | （-5.826） | （-7.878） | （-5.773） |
| BoardSize | -4.022*** | -2.009*** | -4.012*** | -1.994*** |
| | （-6.567） | （-3.245） | （-6.553） | （-3.221） |
| Tangibility | -3.036** | 0.871 | -3.023** | 0.956 |
| | （-1.976） | （0.563） | （-1.967） | （0.618） |
| CEO | 0.673** | -0.027 | 0.672** | -0.040 |
| | （2.462） | （-0.100） | （2.459） | （-0.152） |
| Dividend | -3.264*** | -2.849*** | -3.260*** | -2.855*** |
| | （-12.246） | （-12.516） | （-12.240） | （-12.555） |
| Cons | 145.864*** | 121.273*** | 145.455*** | 120.639*** |
| | （19.591） | （17.996） | （19.554） | （17.909） |
| $N$ | 11 006 | 10 074 | 11 006 | 10 074 |
| Industry | Yes | Yes | Yes | Yes |
| Year | Yes | Yes | Yes | Yes |
| Province | Yes | Yes | Yes | Yes |

表5-20（续）

|  | （1） | （2） | （3） | （4） |
|---|---|---|---|---|
|  | 负债不足 | 过度负债 | 负债不足 | 过度负债 |
|  | Volatility$^D$ | Volatility$^D$ | Volatility$^D$ | Volatility$^D$ |
| Adj-$R^2$ | 0.654 | 0.652 | 0.654 | 0.652 |
| 组间差异检验 | | | | |
| 经验 $P$ 值 | 0.083 | | 0.387 | |

注：括号内为公司层面聚类标准误调整后的 $t$ 值，＊、＊＊、＊＊＊分别表示在10%、5%和1%的水平上显著。经验 $P$ 值是两组间自变量系数差异的检验结果，通过自抽样（Bootstrap）1 000 次得到。Industry、Year 和 Province 中的"Yes"分别表示控制行业、年度和省份固定效应，否则就表示没有控制。

## 5.6.2 公司特征的异质性分析检验

以下围绕公司特征的异质性展开分析检验，聚焦产权性质、企业成长性、企业规模三方面。不同产权性质企业去杠杆因素有别，成长性和规模差异也会使企业去杠杆对股价波动影响不同。

（1）产权性质

2018 年，中央财经委员会第一次会议明确提出：要以结构性去杠杆为思路，分部门、分债务类型提出不同要求，地方政府和企业特别是国有企业要尽快把杠杆降下来、努力实现宏观杠杆率稳定和逐步下降。可见，国有企业与非国有企业去杠杆的驱动因素不同。我们对国有企业、非国有企业分别进行分析，结果如表 5-21 所示。可以看出，无论是国有企业还是非国有企业的去杠杆行为都能够降低股价波动，组间差异检验显示两组之间没有显著差异。

表 5-21 企业去杠杆、产权性质与股价波动

|  | （1） | （2） | （3） | （4） |
|---|---|---|---|---|
|  | 国有企业 | 非国有企业 | 国有企业 | 非国有企业 |
|  | Volatility$^D$ | Volatility$^D$ | Volatility$^D$ | Volatility$^D$ |
| Deleverage | −0.370＊＊ | −0.308＊＊ | | |
|  | （−2.273） | （−2.220） | | |
| Delta | | | −1.186＊＊＊ | −0.786＊＊＊ |

表5-21(续)

|  | （1） | （2） | （3） | （4） |
|---|---|---|---|---|
|  | 国有企业 | 非国有企业 | 国有企业 | 非国有企业 |
|  | Volatility$^D$ | Volatility$^D$ | Volatility$^D$ | Volatility$^D$ |
|  |  |  | （−2.901） | （−4.074） |
| ROA | −5.912*** | −14.631*** | −6.036*** | −14.641*** |
|  | （−4.293） | （−11.418） | （−4.430） | （−11.500） |
| Size | −2.088*** | −1.841*** | −2.085*** | −1.833*** |
|  | （−17.695） | （−15.837） | （−17.721） | （−15.772） |
| TobinQ | 0.098 | 0.326*** | 0.096 | 0.322*** |
|  | （0.875） | （4.110） | （0.858） | （4.065） |
| Cash | −2.745** | −1.193* | −2.751** | −1.175* |
|  | （−2.518） | （−1.708） | （−2.528） | （−1.688） |
| Capexp | −4.028* | −0.657 | −4.217* | −0.920 |
|  | （−1.849） | （−0.383） | （−1.934） | （−0.536） |
| FirmAge | −0.031 | −0.134*** | −0.030 | −0.132*** |
|  | （−1.271） | （−6.996） | （−1.218） | （−6.878） |
| BoardAge | −8.137*** | −7.040*** | −8.121*** | −6.925*** |
|  | （−4.228） | （−5.448） | （−4.218） | （−5.367） |
| BoardSize | −0.616 | −1.256** | −0.584 | −1.232** |
|  | （−1.025） | （−2.475） | （−0.971） | （−2.433） |
| Tangibility | 0.652 | −3.163*** | 0.679 | −2.957*** |
|  | （0.339） | （−3.278） | （0.353） | （−3.059） |
| CEO | −0.400 | 0.387** | −0.407 | 0.380** |
|  | （−1.189） | （2.072） | （−1.208） | （2.035） |
| Dividend | −1.785*** | −1.433*** | −1.779*** | −1.434*** |
|  | （−7.599） | （−6.600） | （−7.564） | （−6.606） |
| Cons | 153.429*** | 147.091*** | 152.952*** | 146.051*** |
|  | （19.025） | （26.068） | （18.989） | （25.891） |
| $N$ | 10 442 | 15 841 | 10 442 | 15 841 |

表5-21(续)

|  | (1) | (2) | (3) | (4) |
|---|---|---|---|---|
|  | 国有企业 | 非国有企业 | 国有企业 | 非国有企业 |
|  | Volatility$^D$ | Volatility$^D$ | Volatility$^D$ | Volatility$^D$ |
| Industry | Yes | Yes | Yes | Yes |
| Year | Yes | Yes | Yes | Yes |
| Province | Yes | Yes | Yes | Yes |
| Adj-$R^2$ | 0.714 | 0.634 | 0.714 | 0.634 |
| 组间差异检验 |  |  |  |  |
| 经验 $P$ 值 | 0.398 | | 0.136 | |

注:括号内为公司层面聚类标准误调整后的 $t$ 值,*、**、***分别表示在10%、5%和1%的水平上显著。经验 $P$ 值是两组间自变量系数差异的检验结果,通过自体抽样(Bootstrap)1 000次得到。Industry、Year 和 Province 中的"Yes"分别表示控制行业、年度和省份固定效应,否则就表示没有控制。

**(2)企业成长性**

成长性好的企业往往能结合自身优势和市场需求,把握住好的投资机会,使得企业的经济效益、规模和市场占有率在未来一段时间保持不断增长的趋势。成长性好的企业如果选择去杠杆,就会错失好的投资机会,损害企业价值。因此,不同成长性的企业去杠杆对股价波动的影响可能存在差异。本书以托宾 Q 衡量企业的成长性,按照 $t-1$ 期年度中位数进行分组,高于中位数的为高成长性企业,否则为低成长性企业。分组检验结果见表5-22,可以看出,低成长性的企业去杠杆对股价波动的降低作用更显著。

表 5-22 企业去杠杆、企业成长性与股价波动

|  | (1) | (2) | (3) | (4) |
|---|---|---|---|---|
|  | 低成长性 | 高成长性 | 低成长性 | 高成长性 |
|  | Volatility$^D$ | Volatility$^D$ | Volatility$^D$ | Volatility$^D$ |
| Deleverage | −0.503*** | −0.112 |  |  |
|  | (−3.342) | (−0.746) |  |  |
| Delta |  |  | −1.615*** | −0.401* |
|  |  |  | (−5.327) | (−1.876) |

表5-22（续）

| | （1） | （2） | （3） | （4） |
|---|---|---|---|---|
| | 低成长性 | 高成长性 | 低成长性 | 高成长性 |
| | Volatility$^D$ | Volatility$^D$ | Volatility$^D$ | Volatility$^D$ |
| ROA | −9.507*** | −12.539*** | −9.727*** | −12.493*** |
| | （−6.822） | （−10.013） | （−7.074） | （−10.032） |
| Size | −1.885*** | −1.982*** | −1.876*** | −1.981*** |
| | （−17.724） | （−16.717） | （−17.710） | （−16.755） |
| Cash | −2.527*** | −1.992*** | −2.477*** | −1.984*** |
| | （−2.897） | （−2.683） | （−2.849） | （−2.674） |
| State | −0.263 | −0.608** | −0.232 | −0.606** |
| | （−1.022） | （−2.374） | （−0.901） | （−2.365） |
| Capexp | −1.662 | −3.736** | −1.974 | −3.921** |
| | （−0.862） | （−2.053） | （−1.022） | （−2.160） |
| FirmAge | −0.490*** | −1.212*** | −0.489*** | −1.193*** |
| | （−3.132） | （−7.613） | （−3.126） | （−7.478） |
| BoardAge | −9.157*** | −5.947*** | −9.031*** | −5.891*** |
| | （−6.103） | （−4.287） | （−6.035） | （−4.247） |
| BoardSize | −1.241** | −1.203** | −1.195** | −1.185** |
| | （−2.458） | （−2.231） | （−2.372） | （−2.199） |
| Tangibility | −5.710*** | −1.218 | −5.455*** | −1.136 |
| | （−2.810） | （−1.250） | （−2.690） | （−1.165） |
| CEO | 0.348 | 0.277 | 0.350 | 0.269 |
| | （1.467） | （1.300） | （1.481） | （1.263） |
| Dividend | −2.218*** | −1.287*** | −2.211*** | −1.286*** |
| | （−10.049） | （−5.898） | （−10.018） | （−5.896） |
| Cons | 162.081*** | 146.802*** | 160.681*** | 146.334*** |
| | （25.334） | （25.058） | （25.205） | （24.998） |
| $N$ | 13 145 | 13 138 | 13 145 | 13 138 |

表5-22（续）

|  | （1） | （2） | （3） | （4） |
|---|---|---|---|---|
|  | 低成长性 | 高成长性 | 低成长性 | 高成长性 |
|  | Volatility$^D$ | Volatility$^D$ | Volatility$^D$ | Volatility$^D$ |
| Industry | Yes | Yes | Yes | Yes |
| Year | Yes | Yes | Yes | Yes |
| Province | Yes | Yes | Yes | Yes |
| Adj-$R^2$ | 0.669 | 0.656 | 0.670 | 0.656 |
| 组间差异检验 |  |  |  |  |
| 经验 $P$ 值 |  | 0.000 |  |  |

注：括号内为公司层面聚类标准误调整后的 $t$ 值，＊、＊＊、＊＊＊分别表示在10%、5%和1%的水平上显著。经验 $P$ 值是两组间自变量系数差异的检验结果，通过自体抽样（Bootstrap）1 000 次得到。Industry、Year 和 Province 中的"Yes"分别表示控制行业、年度和省份固定效应，否则就表示没有控制。

（3）企业规模

规模作为企业内部特征的重要因素，其差异对企业杠杆率会产生不同影响。相对于小规模企业，大规模企业杠杆率较高，更应该选择去杠杆（綦好东等，2018）。因此，大规模公司去杠杆相对于小规模公司对股价波动的影响更加明显一些。按照 $t-1$ 期公司规模 Size 的年度中位数进行分组，高于中位数的为大规模公司，否则为小规模公司，检验结果见表5-23。可以看出，大规模公司去杠杆对股价波动的影响均显著为负，但是小规模公司去杠杆对股价波动的影响在采用 Deleverage 度量时不显著。组间差异检验结果不显著，表明公司规模对企业去杠杆与股价波动的影响没有显著差异。

表5-23 企业去杠杆、公司规模与股价波动

|  | （1） | （2） | （3） | （4） |
|---|---|---|---|---|
|  | 小规模 | 大规模 | 小规模 | 大规模 |
|  | Volatility$^D$ | Volatility$^D$ | Volatility$^D$ | Volatility$^D$ |
| Deleverage | −0.183 | −0.280$^*$ |  |  |
|  | （−1.197） | （−1.920） |  |  |
| Delta |  |  | −0.751$^{***}$ | −1.025$^{***}$ |

表5-23（续）

| | （1） | （2） | （3） | （4） |
|---|---|---|---|---|
| | 小规模 | 大规模 | 小规模 | 大规模 |
| | Volatility$^D$ | Volatility$^D$ | Volatility$^D$ | Volatility$^D$ |
| | | | （−3.614） | （−3.132） |
| ROA | −15.381*** | −14.309*** | −15.271*** | −14.357*** |
| | （−10.481） | （−10.682） | （−10.452） | （−10.804） |
| TobinQ | 0.641*** | 0.760*** | 0.637*** | 0.756*** |
| | （8.749） | （4.752） | （8.699） | （4.733） |
| Cash | −1.247* | −1.971* | −1.202* | −1.978* |
| | （−1.725） | （−1.853） | （−1.667） | （−1.859） |
| State | −0.792*** | −0.537** | −0.777*** | −0.525** |
| | （−2.862） | （−2.035） | （−2.815） | （−1.994） |
| Capexp | −6.358*** | −1.943 | −6.827*** | −2.068 |
| | （−3.391） | （−0.962） | （−3.652） | （−1.024） |
| FirmAge | −1.645*** | −0.664*** | −1.628*** | −0.647*** |
| | （−10.920） | （−3.524） | （−10.807） | （−3.433） |
| BoardAge | −5.912*** | −15.833*** | −5.821*** | −15.721*** |
| | （−4.276） | （−9.301） | （−4.217） | （−9.245） |
| BoardSize | −1.598*** | −2.567*** | −1.568*** | −2.541*** |
| | （−3.035） | （−4.522） | （−2.980） | （−4.480） |
| Tangibility | −0.714 | −1.428 | −0.485 | −1.321 |
| | （−0.644） | （−0.935） | （−0.436） | （−0.866） |
| CEO | 0.307 | 0.275 | 0.299 | 0.265 |
| | （1.454） | （1.053） | （1.420） | （1.013） |
| Dividend | −1.794*** | −2.279*** | −1.801*** | −2.273*** |
| | （−8.143） | （−9.526） | （−8.182） | （−9.493） |
| Cons | 105.660*** | 143.740*** | 104.875*** | 142.961*** |
| | （18.821） | （20.833） | （18.692） | （20.773） |

表5-23（续）

| | （1） | （2） | （3） | （4） |
|---|---|---|---|---|
| | 小规模 | 大规模 | 小规模 | 大规模 |
| | Volatility$^{D}$ | Volatility$^{D}$ | Volatility$^{D}$ | Volatility$^{D}$ |
| $N$ | 13 145 | 13 138 | 13 145 | 13 138 |
| Industry | Yes | Yes | Yes | Yes |
| Year | Yes | Yes | Yes | Yes |
| Province | Yes | Yes | Yes | Yes |
| Adj-$R^2$ | 0.643 | 0.652 | 0.643 | 0.652 |
| 组间差异检验 | | | | |
| 经验 $P$ 值 | | | 0.211 | |

注：括号内为公司层面聚类标准误调整后的 $t$ 值，＊、＊＊、＊＊＊分别表示在10%、5%和1%的水平上显著。经验 $P$ 值是两组间自变量系数差异的检验结果，通过自体抽样（Bootstrap）1 000 次得到。Industry、Year 和 Province 中的"Yes"分别表示控制行业、年度和省份固定效应，否则就表示没有控制。资料来源：由 Stata 15.1 整理得到。

### 5.6.3　企业去杠杆与企业投资检验

前文机制分析部分，通过分组回归的方式，为企业去杠杆行为通过缓解债务悬置效应导致的投资不足问题，降低了股价波动提供了间接证据。为了获取验证债务悬置路径的直接证据，这一部分我们考察企业去杠杆行为如何影响企业未来投资的变化。如果企业去杠杆行为确实通过缓解债务悬置效应引起的投资不足问题，实现降低股价波动的作用，那么去杠杆行为应该能够直接促进企业投资水平的增长。本书分别考虑了企业去杠杆行为如何影响企业资本支出和研发支出，其中，资本支出＝（经营租赁所支付的现金＋购建固定资产、无形资产和其他长期资产所支付的现金－处置固定资产、无形资产和其他长期资产而收回的现金净额）/上期总资产，研发支出＝研发支出金额/上期总资产。由于我们探究的是企业去杠杆如何影响企业未来投资的变化，参考綦好东等（2018）的做法，我们对因变量做了一阶差分处理，实证检验模型如下：

$$\Delta\text{Capexp}_{i,t}/\Delta\text{R\&D}_{i,t}=\beta_0+\beta_1\text{Deleverage}_{i,t-1}\div\text{Delta}_{i,t-1}+\beta_2\text{ROA}_{i,t-1}+$$
$$\beta_3\text{Size}_{i,t-1}+\beta_4\text{TobinQ}_{i,t-1}+\beta_5\text{Cash}_{i,t-1}+$$

$$\beta_6 \text{State}_{i,t-1} + \beta_7 \text{Capexp}_{i,t-1} + \beta_8 \text{FirmAge}_{i,t-1} +$$

$$\beta_9 \text{BoardAge}_{i,t-1} + \beta_{10} \text{BoardSize}_{i,t-1} + \beta_{11} \text{Tangibility}_{i,t-1} +$$

$$\beta_{12} \text{CEO}_{i,t-1} + \beta_{13} \text{Dividend}_{i,t-1} + \sum \beta_j \text{Year} +$$

$$\sum \beta_k \text{Industry} + \sum \beta_l \text{Province} \qquad (5-8)$$

采用模型（5-8）进行 OLS 估计的检验结果如表 5-24 所示。列（1）、列（2）为企业去杠杆行为对企业未来资本支出变化影响的检验结果，列（3）和列（4）为企业去杠杆对企业未来研发支出变化影响的检验结果，可以看出，企业去杠杆行为既促进了企业未来资本支出的增加，又促进了研发支出的增加，从而为债务悬置理论提供了直接证据。

表 5-24 企业去杠杆与企业投资检验结果

| | （1） | （2） | （3） | （4） |
|---|---|---|---|---|
| | $\Delta \text{Capexp}_t/\%$ | $\Delta \text{Capexp}_t/\%$ | $\Delta \text{R\&D}_t/\%$ | $\Delta \text{R\&D}_t/\%$ |
| $\text{Deleverage}_{t-1}$ | 0. 268 *** | | 0. 043 *** | |
| | （4. 062） | | （2. 592） | |
| $\text{Delta}_{t-1}$ | | 1. 186 *** | | 0. 149 *** |
| | | （7. 353） | | （4. 304） |
| ROA | 1. 470 *** | 1. 396 *** | −0. 872 *** | −0. 879 *** |
| | （2. 787） | （2. 674） | （−6. 844） | （−6. 927） |
| Size | −0. 134 *** | −0. 138 *** | −0. 039 *** | −0. 040 *** |
| | （−3. 316） | （−3. 458） | （−4. 812） | （−4. 917） |
| TobinQ | 0. 256 *** | 0. 262 *** | 0. 068 *** | 0. 069 *** |
| | （7. 241） | （7. 371） | （7. 885） | （8. 017） |
| Cash | 0. 386 | 0. 354 | −0. 164 ** | −0. 164 ** |
| | （1. 217） | （1. 113） | （−2. 142） | （−2. 122） |
| State | 0. 086 | 0. 071 | 0. 007 | 0. 005 |
| | （1. 005） | （0. 843） | （0. 411） | （0. 327） |
| Capexp | −55. 811 *** | −55. 293 *** | −0. 687 *** | −0. 620 *** |
| | （−49. 147） | （−48. 613） | （−3. 793） | （−3. 416） |
| FirmAge | −0. 046 *** | −0. 050 *** | 0. 006 *** | 0. 006 *** |

表5-24（续）

|  | （1） | （2） | （3） | （4） |
|---|---|---|---|---|
|  | $\Delta Capexp_t/\%$ | $\Delta Capexp_t/\%$ | $\Delta R\&D_t/\%$ | $\Delta R\&D_t/\%$ |
|  | （-7.234） | （-7.890） | （5.029） | （4.627） |
| BoardAge | 1.830*** | 1.689*** | 0.133 | 0.117 |
|  | （3.623） | （3.359） | （1.256） | （1.105） |
| BoardSize | 0.555*** | 0.513*** | 0.041 | 0.036 |
|  | （2.985） | （2.777） | （1.057） | （0.933） |
| Tangibility | 3.163*** | 2.941*** | 1.148*** | 1.106*** |
|  | （7.740） | （7.278） | （11.012） | （10.755） |
| CEO | 0.072 | 0.086 | -0.001 | 0.001 |
|  | （0.916） | （1.088） | （-0.075） | （0.052） |
| Dividend | 0.284*** | 0.286*** | 0.030 | 0.030 |
|  | （3.365） | （3.405） | （1.447） | （1.456） |
| Cons | -6.035*** | -4.909** | -1.089** | -0.946** |
|  | （-2.804） | （-2.295） | （-2.507） | （-2.172） |
| N | 26 276 | 26 276 | 16 852 | 16 852 |
| Industry | Yes | Yes | Yes | Yes |
| Year | Yes | Yes | Yes | Yes |
| Province | Yes | Yes | Yes | Yes |
| Adj-$R^2$ | 0.220 | 0.223 | 0.026 | 0.028 |

注：括号内为公司层面聚类标准误调整后 $t$ 值，*、**、***分别表示在10%、5%和1%的水平上显著。Industry、Year 和 Province 中的"Yes"分别表示控制行业、年度和省份固定效应，否则就表示没有控制。资料来源：由 Stata 15.1 整理得到。

### 5.6.4　企业去杠杆与投资者盈利预期检验

前文研究发现，企业去杠杆与股价波动之间的关系与债务悬置理论一致。已有研究发现，企业去杠杆能够提高企业绩效（綦好东 等，2018），企业绩效的改善有助于降低股价波动。但是企业绩效具有可操作性，管理层可以通过盈余管理等方式来实现企业绩效的提高。因此，本书采用企业估值指标来度量企业投资者盈利预期，企业估值越高，投资者的盈利预期水平越高。本书分别用企业估值相对指标市盈率 PE 和企业价值倍数 EV_Ebitda 来度量，其中市盈率 PE＝股价/每股净盈利，企业价值倍数 EV_Ebitda＝总市值/息税折旧摊销前利润。实证检验模型如下：

$$PE_{i,t}/EV\_Ebitda_{i,t} = \beta_0 + \beta_1 Deleverage_{i,t-1} \div Delta_{i,t-1} + \beta_2 ROA_{i,t-1} +$$
$$\beta_3 Size_{i,t-1} + \beta_4 TobinQ_{i,t-1} + \beta_5 Cash_{i,t-1} +$$
$$\beta_6 State_{i,t-1} + \beta_7 Capexp_{i,t-1} + \beta_8 FirmAge_{i,t-1} +$$
$$\beta_9 BoardAge_{i,t-1} + \beta_{10} BoardSize_{i,t-1} + \beta_{11} Tangibility_{i,t-1} +$$
$$\beta_{12} CEO_{i,t-1} + \beta_{13} Dividend_{i,t-1} +$$
$$\sum \beta_j Year + \sum \beta_k Industry + \sum \beta_l Province \qquad (5-9)$$

对模型（5-9）采用 OLS 估计的企业去杠杆与投资者盈利预期检验结果如表 5-25 所示。列（1）、列（2）为企业去杠杆行为对企业估值市盈率 PE 的回归结果，列（3）和（4）为企业去杠杆行为对企业价值倍数 EV_Ebitda 的检验结果，从中可以看出，企业去杠杆显著提高了企业估值，表明企业去杠杆行为显著改善了投资者盈利预期，从而降低了股价波动。

表 5-25　企业去杠杆与投资者盈利预期检验结果

| | （1） | （2） | （3） | （4） |
|---|---|---|---|---|
| | $PE_t$ | $PE_t$ | $EV\_Ebitda_t$ | $EV\_Ebitda_t$ |
| $Deleverage_{t-1}$ | 6.190*** | | 1.047** | |
| | (3.494) | | (2.291) | |
| $Delta_{t-1}$ | | 8.823*** | | 1.817** |
| | | (2.791) | | (2.337) |
| ROA | −472.128*** | −469.154*** | −113.449*** | −112.988*** |
| | (−25.183) | (−25.123) | (−22.952) | (−22.927) |
| Size | −11.449*** | −11.565*** | −3.045*** | −3.066*** |
| | (−8.740) | (−8.833) | (−8.579) | (−8.646) |
| TobinQ | 21.523*** | 21.534*** | 8.842*** | 8.846*** |
| | (13.757) | (13.756) | (16.961) | (16.971) |
| Cash | −41.295*** | −41.156*** | 9.203*** | 9.215*** |

表5-25(续)

| | (1) | (2) | (3) | (4) |
|---|---|---|---|---|
| | PE$_t$ | PE$_t$ | EV_Ebitda$_t$ | EV_Ebitda$_t$ |
| | (−3.682) | (−3.672) | (2.582) | (2.583) |
| State | 0.439 | 0.430 | 0.049 | 0.041 |
| | (0.138) | (0.135) | (0.059) | (0.049) |
| Capexp | −17.234 | −19.052 | −28.419*** | −28.514*** |
| | (−0.822) | (−0.910) | (−4.792) | (−4.811) |
| FirmAge | 2.190 | 2.158 | 2.355*** | 2.340*** |
| | (1.230) | (1.211) | (5.001) | (4.971) |
| BoardAge | 24.213 | 23.510 | −6.738 | −6.899 |
| | (1.338) | (1.297) | (−1.452) | (−1.485) |
| BoardSize | −5.786 | −6.133 | −3.392** | −3.463** |
| | (−0.937) | (−0.993) | (−2.013) | (−2.059) |
| Tangibility | 125.969*** | 124.073*** | 50.865*** | 50.479*** |
| | (8.653) | (8.526) | (12.782) | (12.655) |
| CEO | 5.436** | 5.534** | 1.299* | 1.319* |
| | (1.983) | (2.019) | (1.734) | (1.761) |
| Dividend | −41.671*** | −41.746*** | −6.375*** | −6.386*** |
| | (−12.769) | (−12.783) | (−7.875) | (−7.879) |
| Cons | 157.524** | 168.625** | 75.680*** | 77.850*** |
| | (2.163) | (2.312) | (4.119) | (4.232) |
| N | 23 673 | 23 673 | 24 678 | 24 678 |
| Industry | Yes | Yes | Yes | Yes |
| Year | Yes | Yes | Yes | Yes |
| Province | Yes | Yes | Yes | Yes |
| Adj-$R^2$ | 0.197 | 0.197 | 0.237 | 0.237 |

注:括号内为公司层面聚类标准误调整后的 $t$ 值, * 、 ** 、 ***分别表示在10%、5%和1%的水平上显著。Industry、Year 和 Province 中的"Yes"分别表示控制行业、年度和省份固定效应,否则就表示没有控制。

### 5.6.5  企业去杠杆与企业绩效检验

股东追求的是实现其价值最大化，虽然前文研究发现企业去杠杆能够显著降低股价波动，但是如果是以牺牲股东利益来降低股价波动，那么这显然是不可取的。例如，企业采取次优的低风险政策，选择投资风险较低的项目，而放弃现金流为正的一些投资项目，不仅不能提高企业价值，反而会降低企业价值（Bernile et al.，2018）。为解决这一问题，本书进一步探究了企业去杠杆对企业盈利能力的影响。借鉴已有研究做法（Conyon & He，2011；辛清泉和谭伟强，2009；方军雄，2009，2012），本书采用会计业绩指标总资产利润率来度量企业盈利能力（ROA），将其作为因变量代入模型（5-3），企业去杠杆与企业绩效检验结果见表 5-26，从中可以看出，企业去杠杆显著提高了企业绩效，表明企业去杠杆并不是以牺牲股东的利益来降低股价波动。

表 5-26  企业去杠杆与企业绩效检验结果

|  | （1） | （2） |
|---|---|---|
|  | ROA | ROA |
| Deleverage | 0.026*** |  |
|  | (3.692) |  |
| Delta |  | 0.039*** |
|  |  | (3.754) |
| TobinQ | 0.016*** | 0.016*** |
|  | (12.272) | (12.142) |
| Cash | 0.062*** | 0.064*** |
|  | (4.205) | (4.401) |
| State | −0.007 | −0.007 |
|  | (−1.356) | (−1.416) |
| Capexp | 0.186*** | 0.182*** |
|  | (4.939) | (5.030) |
| FirmAge | 0.001 | 0.001 |
|  | (1.292) | (1.278) |

表5-26(续)

| | （1） | （2） |
|---|---|---|
| | ROA | ROA |
| BoardAge | 0.037* | 0.033 |
| | （1.757） | （1.523） |
| BoardSize | −0.007 | −0.009 |
| | （−0.373） | （−0.457） |
| Tangibility | 0.061*** | 0.054*** |
| | （5.154） | （4.469） |
| CEO | −0.000 | 0.000 |
| | （−0.062） | （0.094） |
| Dividend | 0.091*** | 0.091*** |
| | （8.320） | （8.320） |
| Cons | −0.260*** | −0.218** |
| | （−2.876） | （−2.278） |
| $N$ | 26 283 | 26 283 |
| Industry | Yes | Yes |
| Year | Yes | Yes |
| Province | Yes | Yes |
| Adj-$R^2$ | 0.008 | 0.007 |

注：括号内为公司层面聚类标准误调整后的$t$值，*、**、***分别表示在10%、5%和1%的水平上显著 Industry、Year 和 Province 中的"Yes"分别表示控制行业、年度和省份固定效应，否则就表示没有控制。

### 5.6.6　排他性解释

前文研究发现，企业去杠杆通过缓解债务悬置效应导致的投资不足问题，能降低企业股价波动。但是企业去杠杆也可能通过降低信用风险来降低股价波动。但是信用风险和债务悬置是两个完全不同的渠道，信用风险通过影响贴现率（discount rate），提高股票价格，从而降低股价波动性。因此，为了排除信用风险路径的干扰，本书分别采用 $Z$ 得分和违约距离来度量企业信用风险，并进行分组回归。

（1）$Z$ 得分（Zscore）

$Z$ 得分（Altman，1968）是度量信用风险的常用指标，数值越大，表示企业的财务状况越好，信用风险越低。按照 $Z$ 得分年度中位数进行分组，采用模型（5-3）进行分组回归，检验结果见表 5-27。从中可以发现，企业去杠杆对股价波动的降低效应在高 $Z$ 得分组和低 $Z$ 得分组均显著存在，采用自抽样（Bootstrap）1 000 次组间差异检验发现，组间差异不显著，表明企业去杠杆对股价波动的降低效应并不是由信用风险主要驱动的，从而排除了信用路径。

表 5-27　企业去杠杆、$Z$ 得分与股价波动

| | （1） | （2） | （3） | （4） |
|---|---|---|---|---|
| | Low_Zscore | High_Zscore | Low_Zscore | High_Zscore |
| | Volatility$^D$ | Volatility$^D$ | Volatility$^D$ | Volatility$^D$ |
| Deleverage | −0.259* | −0.334** | | |
| | （−1.692） | （−2.274） | | |
| Delta | | | −1.087*** | −0.713*** |
| | | | （−3.061） | （−3.478） |
| ROA | −8.424*** | −13.439*** | −8.403*** | −13.423*** |
| | （−6.613） | （−9.154） | （−6.676） | （−9.172） |
| Size | −1.884*** | −2.236*** | −1.883*** | −2.231*** |
| | （−16.767） | （−16.636） | （−16.767） | （−16.609） |
| TobinQ | 0.627*** | 0.383*** | 0.613*** | 0.380*** |
| | （3.217） | （4.971） | （3.145） | （4.936） |
| Cash | −2.638** | −1.247* | −2.737** | −1.203* |
| | （−2.316） | （−1.765） | （−2.403） | （−1.704） |
| State | −0.481** | −0.330 | −0.463* | −0.325 |
| | （−1.979） | （−1.165） | （−1.904） | （−1.150） |
| Capexp | −1.726 | −3.423* | −1.917 | −3.669** |
| | （−0.906） | （−1.867） | （−1.006） | （−2.003） |
| FirmAge | −0.728*** | −1.057*** | −0.701*** | −1.046*** |

表5-27(续)

| | (1) | (2) | (3) | (4) |
|---|---|---|---|---|
| | Low_Zscore | High_Zscore | Low_Zscore | High_Zscore |
| | Volatility$^D$ | Volatility$^D$ | Volatility$^D$ | Volatility$^D$ |
| | (−4.021) | (−6.862) | (−3.857) | (−6.792) |
| BoardAge | −9.004*** | −5.465*** | −8.867*** | −5.402*** |
| | (−5.943) | (−3.808) | (−5.854) | (−3.768) |
| BoardSize | −1.313** | −0.956* | −1.284** | −0.927* |
| | (−2.539) | (−1.744) | (−2.484) | (−1.691) |
| Tangibility | 0.032 | −4.154*** | 0.213 | −4.005*** |
| | (0.022) | (−3.837) | (0.144) | (−3.695) |
| CEO | 0.404 | 0.278 | 0.391 | 0.271 |
| | (1.643) | (1.331) | (1.592) | (1.299) |
| Dividend | −1.822*** | −1.166*** | −1.817*** | −1.166*** |
| | (−8.782) | (−4.782) | (−8.762) | (−4.787) |
| Cons | 155.505*** | 150.463*** | 154.497*** | 149.670*** |
| | (24.343) | (24.413) | (24.171) | (24.289) |
| $N$ | 13 103 | 13 097 | 13 103 | 13 097 |
| Industry | Yes | Yes | Yes | Yes |
| Year | Yes | Yes | Yes | Yes |
| Province | Yes | Yes | Yes | Yes |
| Adj-$R^2$ | 0.683 | 0.660 | 0.683 | 0.660 |
| 组间差异检验 | | | | |
| 经验$P$值 | 0.379 | | 0.140 | |

注:括号内为公司层面聚类标准误调整后的$t$值,*、**、***分别表示在10%、5%和1%的水平上显著。经验$P$值是两组间自变量系数差异的检验结果,通过自抽样(Bootstrap)1 000次得到。Industry、Year和Province中的"Yes"分别表示控制行业、年度和省份固定效应,否则就表示没有控制。

(2)违约距离

大量研究表明,KMV模型(Merton,1974)推导出的违约距离(EDP)能够作为信用风险的度量指标(Bharath & Shumway,2008;Xia,2014)。为了保证结果的稳健性，本书采用违约距离（EDP）来衡量企业信用风险。

借鉴 Hu et al.（2020）和吴育辉等（2020）的研究，违约距离（EDP）的计算见模型（5-10）至（5-15）：

$$V_E = V_A N(d_1) - e^{-rT} D N(d_2) \tag{5-10}$$

$$\delta_E = \frac{V_A}{V_E} N(d_1) \delta_A \tag{5-11}$$

$$d_1 = \frac{\ln(V_A/D) + (r + \delta_A^2/2)T}{\delta_A \sqrt{T}} \tag{5-12}$$

$$d_2 = d_1 - \delta_A \sqrt{T} \tag{5-13}$$

$$d_3 = \frac{\ln(V_A/D) + (\mu - \delta_A^2/2)T}{\delta_A \sqrt{T}} \tag{5-14}$$

$$EDP = N(-d_3) \tag{5-15}$$

其中，$V_E$ 为股票市值；$\delta_E$ 为公司股权价值波动率，等于日波动率乘以 $\sqrt{252}$；$r$ 为上海银行间 3 个月同业拆放利率；$D$ 为公司负债，等于流动性负债加上 0.5 倍的长期负债；$T$ 为 0.25；$\mu$ 为公司资产市场价值的季度收益率。由模型（5-10）至（5-13）迭代可以求出公司资产的市场价值 $V_A$ 和公司资产价值的波动率 $\delta_A$，代入模型（5-14）至（5-15）即可求出违约距离（EDP）。违约距离（EDP）值越大越高，表示信用风险越高。

按照违约距离（EDP）年度中位数进行分组，企业去杠杆、违约距离与股价波动的分组检验结果如表 5-28 所示。可以看出，无论违约距离高组，还是违约距离低组，企业去杠杆对股价波动的降低作用均显著存在，组间差异检验发现，两组之间不存在显著差异，从而进一步排除了信用风险路径。

表 5-28　企业去杠杆、违约距离与股价波动的分组检验结果

| | (1) | (2) | (3) | (4) |
|---|---|---|---|---|
| | Low_EDP | High_EDP | Low_EDP | High_EDP |
| | Volatility$^D$ | Volatility$^D$ | Volatility$^D$ | Volatility$^D$ |
| Deleverage | −0.467*** | −0.282* | | |
| | (−3.030) | (−1.853) | | |
| Delta | | | −0.923*** | −0.966*** |

表5-28（续）

| | （1） | （2） | （3） | （4） |
|---|---|---|---|---|
| | Low_EDP | High_EDP | Low_EDP | High_EDP |
| | Volatility$^D$ | Volatility$^D$ | Volatility$^D$ | Volatility$^D$ |
| | | | （−3.602） | （−3.823） |
| ROA | −12.725*** | −8.127*** | −12.888*** | −8.129*** |
| | （−9.144） | （−6.711） | （−9.328） | （−6.782） |
| Size | −2.474*** | −1.702*** | −2.462*** | −1.698*** |
| | （−24.019） | （−16.850） | （−23.931） | （−16.847） |
| TobinQ | −0.179* | 0.373*** | −0.179* | 0.366*** |
| | （−1.840） | （4.660） | （−1.848） | （4.583） |
| Cash | −1.136 | −1.397* | −1.131 | −1.388* |
| | （−1.496） | （−1.803） | （−1.493） | （−1.797） |
| State | −0.324 | −0.339 | −0.321 | −0.323 |
| | （−1.378） | （−1.524） | （−1.363） | （−1.457） |
| Capexp | −2.669 | −2.361 | −2.778 | −2.573 |
| | （−1.472） | （−1.356） | （−1.521） | （−1.486） |
| FirmAge | −0.434*** | −0.947*** | −0.421*** | −0.919*** |
| | （−2.907） | （−6.338） | （−2.820） | （−6.119） |
| BoardAge | −6.137*** | −6.893*** | −6.062*** | −6.798*** |
| | （−4.431） | （−5.230） | （−4.383） | （−5.167） |
| BoardSize | −1.438*** | −0.389 | −1.399*** | −0.358 |
| | （−2.861） | （−0.803） | （−2.782） | （−0.742） |
| Tangibility | −2.673** | −1.936* | −2.494* | −1.761* |
| | （−2.052） | （−1.830） | （−1.916） | （−1.663） |
| CEO | 0.382* | 0.156 | 0.368* | 0.148 |
| | （1.761） | （0.722） | （1.703） | （0.686） |
| Dividend | −1.497*** | −1.388*** | −1.489*** | −1.390*** |
| | （−6.734） | （−6.775） | （−6.708） | （−6.794） |

表5-28(续)

| | （1） | （2） | （3） | （4） |
|---|---|---|---|---|
| | Low_EDP | High_EDP | Low_EDP | High_EDP |
| | Volatility$^D$ | Volatility$^D$ | Volatility$^D$ | Volatility$^D$ |
| Cons | 157.909*** | 143.234*** | 156.822*** | 142.336*** |
| | (27.662) | (26.877) | (27.458) | (26.735) |
| $N$ | 11 689 | 11 655 | 11 689 | 11 655 |
| Industry | Yes | Yes | Yes | Yes |
| Year | Yes | Yes | Yes | Yes |
| Province | Yes | Yes | Yes | Yes |
| Adj-$R^2$ | 0.710 | 0.696 | 0.710 | 0.697 |
| 组间差异检验 | | | | |
| 经验$P$值 | 0.212 | | 0.458 | |

注：括号内为公司聚类标准误调整后的$t$值，*、**、***分别表示在10%、5%和1%的水平上显著。经验$P$值是两组间自变量系数差异的检验结果，通过自抽样（Bootstrap）1 000次得到。Industry、Year和Province中的"Yes"分别表示控制行业、年度和省份固定效应，否则就表示没有控制。

## 5.7 本章小结

本章以2008—2020年中国A股上市公司为研究对象，基于投资者（股东）的视角，探究企业去杠杆行为对股价波动的影响作用及其作用机理。研究发现：①企业去杠杆行为与股价波动显著负相关，表明企业去杠杆行为有利于降低上市公司资本市场股价波动，从而发挥市场的资源配置作用，促进资本市场健康发展。在经过随机改变样本分布的安慰剂检验（Placebo）、PSM检验、工具变量2SLS法、Change模型、企业固定效应模型、替换核心变量度量指标和改变研究样本等一系列的内生性检验后，这一结论仍然成立。②机制研究发现，企业去杠杆主要通过缓解债务悬置效应导致的投资不足问题，降低了股价波动，而非信用风险路径。③进一步研究发现，国有企业与非国有企业去杠杆都能够降低股价波动，在大规模公司和低成长性的公司去杠杆存在显著的风险降低效应；同时，企业去杠杆有利于增加下一期的企业资本投资和创新投资水平，以及改善企业绩效水平，提高投资者盈利预期。整体来看，这些发现与 Myers（1977）债务悬置理论一致，即企业去杠杆有利于增加企业未来投资，提高投资者盈利预期，降低股价波动，从而稳定市场。本章研究肯定了去杠杆对股东利益的积极影响，验证了去杠杆政策的有效性，有助于人们理解去杠杆对资本市场稳定性的重要性，能为投资者的投资决策提供经验借鉴，并为政府制定相关政策引导企业去杠杆提供了经验借鉴。

# 6 企业去杠杆与高管薪酬业绩敏感性

## 6.1 引言

在企业所有权与经营权相分离的现代公司制度下，高管行为对企业经营效率具有举足轻重的影响，使得股东—经理人委托代理问题成为影响企业高质量发展的重要因素。高管薪酬业绩敏感性作为反映企业代理问题的重要指标，是公司降低代理成本、提升经营业绩的有效手段（卢锐，2014）。高管薪酬对业绩的敏感性越高，意味着其薪酬与公司业绩越相关（魏志华 等，2015），这可以激励高管通过实现公司业绩与股东价值最大化来追求个人利益最大化。企业杠杆率降低，能够使经理人利益与股东利益趋于一致。若股东选择对经理人进行激励，使其薪酬与业绩挂钩，则股东能够从中获益，从而提高股东提升高管薪酬业绩敏感性的积极性。

基于此，本章以 2008—2020 年中国 A 股上市公司为研究对象，基于企业高管的视角，探究企业去杠杆行为对高管业绩敏感性的影响及其作用机理。研究发现企业去杠杆行为与高管业绩敏感性显著正相关，表明企业去杠杆行为使得股东与管理层之间的利益趋于一致，从而使股东在设计薪酬激励时提高了高管薪酬业绩敏感性。在经过工具变量 2SLS 法、Change模型、企业固定效应模型和替换核心变量度量指标等一系列的内生性检验后，这一结论仍然成立。机制研究发现，企业去杠杆主要通过缓解债务悬置问题、降低企业违约风险和降低债权人监督水平，来提高高管薪酬业绩敏感性。进一步研究发现，企业去杠杆行为降低了管理层代理成本、高管超额薪酬和在职消费水平，同时提高了企业资本配置效率，表明企业去杠杆行为通过提高高管薪酬业绩敏感性，确实对高管发挥了治理作用。

　　本章剩余部分安排如下：第二部分为理论分析与研究假设，主要介绍了本章的理论逻辑与研究假设。第三部分是研究设计，详细说明了本章的样本选择与数据来源，介绍了高管薪酬、高管薪酬业绩敏感性和企业去杠杆等变量的详细计算方法，以及控制变量的选取和实证模型构建的文献依据。第四部分是实证结果与分析，首先给出了本章内容的全样本描述性统计和分样本描述性统计结果，并基于 Pearson 相关系数矩阵进一步给出了单变量检验结果。然后通过最小二乘回归（OLS）方法实证分析了企业去杠杆与高管业绩敏感性之间的关系。第五部分是稳健性检验，针对上述实证结论可能存在的内生性问题，进行了工具变量 2SLS 法、Change 模型、企业固定效应模型和替换核心变量度量指标等一系列内生性检验。第六部分为进一步研究，先是探究了企业去杠杆行为影响高管薪酬业绩敏感性的作用机制，然后分析了企业去杠杆对高管超额薪酬、管理费用率和在职消费水平的影响，并探究了其对于资本配置效率的影响效应，检验企业去杠杆对高管的治理作用。第七部分是本章小结，对本章主要的研究结论给出总结概括。

## 6.2　理论分析与研究假设

　　企业去杠杆可能通过以下三种方式影响高管薪酬业绩敏感性：

　　第一，企业去杠杆通过降低债权人的监督水平，提高高管薪酬业绩敏感性。一方面，企业去杠杆能够降低股东与债权人之间的代理冲突。信息不对称这一因素，在企业财务杠杆较高时会加剧股东和债权人之间的利益冲突，进而引发企业投资行为的扭曲。此时，股东更希望投资风险较高的项目，而不是那些风险较低、净现值较大的项目，从而产生了资产替代问题，侵害了债权人权益（Jensen & Meckling, 1976; Smith & Warner, 1979）。股东在利用债权人承担高管次优行为成本的同时，鼓励高管进行风险转移，进一步掠夺了债权人的财富（罗宏和刘宝华, 2014）。Chen 等（2015）指出，高管薪酬业绩敏感性越高，意味着高管与全体股东的利益越一致，这可能会诱发管理层的风险转移激励。根据债权人治理理论，债权人会通过观察管理层的薪酬结构来预期管理层是否有转移风险的动机，进而提高风险溢价水平，这会增加企业的融资成本（John & John, 1993）。

为了降低融资成本，保证资金的顺利获取，企业往往将限制高管薪酬业绩敏感性作为一种降低债务代理成本的手段（John & John，1993）。去杠杆降低了企业债务融资占比，从而使以限制高管薪酬业绩敏感性作为事前承诺来换取降低融资成本的激励减弱。另一方面，Jensen（1986）认为债务的使用能够降低企业的自由现金流水平，资源的限制能够降低高管建设商业帝国的机会主义动机。根据债权人治理理论，当债务比例较高时，企业债权人将对公司的资产有更大的控制权，债权人具有更强的动机参与公司经营和约束投资行为，以降低自身的风险（Jensen，1986；Defond & Jiambalvo，1994；Bushman et al.，2004）。去杠杆降低了企业债务融资占比，降低了股东与债权人之间的代理冲突水平，来自债权人的监督水平也随之降低，此消彼长之下，管理层与股东之间的代理冲突加剧（Jensen & Meckling，1976）。为了降低管理层代理成本，实现股东利益最大化，企业通过薪酬激励设计进行缓解。高管薪酬业绩敏感性作为反映企业代理问题的重要指标，是公司降低代理成本、提升业绩的重要考虑因素（卢锐，2014），被广泛用于度量薪酬契约的有效性（Chen et al.，2015）。薪酬对业绩的敏感性越高，意味着高管薪酬与公司业绩越相关（魏志华等，2015）。因此，如果企业选择去杠杆，为了降低股东与经理层的代理冲突水平，企业在契约设计时会选择将高管薪酬与业绩挂钩，从而提高了高管薪酬业绩敏感性。

第二，企业去杠杆提高了股东与管理层的利益一致程度，增强了股东对管理层的激励动机，从而提高了高管薪酬业绩敏感性。根据 Myers（1977）提出的企业债务悬置（debt overhang）理论，当利润主要有利于现有债务持有人而不是新投资者时，企业就无法筹集到新资本，从而使公司不得不放弃一些净现值为正的项目。当企业债务水平较高，公司债务超过其收益时，潜在的债务人由于无法准确评估公司的投资机会而不愿意为企业提供资金（Fazzari et al.，1988）。由于债权优先于股权，企业投资项目产生的现金主要受益人是现有债务持有人而非股东，但是股东却要承担投资成本，因此股东会选择放弃投资。这种由股东与债权人的利益冲突导致的企业投资不足问题，又称债务悬置效应。如果一个项目的成功是管理者努力的一个函数，那么拥有大量债务的企业将放弃对做出较大努力的管理者进行激励，从而降低管理者的薪酬业绩敏感性（Alanis & Quijano，2020）。企业去杠杆会使债务水平的降低，从而缓解债务悬置效应，使股东从新增投资项目中获益。股东从投资项目中预期获取的收益增加，提高了股东与管理者之间利益的一致程度，增强了股东对管理层的激励动机，从而提高了高管薪酬业绩敏感性。

第三，企业去杠杆降低了企业破产的概率，增强了管理层的薪酬辩护动机，从而提高了薪酬业绩敏感性。人力资本理论认为，人力资本是劳动者在企业生产经营过程投入的专用性资产，一旦其载体即劳动者长期服务于某一企业，其人力资本的使用就趋于单一，再向其他用途转移的难度就很大了。高管具有企业特有的人力资本，企业破产会给高管人力资本造成不可估量的损失。例如，一旦企业破产，高管很难再在人力市场获取同等职位的工作。Berk 等（2010）认为人力资本成本与财务困境和破产成本直接相关，其影响足以抑制企业发行债务。因此，员工资本成本是企业资本结构不可忽视的影响因素（Parsons & Titman，2009）。已有研究发现，在企业和员工之间的最优劳动合同中，由于员工无法完全投保其人力资本风险，具有较高杠杆的企业向其员工支付较高的工资，以补偿员工将承担的预期破产成本（Berk et al.，2010；Chemmanur et al.，2013；Ke，2015）。当企业选择去杠杆时，杠杆率的降低，降低了企业破产的概率，与之相关的高管的预期人力资本损失也随之降低，其工资水平也理应降低。但是在工资刚性的情况下，管理层工资往往难以向下调整。此时，管理层为了保持高额薪酬的合理性和持续性，最大程度地减少舆论媒体的质疑声和社会公众的"仇富心理"，会产生强烈的薪酬辩护动机（缪毅和胡奕明，2016）。所谓"薪酬辩护"，即经理人通过证明薪酬的"结果正当性"和"程序正当性"来让自身的高额薪酬显得公平合理（谢德仁 等，2012）。高管通过提高薪酬业绩敏感度将其高额薪酬与企业良好的经营业绩相挂钩。因此，基于以上分析，本书做出以下假设：

**假设 6.1：企业去杠杆能够提高高管薪酬业绩敏感性。**

## 6.3　研究设计

### 6.3.1　样本选择与数据来源

本书以 2008—2020 年中国 A 股上市公司为研究对象，对原始样本进行如下处理：①考虑到金融保险行业公司财务报表的特殊性，剔除了这类公司；②为排除公司自身经营不善引发财务指标异常这一因素对研究结果的干扰，样本选择时剔除了被 ST 和 ＊ST 处理的样本；③剔除了资产负债率大于等于 1 的样本；④剔除关键财务数据缺失的样本；⑤为消除异常值影响，本书所有连续变量均进行上下 1％的 Winsorize 处理。最后得到 3 686 家公司、29 709 个公司年度观测值。本章节所有研究数据均来自 CSMAR 数据库。

### 6.3.2　变量定义

（1）高管薪酬

按照经典文献的做法（Firth et al.，2006；辛清泉和谭伟强，2009；方军雄，2009，2012；姜付秀 等，2014；罗进辉，2014；罗进辉 等，2018；蔡贵龙 等，2018），CEO 薪酬 Pay 以公司前 3 名高管薪酬的平均值取对数来表示。对于业绩指标 Performance，本书借鉴已有研究做法（Conyon & He，2011；辛清泉和谭伟强，2009；方军雄，2009，2012），采用会计业绩指标总资产利润率 ROA 度量。在稳健性检验中，本书还将借鉴罗进辉（2014，2018）的做法，使用"董事、监事和高管前三名的薪酬总额"的自然对数和"董事、监事和高管的薪酬总额"的自然对数，来衡量上市公司高管的货币薪酬水平。在稳健性检验中本书还将使用滞后一期的总资产收益率作为公司业绩的衡量指标。

（2）企业去杠杆

现有研究在实证考察企业去杠杆的影响时，采用的方法大体可以分为两种：一种是直接将杠杆率与被解释变量回归，并将实际杠杆率水平与"最优杠杆率"进行比较，间接确定是否应该去杠杆（Coricelli et al.，2012；周茜 等，2020）；另一种是依照杠杆率的变动趋势，依照"波峰"和"波谷"对企业是否处于去杠杆阶段设置虚拟变量，最终确定去杠杆的作用效果（DeAngelo 等，2018；马草原和朱玉飞，2020）。对比这两种实证方法可知，第一种方法受限于最优杠杆率的设定，并且是否存在最优杠杆率需要进行进一步探究（马草原和朱玉飞，2020）。第二种方法能够更加直接地度量去杠杆的影响。因此，本书借鉴马草原和朱玉飞（2020）的做法，采用资产负债率作为企业杠杆率的度量指标，以设置虚拟变量的方式衡量企业是否去杠杆 Deleverage，并借鉴綦好东 等（2018）、周茜 等（2020）的研究，以杠杆率的变动率度量企业去杠杆程度 Delta。具体模型如下所示：

$$\text{Deleverage} = \begin{cases} 1 & \text{if} \quad \text{Lev}_{i,t} - \text{Lev}_{i,t-1} < 0 \\ 0 & \text{else} \end{cases} \qquad (6-1)$$

$$\text{Delta} = \frac{\text{Lev}_{i,t} - \text{Lev}_{i,t-1}}{\text{Lev}_{i,t-1}} \times (-1) \qquad (6-2)$$

（3）控制变量

本书参考现有文献对高管薪酬业绩敏感性的研究（Firth et al.，2006；Conyon & He，2011；辛清泉和谭伟强，2009；方军雄，2009，2012；姜付秀 等，2014；罗进辉，2014；罗进辉 等，2018；蔡贵龙 等，2018），选取控制变量。在公司绩效方面，选取公司规模（Size）、公司成长性（TobinQ）、企业增长能力（Growth）、公司盈利能力（ROA）等指标；在公司治理方面，独立董事比例（Indb）、董事会规模（BoardSize）、股权集中度（Top1）、高管持股比例（Mshr）、是否两职合一（CEO）、管理费用率（MFEE）和企业属性（State）等变量；同时，为消除年份差异、行业差异和地区差异的影响，选取年度效应（Year）、行业效应（Industry）和省份固定效应（Province）。本章变量定义参见表6-1。

### 6.3.3　实证模型

借鉴有关高管薪酬业绩敏感性研究的经典文献做法（Firth et al.，2006；Conyon & He，2011；辛清泉和谭伟强，2009；方军雄，2009，2012；姜付秀 等，2014；罗进辉，2014，2018；蔡贵龙 等，2018），本书构建模型（6-3）进行实证检验：

$$\begin{aligned}
\text{Pay}_{i,t} = {} & \beta_0 + \beta_1 \text{Deleverage}_{i,t} \div \text{Delta}_{i,t} + \beta_2 \text{ROA}_{i,t} + \beta_3 \text{ROA}_{i,t} \cdot \\
& \text{Deleverage}_{i,t} \div \text{Delta}_{i,t} + \beta_4 \text{Size}_{i,t} + \beta_5 \text{TobinQ}_{i,t} + \beta_6 \text{State}_{i,t} + \\
& \beta_7 \text{Growth}_{i,t} + \beta_8 \text{CEO}_{i,t} + \beta_9 \text{Top1}_{i,t} + \beta_{10} \text{Indb}_{i,t} + \\
& \beta_{11} \text{BoardSize}_{i,t} + \beta_{12} \text{Mshr}_{i,t} + \beta_{13} \text{MFEE} + \sum \beta_j \text{Year} + \\
& \sum \beta_k \text{Industry} + \sum \beta_l \text{Province} + \varepsilon_{i,t} \qquad (6-3)
\end{aligned}$$

模型（6-3）用以检验假设6.1，$\beta_3$ 是我们主要关注的对象，如果 $\beta_3$ 显著为正，表明企业去杠杆行为能够提高高管薪酬业绩敏感性；如果 $\beta_3$ 显著为负，表明企业去杠杆行为降低了高管薪酬业绩敏感性。各变量的具体定义见表6-1。

表 6-1  本章变量定义表

| 变量名称 | 变量含义 | 变量定义 |
|---|---|---|
| Pay | 高管薪酬 | 公司前 3 名高管薪酬的平均值取对数 |
| Deleverage | 企业是否去杠杆 | 具体算法见模型（6-1） |
| Delta | 企业去杠杆程度 | 具体算法见模型（6-2） |
| Size | 公司规模 | 总资产取自然对数 |
| TobinQ | 企业成长性<br>（托宾 $Q$ 值） | 总市值/（总资产-无形资产净额-商誉净额） |
| ROA | 公司盈利能力 | 净利润/平均资产总额 |
| Growth | 企业增长能力 | 营业收入增长率 |
| Indb | 独立董事比例 | 独立董事人数/董事会总人数 |
| Top1 | 股权集中度 | 年末第一大股东持股比例 |
| Mshr | 高管持股比例 | 管理层持股/总股本 |
| MFEE | 管理费用率 | 管理费用/营业收入 |
| BoardSize | 董事会规模 | 董事会人数的自然对数 |
| CEO | 两职合一 | 董事长与总经理为同一人时为 1，否则为 0 |
| State | 企业属性 | 国有企业为 1，否则为 0 |
| Year | 年度效应 | 属于相应年份取值为 1，否则为 0 |
| Industry | 行业效应 | 依据 2012 年《上市公司行业分类指引》，制造业以二级行业代码分类，其他以一级行业代码分类 |
| Province | 地区固定效应 | 注册所在地属于相应省份取值为 1，否则为 0 |

资料来源：作者整理。

## 6.4  实证结果与分析

### 6.4.1  描述性统计

（1）全样本描述性统计

表 6-2 是本章全样本描述性统计，企业去杠杆 Deleverage 的均值为 0.435，表明 43.50% 为去杠杆的样本。高管薪酬 Pay 的均值为 14.266，第

25 分位数为 13.797，第 75 分位数为 14.724，表明不同企业高管薪酬差距较大。企业去杠杆程度 Delta 均值为 -0.067，表示全样本平均的去杠杆程度为 -0.067，表明整体来看本书样本企业的增杠杆程度要高于降杠杆程度。由于企业的资本结构决策是管理者最重要的决策之一（Graham & Harvey，2001），因此这一结果说明了探究高管视角下企业去杠杆行为的经济后果的重要性。

表 6-2　全样本描述性统计

| 变量名称 | N | Mean | SD | Median | P25 | P75 |
|---|---|---|---|---|---|---|
| Pay | 29 709 | 14.266 | 0.746 | 14.271 | 13.797 | 14.724 |
| Deleverage | 29 709 | 0.435 | 0.496 | 0.000 | 0.000 | 1.000 |
| Delta | 29 709 | -0.067 | 0.301 | -0.018 | -0.135 | 0.066 |
| ROA | 29 709 | 0.040 | 0.064 | 0.038 | 0.014 | 0.070 |
| Size | 29 709 | 22.099 | 1.268 | 21.926 | 21.185 | 22.826 |
| TobinQ | 29 709 | 2.260 | 1.508 | 1.776 | 1.339 | 2.590 |
| State | 29 709 | 0.395 | 0.489 | 0.000 | 0.000 | 1.000 |
| CEO | 29 709 | 0.260 | 0.439 | 0.000 | 0.000 | 1.000 |
| Top1 | 29 709 | 34.676 | 14.704 | 32.586 | 23.104 | 44.791 |
| Indb | 29 709 | 0.373 | 0.053 | 0.333 | 0.333 | 0.429 |
| BoardSize | 29 709 | 2.140 | 0.202 | 2.197 | 1.946 | 2.197 |
| Mshr | 29 709 | 6.361 | 13.114 | 0.029 | 0.000 | 4.480 |
| Growth | 29 709 | 0.178 | 0.441 | 0.108 | -0.026 | 0.273 |
| MFEE | 29 709 | 0.091 | 0.074 | 0.073 | 0.044 | 0.113 |

（2）分样本描述性统计

为了比较去杠杆对企业的影响，我们进一步将样本分为去杠杆企业和非去杠杆企业，并分别对变量进行了描述性统计。表 6-3 为分样本描述性统计，去杠杆样本组的高管薪酬 Pay 均值（中位数）为 14.275（14.278），非去杠杆样本组高管薪酬 Pay 均值（中位数）分别为 14.259（14.264），组间差异检验表明，无论是高管薪酬均值还是中位数去杠杆企业样本组的高管薪酬，均显著高于非去杠杆样本组。企业属性 State 均值分别为 0.424和 0.373，表明去杠杆样本组 42.4% 的样本为国有企业，显著高于非去杠杆样本组的 37.3%，这与 2018 年中央财经委员会第一次会议明确提出的：要以结构性去杠杆为思路，分部门、分债务类型提出不同要求，地方政府和企业特别是国有企业要尽快把杠杆降下来，努力实现宏观杠杆率稳定和逐步下降，政策指导一致。

同时可以发现，在公司绩效方面，去杠杆样本组相比非去杠杆样本组，在企业盈利能力（ROA）、企业成长性（TobinQ）和公司规模（Size）等方面表现更好一些，而营业收入增长速度反而较低一些。在公司治理方面，去杠杆样本组两职合一（CEO）的比例、高管持股比例（Mshr）和管理费用率（MFEE）更低一些。在股权集中度（Top1）和独立董事比例（Indb）方面，两组之间没有显著性差异。

表 6-3　分样本描述性统计

| 变量名称 | （1）去杠杆样本 | | （2）非去杠杆样本 | | （2）－（1）组间差异检验 | |
|---|---|---|---|---|---|---|
| | Mean | Median | Mean | Median | Mean | Median |
| Pay | 14.275 | 14.278 | 14.259 | 14.264 | −1.765* | −1.705* |
| Delta | 0.131 | 0.085 | −0.220 | −0.112 | −120.00*** | −147.99*** |
| ROA | 0.051 | 0.042 | 0.032 | 0.035 | −25.783*** | −18.780*** |
| Size | 22.125 | 21.952 | 22.079 | 21.911 | −3.071*** | −2.325** |
| TobinQ | 2.304 | 1.806 | 2.226 | 1.756 | −4.397*** | −3.721*** |
| State | 0.424 | 0.000 | 0.373 | 0.000 | −8.935*** | −8.924*** |
| CEO | 0.244 | 0.000 | 0.272 | 0.000 | 5.415*** | 5.412*** |
| Top1 | 34.717 | 32.658 | 34.644 | 32.533 | −0.423 | −0.140 |
| Indb | 0.373 | 0.333 | 0.373 | 0.333 | 0.572 | 0.917 |
| BoardSize | 2.142 | 2.197 | 2.138 | 2.197 | −1.833* | −1.788* |
| Mshr | 5.372 | 0.012 | 7.123 | 0.064 | 11.436*** | 12.428*** |
| Growth | 0.141 | 0.081 | 0.206 | 0.130 | 12.610*** | 17.965*** |
| MFEE | 0.089 | 0.071 | 0.093 | 0.073 | 4.231*** | 4.334*** |
| N | 12 927 | | 16 782 | | — | |

注：均值差异检验数值是 $t$ 统计量，中位数差异检验数值是 $z$ 统计量，***、**、* 分别表示在 1%、5%、10% 的水平上显著。资料来源：由 Stata 15.1 整理得到。

### 6.4.2  单变量检验

表6-4报告了本章主要变量之间的 Pearson 相关系数。其中，高管薪酬 Pay 与 Deleverage 和 Delta 之间相关系数均显著为正，表明企业去杠杆行为与上市公司高管薪酬之间具有显著的正相关关系；同时可以发现，公司规模（Size）、公司盈利能力（ROA）、两职合一（CEO）、股权集中度（Top1）、独立董事比例（Indb）、董事会规模（BoardSize）、高管持股比例（Mshr）和企业增长能力（Growth）与高管薪酬（Pay）之间显著正相关。而企业成长性（TobinQ）、企业属性（State）和管理费用率（MFEE）与高管薪酬（Pay）之间显著负相关。此外自变量之间的相关系数都较小，均不超过0.5，表明各变量之间不存在明显的多重共线性。

### 6.4.3  企业去杠杆与高管业绩敏感性检验

表6-5为企业去杠杆、企业绩效与高管薪酬之间进行 OLS 估计的检验结果。因变量为高管薪酬水平 Pay，自变量为企业去杠杆行为（Deleverage 和 Delta）和公司盈利能力（ROA）及其交互项。我们关注的重点是交互项 Deleverage * ROA 和 Delta * ROA 的估计系数。列（1）~（2）为单变量估计结果，可以看出，在不控制其他影响高管薪酬因素的情况下，Deleverage * ROA 和 Delta * ROA 的估计系数均在1%的水平上显著为正；列（3）~（4）为进一步控制行业效应、年度效应和地区固定效应的估计结果，Deleverage * ROA 和 Delta * ROA 的估计系数均在1%的水平上显著为正；列（5）~（6）是在列（3）~（4）的基础上，进一步控制影响高管薪酬的公司特征变量的估计结果，Deleverage * ROA 和 Delta * ROA 的估计系数仍然在1%的水平上显著为正。综合以上结果可以看出，企业去杠杆行为可以显著提高高管薪酬业绩敏感性，从而验证了假设6.1。

从控制变量回归结果来看，公司盈利能力（ROA）的估计系数在1%的水平上显著为正，表明良好的公司盈利能力是提高高管薪酬水平的重要支撑。企业成长性（TobinQ）的估计系数在1%的水平上显著为正，表明成长性较好的企业有助于提高高管薪酬水平。公司规模（Size）的估计系数均在1%的水平上显著为正，表明规模越大的公司，其高管薪酬水平越高。企业属性（State）的估计系数为负，但是不显著。其他控制变量估计结果与已有文献基本一致，这里不再进行阐述。

表 6-4　Pearson 相关系数矩阵

| 变量名称 | (1) | (2) | (3) | (4) | (5) | (6) | (7) | (8) | (9) | (10) | (11) | (12) | (13) | (14) |
|---|---|---|---|---|---|---|---|---|---|---|---|---|---|---|
| (1) Pay | 1 | | | | | | | | | | | | | |
| (2) Deleverage | 0.010* | 1 | | | | | | | | | | | | |
| (3) Delta | 0.019*** | 0.579*** | 1 | | | | | | | | | | | |
| (4) ROA | 0.188*** | 0.148*** | 0.109*** | 1 | | | | | | | | | | |
| (5) Size | 0.455*** | 0.018 | 0.086*** | 0.008 | 1 | | | | | | | | | |
| (6) TobinQ | -0.064*** | 0.026 | -0.047*** | 0.129*** | -0.377*** | 1 | | | | | | | | |
| (7) State | -0.027*** | 0.052*** | 0.110*** | -0.089*** | 0.312*** | -0.155*** | 1 | | | | | | | |
| (8) CEO | 0.048*** | -0.031* | -0.067*** | 0.035*** | -0.149*** | 0.070*** | -0.293*** | 1 | | | | | | |
| (9) Top1 | 0.011* | 0.002 | 0.004 | 0.133*** | 0.207*** | -0.142*** | 0.209*** | -0.055*** | 1 | | | | | |
| (10) Indb | 0.024*** | -0.003 | -0.026*** | -0.019*** | 0.010* | 0.045*** | -0.083*** | 0.117*** | 0.040*** | 1 | | | | |
| (11) BoardSize | 0.044*** | 0.011* | 0.057*** | 0.021*** | 0.239*** | -0.134*** | 0.288*** | -0.186*** | 0.028*** | -0.510*** | 1 | | | |
| (12) Mshr | 0.018*** | -0.066*** | -0.113*** | 0.135*** | -0.242*** | 0.038*** | -0.372*** | 0.477*** | -0.045*** | 0.105*** | -0.170*** | 1 | | |
| (13) Growth | 0.017*** | -0.073*** | -0.151*** | 0.240*** | 0.044*** | 0.046*** | -0.049*** | 0.012*** | 0.024*** | 0.004 | -0.005 | 0.043*** | 1 | |
| (14) MFEE | -0.119*** | -0.025*** | -0.088*** | -0.190*** | -0.354*** | 0.356*** | -0.132*** | 0.065*** | -0.170*** | 0.044*** | -0.100*** | 0.070*** | -0.131*** | 1 |

注：*、**、***分别表示在 10%、5%和 1%的水平上显著。

表 6-5　企业去杠杆与高管业绩敏感性

| 变量名称 | （1）Pay | （2）Pay | （3）Pay | （4）Pay | （5）Pay | （6）Pay |
|---|---|---|---|---|---|---|
| Deleverage * ROA | 0.467*** | | 0.700*** | | 0.544*** | |
| | (2.588) | | (4.608) | | (4.040) | |
| Deleverage | −0.029*** | | −0.028*** | | −0.034*** | |
| | (−3.279) | | (−3.696) | | (−5.103) | |
| Delta * ROA | | 1.311*** | | 1.250*** | | 1.370*** |
| | | (6.077) | | (6.557) | | (8.118) |
| Delta | | −0.012 | | 0.018 | | −0.061*** |
| | | (−0.896) | | (1.501) | | (−5.558) |
| ROA | 2.073*** | 2.345*** | 2.231*** | 2.554*** | 2.275*** | 2.610*** |
| | (16.957) | (18.474) | (21.447) | (22.458) | (22.112) | (24.612) |
| Size | | | | | 0.269*** | 0.269*** |
| | | | | | (32.564) | (32.653) |
| TobinQ | | | | | 0.027*** | 0.025*** |
| | | | | | (5.451) | (5.042) |
| State | | | | | −0.020 | −0.017 |
| | | | | | (−0.977) | (−0.838) |
| CEO | | | | | 0.055*** | 0.056*** |
| | | | | | (3.193) | (3.225) |
| Top1 | | | | | −0.003*** | −0.003*** |
| | | | | | (−4.908) | (−5.012) |
| Indb | | | | | −0.129 | −0.128 |
| | | | | | (−0.863) | (−0.857) |
| BoardSize | | | | | 0.151*** | 0.153*** |
| | | | | | (3.344) | (3.374) |
| Mshr | | | | | −0.001 | −0.001 |
| | | | | | (−1.402) | (−1.464) |

表6-5(续)

| 变量名称 | (1) Pay | (2) Pay | (3) Pay | (4) Pay | (5) Pay | (6) Pay |
|---|---|---|---|---|---|---|
| Growth | | | | | −0.042 *** | −0.045 *** |
| | | | | | (−4.453) | (−4.728) |
| MFEE | | | | | 0.646 *** | 0.622 *** |
| | | | | | (5.519) | (5.316) |
| Cons | 14.194 *** | 14.169 *** | 13.409 *** | 13.379 *** | 7.437 *** | 7.401 *** |
| | (1 234.445) | (1 164.238) | (140.196) | (140.157) | (34.158) | (34.176) |
| $N$ | 29 709 | 29 709 | 29 709 | 29 709 | 29 709 | 29 709 |
| Industry | Yes | Yes | Yes | Yes | Yes | Yes |
| Year | Yes | Yes | Yes | Yes | Yes | Yes |
| Province | Yes | Yes | Yes | Yes | Yes | Yes |
| Adj-$R^2$ | 0.036 | 0.037 | 0.322 | 0.323 | 0.471 | 0.473 |

注：括号内为公司层面聚类标准误调整后的 $t$ 值，* 、** 、*** 分别表示在10%、5%和1%的水平上显著。Industry、Year 和 Province 中的"Yes"分别表示控制行业、年度和省份固定效应，否则就表示没有控制。

## 6.5 稳健性检验

### 6.5.1 工具变量检验

本书可能遗漏同时影响自变量与因变量的因素，从而产生内生性问题，进而造成系数估计偏误。因此，本书采用工具变量2SLS法来缓解内生性问题。本章以剔除该企业的年度相同地区的其他企业的去杠杆程度 AvgDelta 作为企业去杠杆行为 Deleverage 和 Delta 的工具变量，应用工具变量2SLS法进行检验。弱工具变量检验显示，$F$ 统计量均大于经验值10，这说明本书选取的工具变量不存在弱工具变量问题。表6-6列（1）~（4）为第一阶段检验结果显示，列（1）工具变量 AvgDelta * ROA 与 Deleverage * ROA 的估计系数均在1%的水平上显著为正；列（2）工具变量 AvgDelta

与 Deleverage 估计系数均在 1% 的水平上显著为正；列（3）工具变量 Avg-Delta * ROA 与 Delta * ROA 估计系数在 1% 的水平上显著为正；列（4）工具变量 AvgDelta 与 Delta 在 1% 的水平上显著为正。这说明企业去杠杆行为受到地区去杠杆水平的影响。同一地区政策具有统一性，同时企业行为存在同群效应，一个企业的行为往往受到同一地区其他企业行为的影响，本书选取的工具变量满足相关性要求。并且，地区去杠杆程度通常不会直接影响个体企业的高管薪酬水平，因而满足工具变量的外生性要求。综上，本书选取的工具变量满足相关性和外生性条件。列（5）~（6）为第二阶段检验结果，Deleverage * ROA 的回归系数为 19.751，在 1% 的水平上显著为正，Delta * ROA 回归系数为 14.670，在 1% 的水平上显著为正，表明控制潜在的遗漏变量问题之后，本书结论依然成立。

表 6-6　工具变量 2SLS 法检验结果

| 变量名称 | 第一阶段 | | | | 第二阶段 | |
|---|---|---|---|---|---|---|
| | （1） | （2） | （3） | （4） | （5） | （6） |
| | Deleverage * ROA | Deleverage | Delta * ROA | Delta | Pay | Pay |
| AvgDelta * ROA | 0.001 *** | 0.013 *** | 0.002 *** | 0.000 | | |
| | (3.131) | (5.621) | (4.001) | (0.222) | | |
| AvgDelta | −0.000 | 0.002 *** | −0.000 | 0.002 *** | | |
| | (−0.710) | (6.399) | (−0.738) | (9.319) | | |
| | | | | | | |
| Deleverage * ROA | | | | | 19.751 *** | |
| | | | | | (2.924) | |
| Deleverage | | | | | 0.548 * | |
| | | | | | (1.925) | |
| Delta * ROA | | | | | | 14.670 *** |
| | | | | | | (3.895) |
| Delta | | | | | | 0.573 ** |
| | | | | | | (2.143) |
| TobinQ | 0.002 *** | −0.003 | 0.002 *** | −0.008 *** | −0.004 | 0.004 |

表6-6（续）

| 变量名称 | 第一阶段 | | | | 第二阶段 | |
|---|---|---|---|---|---|---|
| | （1） | （2） | （3） | （4） | （5） | （6） |
| | Deleverage * ROA | Deleverage | Delta * ROA | Delta | Pay | Pay |
| | （7.414） | （−1.379） | （6.887） | （−4.535） | （−0.301） | （0.443） |
| State | −0.000 | 0.047*** | −0.001*** | 0.041*** | −0.034 | −0.021 |
| | （−0.974） | （6.507） | （−3.557） | （11.593） | （−1.257） | （−0.829） |
| CEO | 0.000 | 0.010 | −0.000 | 0.001 | 0.047** | 0.061*** |
| | （0.276） | （1.388） | （−1.076） | （0.338） | （2.332） | （3.364） |
| Top1 | 0.000 | −0.001*** | 0.000** | −0.001*** | −0.002*** | −0.002*** |
| | （0.722） | （−5.444） | （2.170） | （−9.556） | （−3.209） | （−3.844） |
| Indb | −0.003 | 0.086 | −0.004 | 0.009 | −0.119 | −0.081 |
| | （−0.667） | （1.366） | （−1.049） | （0.259） | （−0.667） | （−0.515） |
| BoardSize | 0.001 | −0.034* | 0.001 | 0.001 | 0.143*** | 0.143*** |
| | （1.165） | （−1.906） | （0.578） | （0.134） | （2.683） | （3.035） |
| Mshr | 0.000 | −0.003*** | 0.000 | −0.002*** | 0.001 | 0.000 |
| | （0.526） | （−10.804） | （1.095） | （−10.962） | （0.656） | （0.260） |
| Growth | −0.002*** | −0.130*** | −0.001** | −0.136*** | 0.068* | 0.057 |
| | （−4.014） | （−17.829） | （−2.127） | （−17.960） | （1.697） | （1.458） |
| MFEE | 0.007* | −0.040 | 0.011** | −0.242*** | 0.560*** | 0.642*** |
| | （1.721） | （−0.837） | （2.564） | （−7.119） | （3.838） | （4.178） |
| Cons | −0.030*** | 0.687*** | −0.008 | −0.108** | 7.610*** | 7.572*** |
| | （−5.202） | （8.393） | （−1.531） | （−2.469） | （19.804） | （34.047） |
| N | 29 709 | 29 709 | 29 709 | 29 709 | 29 709 | 29 709 |
| Industry | Yes | Yes | Yes | Yes | Yes | Yes |
| Year | Yes | Yes | Yes | Yes | Yes | Yes |
| Province | Yes | Yes | Yes | Yes | Yes | Yes |
| Adj-$R^2$ | 0.326 | 0.052 | 0.111 | 0.084 | −0.283 | 0.202 |

表6-6（续）

| 变量名称 | 第一阶段 | | | | 第二阶段 | |
|---|---|---|---|---|---|---|
| | （1） | （2） | （3） | （4） | （5） | （6） |
| | Deleverage * ROA | Deleverage | Delta * ROA | Delta | Pay | Pay |
| 弱工具变量检验 | | | | | | |
| Partial $R^2$ | 0.002 3 | 0.002 2 | 0.009 0 | 0.003 2 | | |
| $F$ statistic | 33.506 | 32.833 3 | 135.118 | 46.939 5 | | |

注：括号内为公司层面聚类标准误调整后的 $t$ 值，*、**、***分别表示在10%、5%和1%的水平上显著。Industry、Year 和 Province 中的"Yes"分别表示控制行业、年度和省份固定效应，否则就表示没有控制。

## 6.5.2  Change 模型检验

企业去杠杆行为可能与不随时间变化的、不可观测的企业特定异质性相关，因而会造成系数估计偏误。为了消除不随时间变化的企业异质性影响，本书借鉴冯丽艳等（2016）、Quan 和 Zhang（2021）的研究，采用 Change 模型重新进行检验。Change 模型检验结果见表6-7，从中可以看出，ΔDeleverage * ΔROA 和 ΔDelta * ΔROA 的估计系数至少在10%水平显著为正，与前文结论一致，说明本章结论稳健。

表6-7  Change 模型检验结果

| 变量名称 | （1） | （2） |
|---|---|---|
| | ΔPay | ΔPay |
| ΔDeleverage * ΔROA | 0.088* | |
| | （1.751） | |
| ΔDeleverage | −0.002 | |
| | （−0.729） | |
| ΔDelta * ΔROA | | 0.281*** |
| | | （3.019） |
| ΔDelta | | 0.001 |
| | | （0.177） |

表6-7（续）

| 变量名称 | （1） | （2） |
|---|---|---|
| | ΔPay | ΔPay |
| ΔROA | 0. 504 *** | 0. 565 *** |
| | （13. 018） | （10. 240） |
| ΔSize | 0. 135 *** | 0. 137 *** |
| | （16. 304） | （10. 439） |
| ΔTobinQ | 0. 004 * | 0. 004 |
| | （1. 764） | （1. 401） |
| ΔState | 0. 025 | 0. 025 |
| | （1. 238） | （1. 002） |
| ΔCEO | 0. 019 ** | 0. 019 ** |
| | （2. 545） | （1. 969） |
| ΔTop1 | 0. 000 | 0. 000 |
| | （0. 388） | （0. 287） |
| ΔIndb | 0. 090 | 0. 090 |
| | （1. 344） | （1. 019） |
| ΔBoardSize | 0. 164 *** | 0. 163 *** |
| | （7. 010） | （4. 621） |
| ΔMshr | 0. 002 *** | 0. 002 *** |
| | （5. 307） | （4. 327） |
| ΔGrowth | −0. 009 ** | −0. 009 |
| | （−2. 444） | （−1. 441） |
| ΔMFEE | 0. 013 | 0. 011 |
| | （0. 244） | （0. 149） |
| Cons | 0. 064 *** | 0. 064 *** |
| | （3. 111） | （3. 805） |
| $N$ | 24 831 | 24 831 |
| Industry | Yes | Yes |
| Year | Yes | Yes |

表6-7(续)

| 变量名称 | (1) | (2) |
|---|---|---|
| | ΔPay | ΔPay |
| Province | Yes | Yes |
| Adj-$R^2$ | 0.036 | 0.036 |

注：括号内为公司层面聚类标准误调整后的 $t$ 值，*、**、***分别表示在10%、5%和1%的水平上显著。ΔPay 取一阶差分处理。Industry、Year 和 Province 中的"Yes"分别表示控制行业、年度和省份固定效应。

### 6.5.3 企业固定效应模型检验

为了保证结果的稳健性，本书也采用企业固定效应模型检验，消除不随时间变化的企业异质性的影响。检验结果如表6-8所示，从中可以看出，采用企业固定效应模型回归后，Deleverage * ROA 的回归系数为0.445，在1%的水平上显著为正，Delta * ROA 回归系数为0.931，在1%的水平上显著为正，表明在消除不随时间变化的企业异质性的影响后，与前文结论保持一致，结论稳健。

表6-8 企业固定效应模型检验结果

| 变量名称 | (1) | (2) |
|---|---|---|
| | Pay | Pay |
| Deleverage * ROA | 0.445*** | |
| | (4.849) | |
| Deleverage | −0.014*** | |
| | (−3.143) | |
| Delta * ROA | | 0.931*** |
| | | (7.130) |
| Delta | | −0.028*** |
| | | (−3.648) |
| ROA | 1.060*** | 1.331*** |
| | (14.206) | (17.645) |
| Size | 0.251*** | 0.252*** |

表6-8（续）

| 变量名称 | （1） | （2） |
|---|---|---|
| | Pay | Pay |
| | （19.274） | （19.431） |
| TobinQ | 0.017*** | 0.016*** |
| | （4.735） | （4.491） |
| State | −0.043 | −0.043 |
| | （−1.150） | （−1.153） |
| CEO | 0.024* | 0.024* |
| | （1.781） | （1.804） |
| Top1 | −0.001 | −0.001 |
| | （−0.823） | （−0.927） |
| Indb | 0.100 | 0.098 |
| | （0.812） | （0.797） |
| BoardSize | 0.154*** | 0.153*** |
| | （3.503） | （3.483） |
| Mshr | 0.001** | 0.001* |
| | （1.980） | （1.959） |
| Growth | −0.021*** | −0.024*** |
| | （−2.940） | （−3.245） |
| MFEE | 0.316*** | 0.304*** |
| | （3.670） | （3.520） |
| Cons | 7.708*** | 7.670*** |
| | （24.621） | （24.535） |
| $N$ | 29 709 | 29 709 |
| Firm | Yes | Yes |
| Year | Yes | Yes |
| Adj-$R^2$ | 0.523 | 0.524 |

注：括号内为公司层面聚类标准误调整后的 $t$ 值，$*$、$**$、$***$分别表示在10%、5%和1%的水平上显著。Firm 和 Year 中的"Yes"表示控制企业固定效应。

### 6.5.4  核心变量的替代性指标

前文以公司前三名高管薪酬的平均值取对数来表示高管薪酬；采用会计业绩指标公司盈利能力（ROA）度量企业业绩指标。为了结论的稳健性，本部分借鉴罗进辉（2014，2018）的做法，分别使用"董事、监事和高管前三名的薪酬总额"的自然对数和"董事、监事和高管的薪酬总额"的自然对数，来衡量上市公司高管货币薪酬水平；同时，还将使用净资产收益率（ROE）和滞后一期的总资产收益率（L. ROA）作为公司业绩的衡量指标。本书采用以上指标度量高管薪酬业绩敏感性进行稳健性检验。替换核心变量检验结果见表6-9。列（1）～（4）分别为更换企业业绩度量指标的稳健性检验结果，可以看出，在更换企业业绩指标之后，Deleverage * ROE、Delta * ROE、L. Deleverage * L. ROA 和 L. Delta * L. ROA 均在 1% 的水平上显著为正。列（5）～（6）为更换高管薪酬指标的稳健性检验结果，在更换高管薪酬度量指标之后，Deleverage * ROA 和 Delta * ROA 均在 1% 的水平上显著为正，可以发现前文结论不发生改变，结论稳健。

表 6-9  替换核心变量检验结果

| 变量名称 | （1） | （2） | （3） | （4） | （5） | （6） |
|---|---|---|---|---|---|---|
| | Pay | Pay | Pay | Pay | Pay2 | Pay2 |
| Deleverage * ROE | 0.501 *** | | | | | |
| | (6.778) | | | | | |
| Deleverage | −0.042 *** | | | | −0.050 *** | |
| | (−6.236) | | | | (−6.988) | |
| Delta * ROE | | 0.812 *** | | | | |
| | | (9.121) | | | | |
| Delta | | −0.057 *** | | | | −0.084 *** |
| | | (−5.423) | | | | (−7.227) |
| ROE | 0.843 *** | 1.055 *** | | | | |
| | (20.096) | (23.038) | | | | |
| L. Deleverage * L. ROA | | | 0.587 *** | | | |

表6-9（续）

| 变量名称 | （1）Pay | （2）Pay | （3）Pay | （4）Pay | （5）Pay2 | （6）Pay2 |
|---|---|---|---|---|---|---|
| | | | (3.948) | | | |
| L. Deleverage | | | −0.020*** | | | |
| | | | (−2.874) | | | |
| L. Delta * L. ROA | | | | 1.542*** | | |
| | | | | (7.718) | | |
| L. Delta | | | | −0.046*** | | |
| | | | | (−4.052) | | |
| L. ROA | | | 2.040*** | 2.372*** | | |
| | | | (17.762) | (20.645) | | |
| Deleverage * ROA | | | | | 0.540*** | |
| | | | | | (3.965) | |
| Delta * ROA | | | | | | 1.410*** |
| | | | | | | (7.982) |
| ROA | | | | | 2.440*** | 2.784*** |
| | | | | | (23.811) | (25.457) |
| Size | 0.253*** | 0.254*** | 0.259*** | 0.259*** | 0.309*** | 0.310*** |
| | (31.404) | (31.640) | (30.539) | (30.652) | (33.289) | (33.440) |
| TobinQ | 0.041*** | 0.040*** | 0.040*** | 0.039*** | 0.018*** | 0.015*** |
| | (8.046) | (7.904) | (7.747) | (7.509) | (3.358) | (2.851) |
| State | −0.030 | −0.027 | −0.017 | −0.014 | −0.052** | −0.049** |
| | (−1.401) | (−1.263) | (−0.751) | (−0.641) | (−2.354) | (−2.204) |
| CEO | 0.050*** | 0.051*** | 0.049*** | 0.050*** | −0.043** | −0.043** |
| | (2.848) | (2.880) | (2.637) | (2.666) | (−2.395) | (−2.378) |
| Top1 | −0.003*** | −0.003*** | −0.003*** | −0.003*** | −0.004*** | −0.005*** |
| | (−4.626) | (−4.634) | (−4.747) | (−4.795) | (−7.546) | (−7.644) |
| Indb | −0.113 | −0.117 | −0.098 | −0.099 | −0.105 | −0.106 |

表6-9（续）

| 变量名称 | （1） | （2） | （3） | （4） | （5） | （6） |
|---|---|---|---|---|---|---|
| | Pay | Pay | Pay | Pay | Pay2 | Pay2 |
| | (−0.751) | (−0.777) | (−0.626) | (−0.629) | (−0.640) | (−0.648) |
| BoardSize | 0.166*** | 0.167*** | 0.152*** | 0.152*** | 0.436*** | 0.437*** |
| | (3.634) | (3.673) | (3.148) | (3.168) | (8.815) | (8.852) |
| Mshr | −0.000 | −0.000 | −0.001* | −0.001* | 0.000 | 0.000 |
| | (−0.238) | (−0.213) | (−1.842) | (−1.905) | (0.834) | (0.773) |
| Growth | −0.050*** | −0.051*** | 0.017* | 0.017* | −0.078*** | −0.082*** |
| | (−5.574) | (−5.685) | (1.816) | (1.776) | (−7.541) | (−7.798) |
| Cons | 7.796*** | 7.728*** | 7.764*** | 7.724*** | 6.898*** | 6.840*** |
| | (36.342) | (36.188) | (34.769) | (34.770) | (28.361) | (28.256) |
| $N$ | 29 642 | 29 642 | 25 584 | 25 584 | 29 729 | 29 729 |
| Industry | Yes | Yes | Yes | Yes | Yes | Yes |
| Year | Yes | Yes | Yes | Yes | Yes | Yes |
| Province | Yes | Yes | Yes | Yes | Yes | Yes |
| Adj-$R^2$ | 0.463 | 0.464 | 0.451 | 0.452 | 0.480 | 0.482 |

注：括号内为公司层面聚类标准误调整后的 $t$ 值，*、**、***分别表示在10%、5%和1%的水平上显著。Industry、Year 和 Province 中的"Yes"分别表示控制行业、年度和省份固定效应，否则没有控制。

## 6.6 进一步研究

### 6.6.1 作用机制检验

（1）债权人监督水平

企业选择去杠杆后，股东与债权人之间的代理成本降低，在此消彼长的作用下，管理层与股东之间的代理冲突加剧（Jensen & Meckling, 1976）。为了降低管理层代理成本，股东在薪酬激励契约设计时，会提高高管薪酬业绩敏感性。对于债权人监督水平高的样本组，企业去杠杆对高管薪酬业绩敏感性的影响作用应该更大一些。

本书分别用企业负债水平和融资约束水平来度量债权人监督水平，一般来说企业负债水平越高，融资约束越严重，债权人的监督水平越高。Defond 和 Jiambalvo（1994）以及 Bushman 等（2004）研究发现，当债务比例较高时，企业债权人将对公司的资产有更大的控制权，债权人具有更强的动机参与公司经营和约束投资行为，以降低自身的风险。其中，企业负债水平采用资产负债率度量，等于企业负债除以总资产。本书采用 Kaplan 和 Zingales（1997）的 KZ 指数，度量融资约束。KZ 指数越大，表明企业面临的融资约束水平越高，同时企业的财务状况水平也越糟糕，债权人为了保护自己的利益不被侵害，将选择加强对企业的监督。本书按照年度-行业中位数进行分组，采用模型（6-3）进行分组回归，检验结果见表 6-10 和表 6-11，从中可以看出，企业去杠杆对高管薪酬业绩敏感性的影响，在企业负债水平高和融资约束水平高的样本组更显著，支持了债权人监督机制。

表 6-10　基于企业负债水平的异质性检验结果

| | （1） | （2） | （3） | （4） |
| --- | --- | --- | --- | --- |
| | 低负债 | 高负债 | 低负债 | 高负债 |
| | Pay | Pay | Pay | Pay |
| Deleverage * ROA | 0.159 | 1.434 *** | | |
| | (1.092) | (7.030) | | |
| Deleverage | −0.035 *** | −0.017 | | |
| | (−3.776) | (−1.628) | | |
| Delta * ROA | | | 0.641 *** | 2.333 *** |
| | | | (3.578) | (11.090) |
| Delta | | | −0.048 *** | −0.027 |
| | | | (−3.682) | (−1.210) |
| ROA | 2.519 *** | 2.040 *** | 2.611 *** | 2.798 *** |
| | (23.957) | (21.908) | (31.294) | (28.811) |
| Size | 0.256 *** | 0.299 *** | 0.255 *** | 0.297 *** |

表6-10(续)

| | (1) | (2) | (3) | (4) |
|---|---|---|---|---|
| | 低负债 | 高负债 | 低负债 | 高负债 |
| | Pay | Pay | Pay | Pay |
| | (46.782) | (58.726) | (46.721) | (58.433) |
| CEO | 0.030*** | 0.086*** | 0.029*** | 0.088*** |
| | (2.597) | (6.674) | (2.588) | (6.807) |
| TobinQ | 0.017*** | 0.042*** | 0.017*** | 0.037*** |
| | (5.296) | (9.030) | (5.189) | (7.799) |
| State | 0.025** | −0.052*** | 0.025** | −0.047*** |
| | (2.113) | (−4.311) | (2.143) | (−3.916) |
| Top1 | −0.002*** | −0.003*** | −0.002*** | −0.004*** |
| | (−6.780) | (−9.847) | (−6.765) | (−10.126) |
| Indb | 0.117 | −0.305*** | 0.119 | −0.302*** |
| | (1.146) | (−2.918) | (1.159) | (−2.891) |
| BoardSize | 0.232*** | 0.104*** | 0.234*** | 0.105*** |
| | (7.949) | (3.573) | (8.041) | (3.605) |
| Growth | −0.035*** | −0.041*** | −0.037*** | −0.045*** |
| | (−3.254) | (−3.715) | (−3.345) | (−3.949) |
| Mshr | −0.000 | −0.001** | −0.000 | −0.001** |
| | (−1.290) | (−2.239) | (−1.280) | (−2.337) |
| MFEE | 0.710*** | 0.545*** | 0.699*** | 0.528*** |
| | (10.453) | (6.318) | (10.281) | (6.124) |
| Cons | 7.357*** | 7.005*** | 7.332*** | 7.021*** |
| | (52.260) | (51.536) | (52.182) | (51.781) |
| N | 15 054 | 14 655 | 15 054 | 14 655 |
| Industry | Yes | Yes | Yes | Yes |
| Year | Yes | Yes | Yes | Yes |

表6-10（续）

|  | （1） | （2） | （3） | （4） |
|---|---|---|---|---|
|  | 低负债 | 高负债 | 低负债 | 高负债 |
|  | Pay | Pay | Pay | Pay |
| Province | Yes | Yes | Yes | Yes |
| Adj-$R^2$ | 0.442 | 0.498 | 0.443 | 0.501 |
| 组间差异 $P$ 值 |  |  | 0.000 0 | |

注：括号内为公司层面聚类标准误调整后的 $t$ 值，*、**、***分别表示在10%、5%和1%的水平上显著。Industry、Year 和 Province 中的"Yes"分别表示控制行业、年度和省份固定效应，否则就表示没有控制。组间差异 $P$ 值为基于似不相关估计（SUR）的组间差异检验结果。

### 表6-11　基于融资约束的异质性检验结果

|  | （1） | （2） | （3） | （4） |
|---|---|---|---|---|
|  | 低融资约束 | 高融资约束 | 低融资约束 | 高融资约束 |
|  | Pay | Pay | Pay | Pay |
| Deleverage * ROA | −0.047 | 1.148*** |  |  |
|  | (−0.248) | (4.734) |  |  |
| Deleverage | −0.039*** | −0.015 |  |  |
|  | (−3.880) | (−1.374) |  |  |
| Delta * ROA |  |  | 0.467* | 1.851*** |
|  |  |  | (1.894) | (6.980) |
| Delta |  |  | −0.051*** | −0.035 |
|  |  |  | (−3.488) | (−1.494) |
| ROA | 2.667*** | 1.710*** | 2.648*** | 2.328*** |
|  | (15.396) | (13.772) | (17.195) | (16.769) |
| Size | 0.266*** | 0.285*** | 0.266*** | 0.284*** |
|  | (24.936) | (26.173) | (24.877) | (26.124) |
| State | 0.008 | −0.028 | 0.008 | −0.024 |
|  | (0.304) | (−1.067) | (0.310) | (−0.922) |
| TobinQ | 0.020*** | 0.037*** | 0.019*** | 0.032*** |

表6-11(续)

| | （1） | （2） | （3） | （4） |
|---|---|---|---|---|
| | 低融资约束 | 高融资约束 | 低融资约束 | 高融资约束 |
| | Pay | Pay | Pay | Pay |
| | （3.282） | （4.794） | （3.226） | （4.247） |
| CEO | 0.044 ** | 0.065 *** | 0.043 ** | 0.066 *** |
| | （2.006） | （2.802） | （1.984） | （2.855） |
| Top1 | −0.002 *** | −0.004 *** | −0.002 *** | −0.004 *** |
| | （−2.817） | （−5.173） | （−2.811） | （−5.241） |
| Indb | 0.152 | −0.325 * | 0.154 | −0.323 * |
| | （0.806） | （−1.719） | （0.815） | （−1.713） |
| BoardSize | 0.241 *** | 0.079 | 0.243 *** | 0.082 |
| | （4.075） | （1.406） | （4.117） | （1.454） |
| Growth | −0.060 *** | −0.023 | −0.060 *** | −0.029 ** |
| | （−4.604） | （−1.624） | （−4.558） | （−2.012） |
| MFEE | 0.719 *** | 0.488 *** | 0.708 *** | 0.469 *** |
| | （4.519） | （3.342） | （4.433） | （3.226） |
| Mshr | −0.001 | −0.000 | −0.001 | −0.001 |
| | （−1.526） | （−0.520） | （−1.476） | （−0.615） |
| Cons | 7.127 *** | 7.363 *** | 7.101 *** | 7.366 *** |
| | （25.134） | （26.298） | （25.118） | （26.396） |
| $N$ | 14 494 | 14 152 | 14 494 | 14 152 |
| Industry | Yes | Yes | Yes | Yes |
| Year | Yes | Yes | Yes | Yes |
| Province | Yes | Yes | Yes | Yes |
| Adj-$R^2$ | 0.460 | 0.497 | 0.460 | 0.499 |
| 组间差异 $P$ 值 | | | 0.000 1 | |

注：括号内为公司层面聚类标准误调整后的 $t$ 值，*、**、***分别表示在10%、5%和1%的水平上显著。Industry、Year 和 Province 中的"Yes"分别表示控制行业、年度和省份固定效应，否则就表示没有控制。组间差异 $P$ 值为基于似不相关估计（SUR）的组间差异检验结果。资料来源：由 Stata 15.1 整理得到。

（2）债务悬置路径

前文理论分析认为，企业去杠杆能够通过缓解债务悬置效应缓解投资不足问题，股东从现金流为正的投资项目中获取的收益增加，提高了股东与管理层之间利益的一致程度。股东对管理层的激励动机增强，会选择提高高管薪酬业绩敏感性。如果这一理论分析成立，对于更可能陷入债务悬置的样本，企业去杠杆对高管薪酬业绩敏感性的影响作用应该更大一些。因此，本部分通过对企业陷入债务悬置可能性的异质性分析，来识别企业去杠杆行为影响高管薪酬业绩敏感性的作用机制。

借鉴 Jie 和 Zhe（2011）、Blickle 和 Santos（2021）的研究，本书分别采用企业偿债能力和利息保障倍数度量企业陷入债务悬置的可能性。其中，偿债能力＝息税折旧摊销前利润/总负债，利息保障倍数＝息税折旧摊销前利润/财务费用。一般来说，偿债能力和利息保障倍数越低的企业，更有可能陷入债务悬置。本书按照年度行业中位数进行分组，然后采用模型（6-3）进行分组检验，检验结果见表 6-12 和表 6-13，从中可以看出企业去杠杆对高管薪酬业绩敏感性的影响，在企业偿债能力和利息保障倍数较低的样本组更显著，表明去杠杆可以通过缓解债务悬置效应提高高管薪酬业绩敏感性。

同时，公司资本结构权衡理论认为，公司通过权衡负债的利弊决定债务融资与权益融资的比例。根据最优资本结构理论，当企业杠杆率高于目标杠杆率时，企业将过度负债，此时企业更有可能陷入债务悬置。当企业杠杆率低于目标杠杆率时，企业负债不足，企业陷入债务悬置的概率很低。本书参考 Harford 等（2009）和许晓芳等（2020）的做法，对全样本分年度、分行业进行 Tobit 回归，计算企业目标杠杆（$LEV_t^*$）。若将企业按照实际负债率（$LEV_t$）与目标杠杆率（$LEV_t^*$）划分为负债不足和过度负债子样本，则具体结果见表 6-14。从中可以看出过度负债企业去杠杆对高管薪酬业绩敏感性的影响作用更显著，与表 6-12 和表 6-13 的检验结果保持一致。

表 6-12　基于企业偿债能力的异质性检验结果

| | （1） | （2） | （3） | （4） |
|---|---|---|---|---|
| | 偿债能力弱 | 偿债能力强 | 偿债能力弱 | 偿债能力强 |
| | Pay | Pay | Pay | Pay |
| Deleverage * ROA | 0.761*** | −0.818*** | | |
| | (2.996) | (−3.884) | | |
| Deleverage | 0.002 | −0.006 | | |
| | (0.157) | (−0.527) | | |
| Delta * ROA | | | 1.324*** | −0.563* |
| | | | (4.758) | (−1.864) |
| Delta | | | −0.007 | 0.005 |
| | | | (−0.306) | (0.334) |
| ROA | 1.264*** | 3.705*** | 1.726*** | 3.257*** |
| | (10.342) | (16.592) | (12.361) | (16.240) |
| Size | 0.283*** | 0.281*** | 0.282*** | 0.282*** |
| | (24.340) | (26.073) | (24.316) | (26.076) |
| CEO | 0.056** | 0.055** | 0.058** | 0.054** |
| | (2.479) | (2.541) | (2.540) | (2.501) |
| TobinQ | 0.035*** | 0.010* | 0.032*** | 0.010* |
| | (4.664) | (1.646) | (4.339) | (1.705) |
| State | −0.022 | 0.018 | −0.020 | 0.016 |
| | (−0.871) | (0.667) | (−0.788) | (0.597) |
| Top1 | −0.003*** | −0.003*** | −0.003*** | −0.003*** |
| | (−4.478) | (−3.897) | (−4.538) | (−3.836) |
| Indb | −0.182 | −0.021 | −0.181 | −0.024 |
| | (−0.963) | (−0.105) | (−0.957) | (−0.124) |
| BoardSize | 0.111** | 0.199*** | 0.113** | 0.199*** |
| | (1.970) | (3.169) | (2.008) | (3.166) |
| Growth | −0.006 | −0.071*** | −0.011 | −0.068*** |

表6-12(续)

|  | （1） | （2） | （3） | （4） |
|---|---|---|---|---|
|  | 偿债能力弱 | 偿债能力强 | 偿债能力弱 | 偿债能力强 |
|  | Pay | Pay | Pay | Pay |
|  | （-0.412） | （-5.531） | （-0.763） | （-5.221） |
| Mshr | 0.001 | -0.002*** | 0.001 | -0.002** |
|  | （0.821） | （-2.664） | （0.713） | （-2.551） |
| MFEE | 0.366*** | 0.872*** | 0.355** | 0.873*** |
|  | （2.650） | （5.622） | （2.564） | （5.604） |
| Cons | 7.192*** | 6.968*** | 7.198*** | 6.973*** |
|  | （25.045） | （23.784） | （25.190） | （23.814） |
| N | 14 751 | 14 958 | 14 751 | 14 958 |
| Industry | Yes | Yes | Yes | Yes |
| Year | Yes | Yes | Yes | Yes |
| Province | Yes | Yes | Yes | Yes |
| Adj-$R^2$ | 0.494 | 0.456 | 0.496 | 0.455 |

注：括号内为公司层面聚类标准误调整后的 t 值，*、**、***分别表示在10%、5%和1%的水平上显著。Industry、Year 和 Province 中的"Yes"分别表示控制行业、年度和省份固定效应，否则就表示没有控制。资料来源：由 Stata 15.1 整理得到。

### 表6-13　基于利息保障倍数的异质性检验结果

|  | （1） | （2） | （3） | （4） |
|---|---|---|---|---|
|  | 保障倍数低 | 保障倍数高 | 保障倍数低 | 保障倍数高 |
|  | Pay | Pay | Pay | Pay |
| Deleverage * ROA | 1.724*** | 0.037 |  |  |
|  | （6.387） | （0.156） |  |  |
| Deleverage | 0.013 | -0.041*** |  |  |
|  | （1.137） | （-4.164） |  |  |
| Delta * ROA |  |  | 1.284*** | 0.659** |
|  |  |  | （16.193） | （2.437） |

表6-13（续）

| | （1） | （2） | （3） | （4） |
|---|---|---|---|---|
| | 保障倍数低 | 保障倍数高 | 保障倍数低 | 保障倍数高 |
| | Pay | Pay | Pay | Pay |
| Delta | | | -0.053*** | -0.062*** |
| | | | (-3.486) | (-3.681) |
| ROA | 0.385 | 2.052*** | 2.020*** | 2.078*** |
| | (1.612) | (10.001) | (16.524) | (13.020) |
| Size | 0.256*** | 0.282*** | 0.255*** | 0.283*** |
| | (25.777) | (27.127) | (26.225) | (27.195) |
| CEO | 0.020 | 0.072*** | 0.029 | 0.073*** |
| | (0.931) | (3.311) | (1.412) | (3.329) |
| TobinQ | 0.042*** | 0.023*** | 0.031*** | 0.022*** |
| | (6.889) | (3.542) | (5.216) | (3.465) |
| State | -0.058** | -0.000 | -0.042* | -0.000 |
| | (-2.345) | (-0.007) | (-1.763) | (-0.008) |
| Top1 | -0.001 | -0.003*** | -0.002*** | -0.003*** |
| | (-1.368) | (-4.912) | (-2.784) | (-4.927) |
| Indb | -0.273 | -0.054 | -0.240 | -0.056 |
| | (-1.576) | (-0.272) | (-1.417) | (-0.285) |
| BoardSize | 0.117** | 0.210*** | 0.111** | 0.210*** |
| | (2.193) | (3.646) | (2.126) | (3.658) |
| Growth | 0.035** | -0.063*** | -0.009 | -0.065*** |
| | (2.151) | (-4.888) | (-0.685) | (-4.998) |
| Mshr | 0.001 | -0.001 | -0.000 | -0.001 |
| | (1.106) | (-1.434) | (-0.349) | (-1.383) |
| MFEE | 0.345*** | 0.657*** | 0.529*** | 0.639*** |
| | (2.750) | (3.891) | (4.516) | (3.779) |
| Cons | 7.619*** | 7.168*** | 7.669*** | 7.124*** |

表6-13（续）

|  | （1） | （2） | （3） | （4） |
|---|---|---|---|---|
|  | 保障倍数低 | 保障倍数高 | 保障倍数低 | 保障倍数高 |
|  | Pay | Pay | Pay | Pay |
|  | （29.167） | （26.825） | （29.836） | （26.697） |
| $N$ | 14 863 | 14 846 | 14 863 | 14 846 |
| Industry | Yes | Yes | Yes | Yes |
| Year | Yes | Yes | Yes | Yes |
| Province | Yes | Yes | Yes | Yes |
| Adj-$R^2$ | 0.459 | 0.462 | 0.477 | 0.462 |
| 组间差异 $P$ 值 |  |  | 0.020 7 | |

注：括号内为公司层面聚类标准误调整后的 $t$ 值，*、**、***分别表示在10%、5%和1%的水平上显著。Industry、Year 和 Province 中的"Yes"分别表示控制行业、年度和省份固定效应，否则就表示没有控制。组间差异 $P$ 值为基于似不相关估计（SUR）的组间差异检验的检验结果。资料来源：由 Stata 15.1 整理得到。

表6-14　基于最优资本结构理论的异质性检验结果

|  | （1） | （2） | （3） | （4） |
|---|---|---|---|---|
|  | 负债不足 | 过度负债 | 负债不足 | 过度负债 |
|  | Pay | Pay | Pay | Pay |
| Deleverage * ROA | 0.040 | 0.847*** |  |  |
|  | （0.187） | （3.305） |  |  |
| Deleverage | −0.033*** | −0.026** |  |  |
|  | （−3.016） | （−2.306） |  |  |
| Delta * ROA |  |  | 1.117*** | 2.017*** |
|  |  |  | （3.518） | （4.743） |
| Delta |  |  | −0.080*** | −0.029 |
|  |  |  | （−4.540） | （−1.155） |
| ROA | 2.657*** | 2.385*** | 2.692*** | 2.857*** |
|  | （14.126） | （15.839） | （16.043） | （17.161） |

表6-14（续）

| | （1） | （2） | （3） | （4） |
|---|---|---|---|---|
| | 负债不足 | 过度负债 | 负债不足 | 过度负债 |
| | Pay | Pay | Pay | Pay |
| Size | 0.270*** | 0.306*** | 0.270*** | 0.305*** |
| | (22.059) | (26.430) | (22.073) | (26.407) |
| CEO | 0.060** | 0.044* | 0.060** | 0.044* |
| | (2.370) | (1.828) | (2.367) | (1.812) |
| TobinQ | 0.018** | 0.046*** | 0.018** | 0.043*** |
| | (2.439) | (5.504) | (2.349) | (5.221) |
| State | 0.007 | -0.064** | 0.009 | -0.060** |
| | (0.260) | (-2.226) | (0.312) | (-2.091) |
| Top1 | -0.004*** | -0.003*** | -0.004*** | -0.003*** |
| | (-5.351) | (-3.941) | (-5.398) | (-4.060) |
| Indb | -0.109 | -0.121 | -0.104 | -0.125 |
| | (-0.534) | (-0.569) | (-0.510) | (-0.592) |
| BoardSize | 0.134** | 0.161** | 0.135** | 0.159** |
| | (2.029) | (2.516) | (2.052) | (2.487) |
| Growth | -0.040*** | -0.048*** | -0.045*** | -0.048*** |
| | (-2.671) | (-3.068) | (-2.949) | (-2.978) |
| Mshr | -0.002* | -0.002** | -0.002* | -0.002** |
| | (-1.805) | (-2.053) | (-1.831) | (-2.009) |
| MFEE | 0.913*** | 0.908*** | 0.894*** | 0.907*** |
| | (5.614) | (4.785) | (5.505) | (4.744) |
| Cons | 7.398*** | 6.692*** | 7.367*** | 6.682*** |
| | (23.051) | (21.800) | (23.034) | (21.846) |
| N | 11 695 | 11 129 | 11 695 | 11 129 |

表6-14(续)

|  | (1) | (2) | (3) | (4) |
|---|---|---|---|---|
|  | 负债不足 | 过度负债 | 负债不足 | 过度负债 |
|  | Pay | Pay | Pay | Pay |
| Industry | Yes | Yes | Yes | Yes |
| Year | Yes | Yes | Yes | Yes |
| Province | Yes | Yes | Yes | Yes |
| Adj-$R^2$ | 0.478 | 0.485 | 0.479 | 0.486 |
| 组间差异 $P$ 值 | 0.080 8 | | 0.010 7 | |

注:括号内为公司层面聚类标准误调整后的 $t$ 值,*、**、***分别表示在10%、5%和1%的
水平上显著。Industry、Year 和 Province 中的"Yes"分别表示控制行业、年度和省份固定效应,否
则就表示没有控制。组间差异 $P$ 值为基于似不相关估计(SUR)的组间差异检验的检验结果。

(3)违约风险路径

前文理论分析认为,当企业选择去杠杆时,资产负债率的降低,降低
了相关企业破产的概率,使得与之相关的高管的预期人力资本损失也随之
降低。根据人力资本理论,随着高管预期人力资本损失的降低,高管的工
资水平也应降低。但是在工资刚性和高管的自利动机影响下,高管工资往
往难以向下调整。此时,管理层为了保持高额薪酬的合理性和持续性,最
大程度地减少舆论媒体的质疑声和社会公众的"仇富心理",会产生强烈
的薪酬辩护动机(缪毅和胡奕明,2016),会主动选择将其薪酬水平与企
业业绩进行挂钩。如果这一理论分析成立,对于违约风险较高的样本,企
业去杠杆对高管薪酬业绩敏感性的影响作用应该更大一些。因此,本部分
通过企业违约风险异质性分析,识别企业去杠杆影响高管薪酬业绩敏感性
的作用机制。

$Z$ 得分(Altman,1968)是度量企业违约风险的常用指标,其数值越
大,表示企业的财务状况越好,违约风险越低。按照 $Z$ 得分年度行业中位
数进行分组,采用模型(6-3)进行分组回归,检验结果见表6-15。从中
可以发现,企业去杠杆对高管薪酬业绩敏感性的影响在违约风险高的样本
组更显著,表明企业去杠杆通过降低企业违约风险,提高了高管薪酬业绩
敏感性。

表 6-15 基于违约风险的异质性检验结果

| | （1） | （2） | （3） | （4） |
|---|---|---|---|---|
| | 高违约风险 | 低违约风险 | 高违约风险 | 低违约风险 |
| | Pay | Pay | Pay | Pay |
| Deleverage * ROA | 1.142*** | 0.198 | | |
| | (5.398) | (1.118) | | |
| Deleverage | -0.000 | -0.033*** | | |
| | (-0.044) | (-3.240) | | |
| Delta * ROA | | | 1.879*** | 0.829*** |
| | | | (5.664) | (4.409) |
| Delta | | | -0.108*** | -0.014 |
| | | | (-3.555) | (-1.125) |
| ROA | 1.916*** | 2.116*** | 2.552*** | 2.273*** |
| | (13.066) | (16.225) | (17.378) | (16.418) |
| Size | 0.287*** | 0.281*** | 0.285*** | 0.280*** |
| | (25.341) | (26.274) | (25.056) | (26.119) |
| State | -0.029 | 0.026 | -0.026 | 0.026 |
| | (-1.072) | (1.000) | (-0.979) | (0.997) |
| TobinQ | 0.036*** | 0.016 | 0.033*** | 0.015*** |
| | (3.810) | (2.914) | (3.548) | (2.687) |
| CEO | 0.045* | 0.057*** | 0.047** | 0.057*** |
| | (1.918) | (2.680) | (2.007) | (2.693) |
| Top1 | -0.004*** | -0.002*** | -0.004*** | -0.002*** |
| | (-5.922) | (-2.751) | (-5.983) | (-2.700) |
| Indb | -0.200 | -0.015 | -0.191 | -0.011 |
| | (-1.039) | (-0.079) | (-0.995) | (-0.058) |
| BoardSize | 0.137** | 0.170*** | 0.138** | 0.172*** |
| | (2.318) | (2.890) | (2.339) | (2.925) |
| Growth | -0.024* | -0.054*** | -0.030** | -0.049*** |

表6-15(续)

| | （1） | （2） | （3） | （4） |
|---|---|---|---|---|
| | 高违约风险 | 低违约风险 | 高违约风险 | 低违约风险 |
| | Pay | Pay | Pay | Pay |
| | （−1.725） | （−4.314） | （−2.171） | （−3.876） |
| MFEE | 0.542*** | 0.687*** | 0.515*** | 0.682*** |
| | （3.200） | （5.320） | （3.053） | （5.258） |
| Mshr | 0.000 | −0.001 | −0.000 | −0.001 |
| | （0.147） | （−1.634） | （−0.045） | （−1.564） |
| Cons | 7.132*** | 7.082*** | 7.172*** | 7.071*** |
| | （24.416） | （25.055） | （24.607） | （25.114） |
| N | 14 514 | 14 682 | 14 514 | 14 682 |
| Industry | Yes | Yes | Yes | Yes |
| Year | Yes | Yes | Yes | Yes |
| Province | Yes | Yes | Yes | Yes |
| Adj-$R^2$ | 0.507 | 0.448 | 0.509 | 0.449 |
| 组间差异 P 值 | | | 0.003 2 | |

注：括号内为公司层面聚类标准误调整后的 t 值，*、**、***分别表示在10%、5%和1%的水平上显著。Industry、Year 和 Province 中的"Yes"分别表示控制行业、年度和省份固定效应，否则就没有控制。组间差异 P 值为基于似不相关估计（SUR）的组间差异检验的检验结果。

### 6.6.2 企业去杠杆对高管的治理效应检验

高管薪酬业绩敏感性作为反映企业代理问题的重要指标，是公司降低代理成本、提升业绩的重要考虑因素（卢锐，2014），被广泛用于度量薪酬契约的有效性（Chen et al., 2015）。前文研究发现，企业去杠杆能够显著提高高管薪酬业绩敏感性，表明企业去杠杆提高了企业薪酬的有效性。为了进一步验证企业去杠杆通过提高高管薪酬业绩敏感性对管理层产生的治理效应，本部分检验企业去杠杆如何影响管理层代理成本、超额薪酬以及资本配置效率。

（1）企业去杠杆与管理层代理成本

薪酬业绩敏感性越高，薪酬契约对高管机会主义动机的约束就越强

（Watts & Zimmerman，1990；姜付秀 等，2014），对代理成本的抑制作用也越强。因此，企业去杠杆提高高管薪酬业绩敏感性后，高管代理成本得到显著降低。借鉴李寿喜（2007）的研究，本书以总资产周转率（Turnover）和管理费用率（Mfee）度量管理层代理成本。同时，考虑到高管可以通过手中权力通过在职消费获取更多的私人隐性收益（耿云江和王明晓，2016），而在职消费是代理成本的表现形式，在增加管理层收益的同时会侵害股东权益（Yermack，2006），因此，本书借鉴权小锋等（2010）的做法，以管理费用中扣除了董事、高管及监事会成员薪酬、计提的坏账准备、存货跌价准备以及当年的无形资产摊销额等明显不属于在职消费的项目后的金额除以上期末总资产所得指标来进行度量。采用模型（6-3）进行 OLS 估计的检验结果见表6-16，列（1）、列（2）因变量为管理费用率（MFEE），列（3）、列（4）因变量为总资产周转率，列（5）、列（6）因变量为高管在职消费水平（Perks）。从中可以看出，企业去杠杆显著降低了管理层代理成本，表明企业去杠杆通过提高高管业绩敏感性，对管理层产生了治理作用。

表6-16　企业去杠杆与管理层代理成本检验结果

|  | （1） | （2） | （3） | （4） | （5） | （6） |
|---|---|---|---|---|---|---|
|  | MFEE | MFEE | Turnover | Turnover | Perks | Perks |
| Deleverage | -0.003*** |  | 0.013** |  | -0.002*** |  |
|  | (-2.861) |  | (2.305) |  | (-7.455) |  |
| Delta |  | -0.013*** |  | 0.055*** |  | -0.004*** |
|  |  | (-6.125) |  | (5.516) |  | (-5.333) |
| ROA | -0.080** | -0.076** | 0.233 | 0.217 | 0.088*** | 0.087*** |
|  | (-2.234) | (-2.202) | (1.642) | (1.586) | (16.966) | (16.909) |
| Size | -0.014*** | -0.014*** | 0.027*** | 0.026*** | -0.002*** | -0.002*** |
|  | (-17.844) | (-17.858) | (4.267) | (4.178) | (-5.561) | (-5.443) |
| CEO | 0.001 | 0.001 | -0.026** | -0.026** | -0.000 | -0.000 |
|  | (0.646) | (0.630) | (-2.172) | (-2.166) | (-0.038) | (-0.064) |
| TobinQ | 0.011*** | 0.011*** | -0.005 | -0.005 | 0.000 | 0.000 |
|  | (14.174) | (14.032) | (-1.423) | (-1.318) | (1.164) | (1.123) |

表6-16(续)

| | (1) | (2) | (3) | (4) | (5) | (6) |
|---|---|---|---|---|---|---|
| | MFEE | MFEE | Turnover | Turnover | Perks | Perks |
| State | -0.005** | -0.004** | 0.055*** | 0.053*** | 0.004*** | 0.004*** |
| | (-2.236) | (-2.052) | (3.148) | (3.055) | (4.497) | (4.539) |
| Top1 | -0.000*** | -0.000*** | 0.003*** | 0.003*** | 0.000** | 0.000** |
| | (-5.467) | (-5.619) | (5.772) | (5.852) | (2.556) | (2.499) |
| Indb | 0.048*** | 0.047*** | -0.200* | -0.199* | -0.007 | -0.007 |
| | (3.099) | (3.076) | (-1.693) | (-1.679) | (-1.044) | (-1.072) |
| BoardSize | 0.009* | 0.009* | -0.022 | -0.022 | 0.002 | 0.002 |
| | (1.770) | (1.790) | (-0.590) | (-0.600) | (0.944) | (0.978) |
| Growth | -0.022*** | -0.023*** | 0.167*** | 0.172*** | 0.016*** | 0.016*** |
| | (-12.192) | (-12.527) | (17.877) | (18.090) | (22.530) | (22.073) |
| Mshr | -0.000 | -0.000 | -0.001* | -0.001* | -0.000 | -0.000 |
| | (-0.527) | (-0.734) | (-1.889) | (-1.746) | (-0.880) | (-0.897) |
| Cons | 0.348*** | 0.342*** | 0.198 | 0.219 | 0.176*** | 0.175*** |
| | (15.450) | (15.397) | (1.129) | (1.253) | (20.090) | (19.907) |
| $N$ | 29 709 | 29 709 | 29 710 | 29 710 | 0.068*** | 0.066*** |
| Industry | Yes | Yes | Yes | Yes | (6.934) | (6.715) |
| Year | Yes | Yes | Yes | Yes | 28 063 | 28 063 |
| Province | Yes | Yes | Yes | Yes | Yes | Yes |
| Adj-$R^2$ | 0.326 | 0.328 | 0.254 | 0.255 | Yes | Yes |

注:括号内为公司层面聚类标准误调整后的 $t$ 值,*、**、***分别表示在10%、5%和1%的水平上显著。Industry、Year 和 Province 中的"Yes"分别表示控制行业、年度和省份固定效应,否则就表示没有控制。

(2) 企业去杠杆与高管超额薪酬

高管薪酬中存在着一部分与业绩脱钩的薪酬,即使企业业绩不高,高管也可以获得超额薪酬(吴育辉和吴世农,2010)。因此,企业去杠杆提高了企业高管薪酬业绩敏感性后,对高管的治理作用的另一表现形式是抑制高管超额薪酬的获取。

借鉴程新生等（2015）的研究，本书采用公司前三名高管的实际薪酬与薪酬决定模型估计的正常薪酬之间的差额（Overpay）来表示。我们在高管薪酬决定模型中，控制了公司特征（资产规模、财务杠杆、当年和上一年的总资产收益率、TobinQ），以及地区、行业和年份差异影响。采用模型（6-3）进行 OLS 估计的检验结果见表6-17。列（1）、列（2）因变量为高管超额薪酬（OverPay），从中可以看出企业去杠杆行为显著降低了高管超额薪酬的获取，说明企业去杠杆对高管产生了治理作用。

表 6-17 企业去杠杆与高管超额薪酬检验结果

| | （1） | （2） |
|---|---|---|
| | OverPay | OverPay |
| Deleverage | −0.016** | |
| | (−2.181) | |
| Delta | | −0.030** |
| | | (−2.264) |
| ROA | 0.811*** | 0.811*** |
| | (7.582) | (7.588) |
| Size | 0.028*** | 0.028*** |
| | (2.934) | (2.967) |
| CEO | −0.040** | −0.040** |
| | (−2.155) | (−2.158) |
| TobinQ | 0.009* | 0.009 |
| | (1.667) | (1.643) |
| State | −0.033 | −0.032 |
| | (−1.502) | (−1.480) |
| Top1 | −0.005*** | −0.005*** |
| | (−7.766) | (−7.777) |
| Indb | −0.134 | −0.136 |
| | (−0.819) | (−0.827) |
| BoardSize | 0.419*** | 0.420*** |

表6-17（续）

| | （1） | （2） |
|---|---|---|
| | OverPay | OverPay |
| | （8.373） | （8.382） |
| Growth | −0.027*** | −0.029*** |
| | （−2.640） | （−2.753） |
| Mshr | −0.000 | −0.000 |
| | （−0.279） | （−0.293） |
| MFEE | 0.828*** | 0.822*** |
| | （6.312） | （6.243） |
| Cons | −1.169*** | −1.183*** |
| | （−4.725） | （−4.789） |
| $N$ | 26 545 | 26 545 |
| Industry | Yes | Yes |
| Year | Yes | Yes |
| Province | Yes | Yes |
| Adj-$R^2$ | 0.109 | 0.109 |

注：括号内为公司层面聚类标准误调整后的 $t$ 值，*、**、***分别表示在10%、5%和1%的水平上显著。Industry、Year 和 Province 中的"Yes"分别表示控制行业、年度和省份固定效应，否则就表示没有控制。

（3）企业去杠杆与资本配置效率

前文研究发现，企业去杠杆行为提高了高管薪酬业绩敏感性，使得高管薪酬与业绩相关性加强，即增强了对高管的薪酬激励水平。在薪酬激励较强的情况下，高管与股东的利益一致性程度提高，因而高管在选择投资项目时会更加努力，从而提高了公司资本配置效率。

借鉴覃家琦和邵新建（2015）的做法，本书分别以 LP 法和 OP 法计算的全要素生产率度量企业资本配置效率，采用 OLS 估计检验，结果见表6-18。从中可以看出，企业去杠杆显著提高了企业全要生产率。综合以上检验结果可知，企业去杠杆行为显著提高了资本配置效率，对高管发挥了治理作用。

表 6-18 企业去杠杆与资本配置效率检验结果

| | （1） | （2） | （3） | （4） |
|---|---|---|---|---|
| | TFP_LP | TFP_LP | TFP_OP | TFP_OP |
| Deleverage | 0.022*** | | 0.036*** | |
| | （3.754） | | （6.139） | |
| Delta | | 0.058*** | | 0.050*** |
| | | （5.491） | | （4.932） |
| ROA | 0.335*** | 0.324*** | 0.067 | 0.080 |
| | （3.471） | （3.388） | （0.718） | （0.856） |
| Size | 0.646*** | 0.645*** | 0.392*** | 0.391*** |
| | （84.335） | （84.250） | （55.994） | （55.924） |
| CEO | −0.034** | −0.034** | −0.035** | −0.034** |
| | （−2.347） | （−2.342） | （−2.488） | （−2.467） |
| TobinQ | 0.044*** | 0.044*** | 0.041*** | 0.042*** |
| | （9.166） | （9.226） | （9.451） | （9.514） |
| State | 0.042** | 0.041** | 0.026 | 0.025 |
| | （2.149） | （2.076） | （1.361） | （1.331） |
| Top1 | 0.001** | 0.001** | 0.000 | 0.000 |
| | （2.260） | （2.334） | （0.129） | （0.153） |
| Indb | 0.030 | 0.032 | −0.041 | −0.038 |
| | （0.209） | （0.224） | （−0.283） | （−0.262） |
| BoardSize | 0.005 | 0.004 | −0.126*** | −0.127*** |
| | （0.114） | （0.095） | （−2.837） | （−2.866） |
| Growth | 0.094*** | 0.099*** | 0.116*** | 0.118*** |
| | （10.560） | （10.981） | （13.188） | （13.305） |
| Mshr | −0.001 | −0.001 | −0.001* | −0.001* |
| | （−1.124） | （−1.011） | （−1.824） | （−1.828） |
| MFEE | −4.507*** | −4.491*** | −4.691*** | −4.680*** |
| | （−34.144） | （−34.016） | （−37.271） | （−37.123） |

表6-18(续)

| | (1) | (2) | (3) | (4) |
|---|---|---|---|---|
| | TFP_LP | TFP_LP | TFP_OP | TFP_OP |
| Cons | −5.268*** | −5.243*** | −1.436*** | −1.408*** |
| | (−25.221) | (−25.128) | (−7.065) | (−6.933) |
| N | 29 655 | 29 655 | 27 856 | 27 856 |
| Industry | Yes | Yes | Yes | Yes |
| Year | Yes | Yes | Yes | Yes |
| Province | Yes | Yes | Yes | Yes |
| Adj-$R^2$ | 0.808 | 0.808 | 0.704 | 0.704 |

注:括号内为公司层面聚类标准误调整后的 $t$ 值,*、**、***分别表示在10%、5%和1%的水平上显著。Industry、Year 和 Province 中的"Yes"分别表示控制行业、年度和省份固定效应,否则就表示没有控制。资料来源:由 Stata 15.1 整理得到。

## 6.7 本章小结

本章以 2008—2020 年中国 A 股上市公司为研究对象,基于高管视角探究企业去杠杆行为的经济后果。研究发现:①企业去杠杆行为与高管业绩敏感性显著正相关,表明企业去杠杆行为提高了股东与管理层之间的利益一致程度,增强了股东对管理层的薪酬激励动机,因而股东在进行薪酬设计时会提高高管薪酬业绩敏感性。在经过工具变量 2SLS 法、Change 模型、企业固定效应模型和替换核心变量度量指标等一系列的内生性检验后,这一结论仍然成立。机制研究发现,企业去杠杆行为主要通过缓解债务悬置问题、降低企业违约风险和提高债权人监督水平,来提高高管业绩敏感性。进一步研究发现,企业去杠杆降低了管理层代理成本、高管超额薪酬和在职消费水平,同时提高了企业资本配置效率,表明企业去杠杆行为对高管具有治理作用。

# 7 企业去杠杆与劳动收入份额

## 7.1 引言

高水平的人力资本是企业高质量发展的基石。员工是劳动资源的载体。为企业经营发展投入的人力资本是企业获取持久竞争优势的重要源泉和战略性资本（高艳，2001），也是企业在竞争中取得成功的最重要因素之一（Pfeffer，1994）。过低的劳动收入份额会对人力资本投资产生负向影响，导致劳动者不愿也不能进行人力资本投资。同时，在共同富裕的背景下，利益分配的不平衡，会加剧企业内部劳资力量的失衡，由此引致的劳资冲突问题，不利于降低收入分配差距和社会平衡发展。因此，明确企业去杠杆行为对员工收入份额的影响，有利于完善收入分配制度，建立企业人力资本竞争优势，实现可持续发展和高质量发展。

基于此，本章以 2008—2020 年中国 A 股上市公司为研究对象，基于劳动收入份额的视角，探究企业去杠杆行为对劳动者的影响与作用机理。本书研究发现，企业去杠杆行为降低了劳动收入份额。在经过一系列的内生性检验后，这一结论仍然成立。机制研究发现，企业去杠杆降低了员工工资水平，同时提高了劳动生产率，从而导致劳动收入份额降低。进一步研究发现，企业去杠杆并没有导致员工雇佣减少，而是促进了资本深化和研发支出水平的提高，表明企业去杠杆促进了技术进步和资本深化，是提高劳动生产率的内生动力。以上结果说明，企业去杠杆决策并没有满足员工的利益要求，拥有劳动、知识、技术等生产要素的员工，无法按照其生产要素的真实贡献度获取其应有的经济报酬。

本章剩余部分安排如下：第二部分为理论分析与研究假设，主要介绍了本章研究的理论逻辑与研究假设。第三部分是研究设计，详细说明了本章的样本选择与数据来源，介绍了企业劳动收入份额和企业去杠杆等变量的详细计算方法，以及控制变量的选取和理论模型的构建的理论依据。第四部分是实证结果与分析，先是给出了本章全样本描述性统计和分样本描述性统计结果，并基于 Pearson 相关系数矩阵进一步给出了单变量检验结果。然后通过最小二乘回归（OLS）方法实证分析了企业去杠杆行为对企业劳动收入份额的影响。第五部分是稳健性检验，针对上述实证检验结果可能存在的内生性问题，进行了随机改变样本分布的安慰剂（Placebo）检验、PSM 检验、工具变量 2SLS 法、Change 模型、企业固定效应模型和替换核心变量度量指标和改变研究样本等内生性检验。第六部分为进一步研究，先是检验了企业去杠杆行为影响企业劳动收入份额的作用机制，然后探讨了企业去杠杆如何影响企业劳动力雇佣，明确了企业去杠杆行为是影响劳动生产率的内生动力。第七部分是本章小结，对本章的研究结论给出总结概括。

## 7.2　理论分析与研究假设

由欧拉分解可知，劳动收入份额由工资和劳动生产率决定（罗明津和铁瑛，2021）。因此，本书从员工工资和劳动生产率两方面分析企业去杠杆行为如何影响劳动收入份额。

第一，企业去杠杆通过降低员工工资，降低了劳动收入份额。一方面，去杠杆能够降低企业破产风险，员工预期的企业破产的人力资本风险补偿要求降低，从而降低了员工工资。人力资本理论认为，人力资本是劳动者在企业生产经营过程中投入的专用性资产，一旦其载体即劳动者长期服务于某一企业，其人力资本的使用就趋于单一，再向其他用途转移的难度就很大了。一旦企业破产，员工人力资本会遭受不可估量的损失，其再就业的成本非常高昂。因此，对于破产风险较高的企业，在薪酬制定时员工会提高工资要价来补偿其预期人力资本损失（Titman，1984）。Maksimovic 和 Titman（1991）认为高杠杆公司需要向员工支付更高的工资，否则他们将无法在竞争激烈的劳动力市场中雇佣员工。人力资本成本与财务困境和破产成本直接相关，其影响大到足以抑制企业发行债务（Berk et al.，2010），已经成为企业资本结构不可忽视的影响因素（Parsons & Titman，

2009）。在企业和员工之间的最优薪酬契约合同中，员工由于无法完全投保其人力资本风险，具有较高杠杆的企业要向其员工支付更高的工资，以补偿员工的预期破产成本（Berk et al., 2010; Chemmanur et al., 2013; Ke, 2015）。因此，当企业选择去杠杆时，员工人力资本风险随着企业破产风险的降低而降低，从而降低了员工工资水平。另一方面，企业去杠杆增加了企业财务压力，限制了企业对劳动力报酬的支付能力。企业偿还债务需要源源不断的资金支出，因此负债企业不得不通过削减成本来缓解偿债压力（Matsa, 2010）。Ruscher 和 Wolff（2013）研究发现，在去杠杆过程中企业会通过限制员工收入乃至裁员等方式降低经营成本。罗长远和陈琳（2012）研究发现，企业在面临融资约束时，倾向于减少劳动雇佣或者降低工资水平。汪伟等（2013）研究发现，为了应对融资困境，大量中小（民营）企业被迫通过利润留成方式进行内源融资，减少了对居民部门的利润分配，从而降低了家庭劳动收入的份额。

第二，企业去杠杆通过促进科技创新和资本深化提高了动生产率，降低了劳动收入份额。首先，高杠杆率会加重企业利息负担，削减企业支持创新项目的投入力度，因此企业研发活动投入的持续性难以得到保障，抑制了其创新投入与产出（徐斯旸 等，2021）。其次，高杠杆率会加重委托代理问题。管理人员的自利性动机使其更为注重提高企业盈利的投资活动，而创新活动具有高风险性和收益的高度不确定性，一旦企业创新投入未取得预期收益，他们将面临声誉下降的风险，甚至有因此而被迫离职的风险。因此管理人员进行创新投资的动机不强（He & Tian, 2013）。在高杠杆条件下，管理人员更加关注当期的现金流安全，对成本较低、收益较快的项目具有较大的投资偏好，而容易放弃更具有收益前景但成本较高、周期较长的研发创新活动（王玉泽 等，2019）。因此，企业选择去杠杆时，杠杆率的降低有利于激励高管进行创新活动，促进企业进行研发投入和技术创新。而技术创新是企业全要素生产率提升的内在驱动力（任胜钢 等，2019），是促进劳动生产率提高的重要原因。同时，企业去杠杆之后劳动与资本的相对价格发生改变，相对于去杠杆之前资本价格变得相对便宜，能促进资本深化，对提升劳动生产率具有显著的促进作用（宋德勇和赵菲菲，2018）。因此，去杠杆可能通过促进企业技术进步和资本深化，提高劳动生产率，从而降低劳动收入份额。基于以上分析，本书做出以下假设：

**假设 7.1：企业去杠杆显著降低了企业劳动收入份额。**

## 7.3 研究设计

### 7.3.1 样本选择与数据来源

本书以 2008—2020 年中国 A 股上市公司为研究对象。为了避免 2005 年我国股权分置改革引发的股权结构变化、市场估值紊乱、企业经营策略波动等影响,同时在计算杠杆率变动时需要用到滞后一期的杠杆率水平,本书以 2007 年作为研究样本的起始年份。本书对原始样本进行了如下处理:①考虑到金融保险行业公司会计报表的特殊性,剔除了这类公司;②为避免公司因自身经营不佳造成财务指标异常的干扰,剔除了当年被 ST 和 * ST 处理的样本;③剔除了资产负债率大于等于 1 的样本;④剔除关键财务数据缺失的样本;⑤为消除异常值影响,本书所有连续变量均进行上下 1% 的 Winsorize 处理。最后得到 3 713 家公司、29 981 个公司年度观测值。本章所有研究数据均来自 CSMAR 数据库。

### 7.3.2 变量定义

(1) 劳动收入份额(share)

参考施新政等(2019)、王雄元和黄玉菁(2017)的研究,本书将劳动收入份额 LS 定义为企业员工支付占营业总收入的比重。其中员工支付为现金流量表中"支付给职工以及为职工支付的现金-期末应付职工薪酬-期初应付职工薪酬"。

(2) 企业去杠杆

现有研究在实证考察企业去杠杆的影响时,采用的方法大体可以分为两种:一种是将实际杠杆率水平与"最优杠杆率"进行比较,间接确定是否应该去杠杆(Coricelli et al., 2012;周茜 等,2020);另一种依照"波峰"和"波谷"对企业是否处于去杠杆阶段设置虚拟变量,最终确定去杠杆的作用效果(DeAngelo 等,2018;马草原和朱玉飞,2020)。第一种方法受限于最优杠杆率的设定,并且是否存在最优杠杆率需要进行进一步探究(马草原和朱玉飞,2020)。第二种方法能够更加直接地度量去杠杆的影响。因此,本书借鉴马草原和朱玉飞(2020)的做法,依据资产负债率的变动设置虚拟变量衡量企业是否去杠杆 Deleverage;借鉴綦好东等

（2018）、周茜等（2020）研究，以资产负债率的变动率度量企业去杠杆程度 Delta。具体模型如下：

$$\text{Deleverage} = \begin{cases} 1 & \text{if} \quad \text{Lev}_{i,t} - \text{Lev}_{i,t-1} < 0 \\ 0 & \text{else} \end{cases} \quad (7-1)$$

$$\text{Delta} = \frac{\text{Lev}_{i,t} - \text{Lev}_{i,t-1}}{\text{Lev}_{i,t-1}} \times (-1) \quad (7-2)$$

（3）控制变量

本书借鉴经典文献的做法（方军雄，2011；江轩宇和贾婧，2021；朱琳 等，2022），选取控制变量。本书选取了下列可能影响企业劳动收入份额的变量：在公司绩效方面，选取公司规模（Size）、公司收益能力（ROA）、资本劳动比（KY）、公司成长性（TobinQ）、企业增长能力（Growth）和员工工资水平（Wage）等指标；在公司治理方面，控制上市年限（FirmAge）、独立董事比例（Indb）、董事会规模（BoardSize）、股权集中度（Top1）、高管持股比例（Mshr）、两职合一（CEO）和行业竞争程度（HHI）等；同时，为消除年份差异、行业差异和地区差异的影响，选取了年度效应（Year）、行业效应（Industry）和地区固定效应（Province）。本章变量定义参见表7-1。

表7-1　本章变量定义表

| 变量名称 | 变量含义 | 变量定义 |
|---|---|---|
| LS | 劳动收入份额 | （支付给职工以及为职工支付的现金+期末应付职工薪酬－期初应付职工薪酬）/营业收入 |
| Deleverage | 企业是否去杠杆 | 具体算法见模型（7-1） |
| Delta | 企业去杠杆程度 | 具体算法见模型（7-2） |
| Size | 公司规模 | 总资产取自然对数 |
| TobinQ | 公司成长性（托宾Q值） | 总市值/（总资产－无形资产净额－商誉净额） |
| ROA | 公司盈利能力 | 净利润/平均资产总额 |
| Growth | 企业增长能力 | 营业收入增长率 |
| KY | 资本劳动比 | 固定资产净额比上员工人数的自然对数 |
| Wage | 员工薪酬 | 期末应付职工薪酬比上员工人数的自然对数 |
| FirmAge | 企业上市年限 | 企业当年年份减去IPO年份+1取自然对数 |

表7-1（续）

| 变量名称 | 变量含义 | 变量定义 |
|---|---|---|
| Indb | 独立董事比例 | 独立董事人数/董事会总人数 |
| Top1 | 股权集中度 | 年末第一大股东持股比例 |
| Mshr | 高管持股比例 | 管理层持股/总股本 |
| BoardSize | 董事会规模 | 董事会人数的自然对数 |
| CEO | 两职合一 | 董事长与总经理为同一人为1，否则为0 |
| HHI | 产品竞争程度 | 行业内所有上市公司营业收入占比的平方和 |
| Year | 年度效应 | 属于相应年份取值为1，否则为0 |
| Industry | 行业效应 | 依据2012年《上市公司行业分类指引》，制造业二级行业代码，其他以一级行业代码分类 |
| Province | 地区固定效应 | 注册所在地属于相应省份取值为1，否则为0 |

### 7.3.3 实证模型

借鉴已有文献研究的做法（方军雄，2011；王雄元和黄玉菁，2017；施新政 等，2019；江轩宇和贾婧，2021；朱琳 等，2022），本书构建模型（7-3）进行实证检验，各变量的具体定义参见表7-1。

$$LS_{i,t} = \beta_0 + \beta_1 Deleverage_{i,t} \div Delta_{i,t} + \beta_2 ROA_{i,t} + \beta_3 Size_{i,t} + \beta_4 TobinQ_{i,t} +$$
$$\beta_5 Growth_{i,t} + \beta_6 KY_{i,t} + \beta_7 Wage_{i,t} + \beta_8 CEO_{i,t} + \beta_9 Top1_{i,t} +$$
$$\beta_{10} Indb_{i,t} + \beta_{11} BoardSize_{i,t} + \beta_{12} Mshr_{i,t} + \beta_{13} HHI_{i,t} + \beta_{14} FirmAge_{i,t} +$$
$$\sum \beta_j Year + \sum \beta_k Industry + \sum \beta_l Province + \varepsilon_{i,t} \qquad (7-3)$$

模型（7-3）用以检验假设7.1，$\beta_1$ 是我们主要关注的对象。如果 $\beta_1$ 显著为负，表明企业去杠杆能够显著降低劳动收入份额；如果 $\beta_1$ 显著为正，表明企业去杠杆能够显著提高劳动收入份额。

## 7.4 实证结果与分析

### 7.4.1 描述性统计

（1）全样本描述性统计

表7-2是本章全样本描述性统计，企业去杠杆 Deleverage 的均值为

0.435，表明43.50%的企业为去杠杆的样本。劳动收入份额 LS 的均值为
12.956%，标准差为9.197，表明不同企业之间的劳动收入份额差距较大，
为假设7.1的研究提供了很好的数据支持。企业去杠杆程度 Delta 的均值
为-0.067，表示全样本平均去杠杆程度为-0.067，表明整体来看财务杠杆
的增加程度要高于财务杠杆的降低程度。

表7-2　全样本描述性统计

| VarName | N | Mean | SD | Median | P25 | P75 |
| --- | --- | --- | --- | --- | --- | --- |
| LS（%） | 29 981 | 12.956 | 9.197 | 10.813 | 6.449 | 16.885 |
| Deleverage | 29 981 | 0.435 | 0.496 | 0.000 | 0.000 | 1.000 |
| Delta | 29 981 | -0.067 | 0.300 | -0.018 | -0.134 | 0.066 |
| Wage | 29 981 | 9.359 | 1.124 | 9.466 | 8.777 | 10.079 |
| Size | 29 981 | 22.113 | 1.270 | 21.939 | 21.198 | 22.843 |
| ROA | 29 981 | 0.040 | 0.065 | 0.038 | 0.014 | 0.070 |
| HHI | 29 981 | 0.055 | 0.085 | 0.016 | 0.013 | 0.064 |
| TobinQ | 29 981 | 2.263 | 1.514 | 1.777 | 1.338 | 2.593 |
| FirmAge | 29 981 | 1.107 | 0.292 | 1.195 | 0.959 | 1.328 |
| CEO | 29 981 | 0.261 | 0.439 | 0.000 | 0.000 | 1.000 |
| KY | 29 981 | 12.533 | 1.136 | 12.520 | 11.865 | 13.194 |
| Top1 | 29 981 | 34.385 | 14.844 | 32.234 | 22.672 | 44.574 |
| Growth | 29 981 | 0.178 | 0.442 | 0.108 | -0.026 | 0.273 |
| Indb | 29 981 | 0.373 | 0.053 | 0.333 | 0.333 | 0.429 |
| Mshr | 29 981 | 6.301 | 13.009 | 0.031 | 0.000 | 4.481 |
| BoardSize | 29 981 | 2.140 | 0.202 | 2.197 | 1.946 | 2.197 |

（2）分样本描述性统计

为了比较去杠杆对企业的影响，我们进一步将样本分为去杠杆企业和
非去杠杆企业，并分别对变量进行了描述性统计。表7-3为分样本描述性
统计，去杠杆样本组 LS 的均值（中位数）为12.521%（10.462%），非去
杠杆样本组 LS 的均值（中位数）分别为13.291%（11.127%）。组间差异
检验表明，无论是均值还是中位数，去杠杆企业样本组的劳动收入份额均
显著低于非去杠杆样本组，为假设7.1提供了初步证据。同时可以发现，

在公司绩效方面，去杠杆样本组相比非去杠杆样本组，在企业盈利能力（ROA）、企业成长性（TobinQ）、公司规模（Size）和资本劳动比（KY）等方面表现得更好一些，而企业增长能力（Growth）反而较低。在公司治理方面，去杠杆样本组的两职合一（CEO）比例和高管持股比例（Mshr）更低，而在董事会规模（BoardSize）和企业上市年限（FirmAge）方面表现得更好一些。在员工薪酬水平（Wage）、股权集中度（Top1）和独立董事比例（Indb）方面，两组之间没有显著性差异。产品竞争程度（HHI）两组之间在均值检验方面没有显著性差异，而在中位数差异检验方面有显著差异。

表 7-3　分样本描述性统计

| VarName | (1) 去杠杆样本 | | (2) 非去杠杆样本 | | (2) - (1) 组间差异检验 | |
|---|---|---|---|---|---|---|
| | Mean | Median | Mean | Median | Mean | Median |
| LS | 12. 521 | 10. 462 | 13. 291 | 11. 127 | 7. 195*** | 6. 776*** |
| Delta | 0. 131 | 0. 085 | −0. 219 | −0. 112 | −120*** | −148. 671*** |
| Wage | 9. 364 | 9. 475 | 9. 356 | 9. 463 | −0. 601 | −1. 026 |
| Size | 22. 138 | 21. 966 | 22. 093 | 21. 923 | −3. 039*** | −2. 330** |
| ROA | 0. 051 | 0. 042 | 0. 031 | 0. 035 | −26. 200*** | −19. 080*** |
| HHI | 0. 055 | 0. 016 | 0. 055 | 0. 016 | 0. 324 | −2. 360** |
| TobinQ | 2. 309 | 1. 811 | 2. 227 | 1. 754 | −4. 649*** | −4. 115*** |
| FirmAge | 1. 127 | 1. 223 | 1. 091 | 1. 162 | −10. 562*** | −16. 086*** |
| CEO | 0. 246 | 0. 000 | 0. 273 | 0. 000 | 5. 327*** | 5. 324*** |
| KY | 12. 585 | 12. 557 | 12. 494 | 12. 491 | −6. 940*** | −6. 453*** |
| Top1 | 34. 421 | 32. 278 | 34. 357 | 32. 167 | −0. 368 | −0. 097 |
| Growth | 0. 141 | 0. 081 | 0. 206 | 0. 129 | 12. 689*** | 17. 921*** |
| Indb | 0. 373 | 0. 333 | 0. 374 | 0. 333 | 0. 703 | 0. 995 |
| Mshr | 5. 324 | 0. 013 | 7. 054 | 0. 068 | 11. 440*** | 12. 422*** |
| BoardSize | 2. 143 | 2. 197 | 2. 138 | 2. 197 | −2. 048** | −1. 969** |
| $N$ | 13 050 | | 16 931 | | | |

注：均值差异检验数值是 $t$ 统计量，中位数差异检验数值是 $z$ 统计量，***、**、* 分别表示在 1%、5%、10% 的水平上显著。

### 7.4.2 单变量检验

表 7-4 报告了本章主要变量之间的 Pearson 相关系数。其中，劳动收入份额 LS 与 Deleverage 和 Delta 之间相关系数均在 1% 的水平上显著为负，表明企业去杠杆与劳动收入份额之间为负相关关系，为假设 7.1 提供了初步证据；公司规模（Size）、企业盈利能力（ROA）、企业上市时间（FirmAge）、资本劳动比（KY）、股权集中度（Top1）、企业增长能力（Growth）和董事会规模（BoardSize）与劳动收入份额（LS）之间呈显著的负相关关系。而员工薪酬（Wage）、市场竞争程度（HHI）、公司成长性（TobinQ）、两职合一（CEO）、独立董事比例（Indb）和高管持股比例（Mshr）与劳动收入份额 LS 之间显著正相关。

### 7.4.3 企业去杠杆与劳动收入份额检验

表 7-5 为企业去杠杆行为与劳动收入份额检验结果。因变量为劳动收入份额 LS，自变量为企业去杠杆行为 Deleverage 和 Delta 度量指标，我们关注重点的是 Deleverage 和 Delta 的估计系数。列（1）~（2）为单变量估计检验结果，从中可以看出，在不控制其他影响劳动收入份额因素的情况下，Deleverage 和 Delta 的估计系数均在 1% 的水平上显著为正负；列（3）~（4）为控制行业、年度和地区固定效应的估计结果，Deleverage 和 Delta 的估计系数均在 1% 的水平上显著为负；列（5）~（6）为在列（3）~（4）的基础上，进一步控制影响劳动收入份额的公司特征变量的检验结果，Deleverage 和 Delta 的估计系数仍然在 1% 的水平上显著为负。综合以上结果可以看出，企业去杠杆行为显著降低了企业劳动收入，假设 7.1 成立。

从控制变量回归结果来看，企业盈利能力（ROA）的估计系数在 1% 的水平上显著为负，表明在利益分配方面，劳动者分配占比与其所在企业经营业绩并不挂钩，而企业发展的红利更多地被资本获取。公司规模（Size）估计系数在 1% 的水平上显著为负，表明规模较大的公司，其劳动收入份额反而较低，这可能与大公司资本占比更大有关。企业成长性（TobinQ）估计系数在 1% 的水平上显著为正，表明成长性较好的企业有利于提高劳动收入份额，员工可以享受企业快速发展带来的红利。其他控制变量估计结果与已有文献基本一致，这里不再阐述。

表 7-4  Pearson 相关系数矩阵

| | (1) | (2) | (3) | (4) | (5) | (6) | (7) | (8) | (9) | (10) | (11) | (12) | (13) | (14) | (15) | (16) |
|---|---|---|---|---|---|---|---|---|---|---|---|---|---|---|---|---|
| (1) LS | 1 | | | | | | | | | | | | | | | |
| (2) Deleverage | -0.042*** | 1 | | | | | | | | | | | | | | |
| (3) Delta | -0.083*** | 0.580*** | 1 | | | | | | | | | | | | | |
| (4) Wage | 0.096*** | 0.003 | -0.011** | 1 | | | | | | | | | | | | |
| (5) Size | -0.258*** | 0.018*** | 0.085*** | 0.194*** | 1 | | | | | | | | | | | |
| (6) ROA | -0.104*** | 0.150*** | 0.112*** | 0.070*** | 0.009 | 1 | | | | | | | | | | |
| (7) HHI | 0.191*** | -0.002 | -0.018*** | 0.036*** | 0.012** | 0.020*** | 1 | | | | | | | | | |
| (8) TobinQ | 0.248*** | 0.027*** | -0.047*** | 0.029*** | -0.379*** | 0.125*** | 0.067*** | 1 | | | | | | | | |
| (9) FirmAge | -0.110*** | 0.080*** | 0.133*** | 0.087*** | 0.368*** | -0.214*** | -0.024*** | -0.00800 | 1 | | | | | | | |
| (10) CEO | 0.085*** | -0.031*** | -0.067*** | -0.00600 | -0.146*** | 0.033*** | -0.039*** | 0.072*** | -0.225*** | 1 | | | | | | |
| (11) KY | -0.277*** | 0.040*** | 0.048*** | 0.103*** | 0.301*** | -0.087*** | -0.134*** | -0.182*** | 0.179*** | -0.105*** | 1 | | | | | |
| (12) Top1 | -0.095*** | 0.002 | 0.004 | 0.012** | 0.199*** | 0.134*** | 0.025*** | -0.144*** | -0.082*** | -0.059*** | 0.079*** | 1 | | | | |
| (13) Growth | -0.136*** | -0.073*** | -0.152*** | 0.024*** | 0.045*** | 0.239*** | 0.041*** | 0.044*** | -0.057*** | 0.012** | -0.038*** | 0.028*** | 1 | | | |
| (14) Indb | 0.046*** | -0.004 | -0.026*** | 0.048*** | 0.010* | -0.021*** | 0.017*** | 0.045*** | -0.033*** | 0.116*** | -0.027*** | 0.036*** | 0.001 | 1 | | |
| (15) Mshr | 0.132*** | -0.066*** | -0.111*** | -0.00700 | -0.241*** | 0.133*** | -0.008 | 0.037*** | -0.455*** | 0.470*** | -0.165*** | -0.044*** | 0.041*** | 0.101*** | 1 | |
| (16) BoardSize | -0.073*** | 0.012** | 0.057*** | -0.024*** | 0.241*** | 0.022*** | 0.033*** | -0.135*** | 0.122*** | -0.184*** | 0.135*** | 0.026*** | -0.00400 | -0.511*** | -0.168*** | 1 |

注：*，**，***分别表示在 10%，5% 和 1% 的水平上显著。资料来源：由 Stata 15.1 整理得到。

表 7-5 企业去杠杆与劳动收入份额检验结果

| | （1） | （2） | （3） | （4） | （5） | （6） |
|---|---|---|---|---|---|---|
| | LS | LS | LS | LS | LS | LS |
| Deleverage | −0.770*** | | −0.640*** | | −0.339*** | |
| | （−7.107） | | （−6.638） | | （−3.827） | |
| Delta | | −2.542*** | | −1.771*** | | −1.081*** |
| | | （−13.287） | | （−10.429） | | （−6.954） |
| Size | | | | | −1.356*** | −1.347*** |
| | | | | | （−13.424） | （−13.333） |
| ROA | | | | | −16.110*** | −15.617*** |
| | | | | | （−10.808） | （−10.565） |
| Wage | | | | | 0.793*** | 0.786*** |
| | | | | | （8.404） | （8.342） |
| TobinQ | | | | | 0.649*** | 0.637*** |
| | | | | | （8.146） | （7.992） |
| FirmAge | | | | | −0.789** | −0.727* |
| | | | | | （−2.097） | （−1.937） |
| HHI | | | | | 10.594*** | 10.554*** |
| | | | | | （5.503） | （5.485） |
| CEO | | | | | 0.048 | 0.043 |
| | | | | | （0.227） | （0.202） |
| KY | | | | | −1.907*** | −1.907*** |
| | | | | | （−15.851） | （−15.867） |
| Top1 | | | | | 0.007 | 0.007 |
| | | | | | （0.968） | （0.913） |
| Growth | | | | | −2.267*** | −2.367*** |
| | | | | | （−16.983） | （−17.679） |
| Indb | | | | | 6.403*** | 6.386*** |
| | | | | | （3.203） | （3.198） |

表7-5（续）

| | （1） | （2） | （3） | （4） | （5） | （6） |
|---|---|---|---|---|---|---|
| | LS | LS | LS | LS | LS | LS |
| Mshr | | | | | 0.007 | 0.006 |
| | | | | | (0.840) | (0.737) |
| BoardSize | | | | | 3.580 *** | 3.602 *** |
| | | | | | (5.903) | (5.945) |
| Cons | 13.291 *** | 12.786 *** | 9.156 *** | 8.766 *** | 43.021 *** | 42.614 *** |
| | (88.103) | (90.666) | (9.372) | (9.043) | (15.692) | (15.562) |
| $N$ | 29 981 | 29 981 | 29 981 | 29 981 | 29 981 | 29 981 |
| Industry | Yes | Yes | Yes | Yes | Yes | Yes |
| Year | Yes | Yes | Yes | Yes | Yes | Yes |
| Province | Yes | Yes | Yes | Yes | Yes | Yes |
| Adj-$R^2$ | 0.002 | 0.007 | 0.219 | 0.222 | 0.359 | 0.360 |

注：括号内为公司层面聚类标准误调整后的 $t$ 值，*、**、***分别表示在10%、5%和1%的水平上显著。Industry、Year 和 Province 中的"Yes"分别表示控制行业、年度和省份固定效应，否则就表示没有控制。

## 7.5　稳健性检验

### 7.5.1　工具变量检验

由于本书可能遗漏了同时影响自变量与因变量的因素，产生了内生性问题，因此本书将采用工具变量 2SLS 法，缓解内生性问题。本书以剔除该企业的年度相同行业的其他企业的去杠杆程度 AvgDelta 作为企业去杠杆行为 Deleverage 和 Delta 的工具变量，应用工具变量 2SLS 法进行检验。弱工具变量检验结果显示，$F$ 统计量分别为 22.600 和 31.637，均大于经验值 10，说明本书选取的工具变量不存在弱工具变量问题。表 7-6 列（1）~（2）为第一阶段检验结果，工具变量 AvgDelta 与 Deleverage 和 Delta 均在 1% 的水平上显著为正，说明企业去杠杆行为受到行业去杠杆水平的影响，这是因为个体企业行为会受到行业其他企业行为决策的影响，即同群效应。并且，行业去杠杆程度通常不会直接影响个体企业的劳动收入份额，因而满足工具变量的外生性要求。综上，本书所选取的工具变量满足相关性和外生性条件。列（3）~（4）为第二阶段检验结果，Deleverage 估计系数为−17.192，在1%的水平上显著，Delta 回归系数为−24.430，在1%的水平上显著，表明控制潜在的遗漏变量问题之后，结论依然成立。

表 7-6　工具变量 2SLS 法检验结果

| | 第一阶段 | | 第二阶段 | |
|---|---|---|---|---|
| | （1） | （2） | （3） | （4） |
| | Deleverage | Delta | LS | LS |
| AvgDelta | 0.001 *** | 0.001 *** | | |
| | (4.714) | (6.156) | | |
| Deleverage | | | −17.192 *** | |
| | | | (−3.308) | |
| Delta | | | | −24.430 *** |
| | | | | (−3.654) |
| Size | −0.020 *** | 0.001 | −1.675 *** | −1.308 *** |
| | (−6.178) | (0.488) | (−11.172) | (−11.965) |
| ROA | 1.689 *** | 0.997 *** | 12.269 | 7.586 |
| | (38.626) | (27.851) | (1.385) | (1.107) |
| Wage | −0.009 *** | −0.009 *** | 0.634 *** | 0.577 *** |
| | (−3.358) | (−5.879) | (5.497) | (4.900) |
| TobinQ | −0.007 *** | −0.014 *** | 0.533 *** | 0.314 ** |
| | (−2.859) | (−8.244) | (5.616) | (2.472) |
| FirmAge | 0.065 *** | 0.049 *** | 0.750 ** | 0.838 ** |
| | (14.061) | (17.292) | (1.966) | (2.252) |
| HHI | −0.061 | −0.052 * | 9.428 *** | 9.222 *** |
| | (−1.384) | (−1.674) | (4.560) | (4.472) |
| CEO | 0.008 | −0.002 | 0.183 | −0.009 |

表7-6(续)

| | 第一阶段 | | 第二阶段 | |
|---|---|---|---|---|
| | (1) | (2) | (3) | (4) |
| | Deleverage | Delta | LS | LS |
| | (1.071) | (−0.579) | (0.739) | (−0.039) |
| KY | 0.021 *** | 0.007 *** | −1.562 *** | −1.754 *** |
| | (6.958) | (4.217) | (−9.250) | (−13.093) |
| Top1 | −0.001 *** | −0.001 *** | −0.002 | −0.005 |
| | (−2.644) | (−4.632) | (−0.254) | (−0.624) |
| Growth | −0.128 *** | −0.132 *** | −4.443 *** | −5.467 *** |
| | (−18.116) | (−18.011) | (−6.453) | (−6.000) |
| Indb | 0.093 | 0.014 | 7.987 *** | 6.730 *** |
| | (1.513) | (0.435) | (3.481) | (3.201) |
| Mshr | −0.002 *** | −0.001 *** | −0.025 * | −0.024 * |
| | (−7.002) | (−7.081) | (−1.813) | (−1.875) |
| BoardSize | −0.016 | 0.016 * | 3.331 *** | 3.977 *** |
| | (−0.916) | (1.750) | (4.911) | (6.198) |
| Cons | 0.592 *** | −0.166 *** | 52.957 *** | 38.738 *** |
| | (7.083) | (−3.822) | (12.142) | (12.457) |
| $N$ | 29 981 | 29 981 | 29 981 | 29 981 |
| Industry | Yes | Yes | Yes | Yes |
| Year | Yes | Yes | Yes | Yes |
| Province | Yes | Yes | Yes | Yes |
| Adj-$R^2$ | 0.058 | 0.089 | −0.420 | −0.169 |
| 弱工具变量检验 | | | | |
| Partial $R^2$ | 0.000 8 | 0.001 1 | | |
| $F$ 统计量 | 22.600 | 31.637 | | |

注:括号内为公司层面聚类标准误调整后的 $t$ 值,\*、\*\*、\*\*\*分别表示在10%、5%和1%的水平上显著。Industry、Year 和 Province 中的"Yes"分别表示控制行业、年度和省份固定效应,否则就表示没有控制。资料来源:由 Stata 15.1 整理得到。

### 7.5.2 Change 模型检验

企业去杠杆行为可能与不随时间变化的、不可观测的企业特定异质性相关，从而产生内生性问题，造成系数估计偏误。为了消除不随时间变化的企业异质性的影响，本书借鉴冯丽艳等（2016）、Quan 和 Zhang（2021）的研究，对模型（7-3）采用 Change 模型重新进行检验，Change 模型检验结果见表7-7，从中可以看出，ΔDeleverage 和 ΔDelta 的估计系数均在1%的水平上显著为负，与前文一致，说明假设 7.1 结论稳健。

表 7-7　Change 模型检验结果

| | （1） | （2） |
| --- | --- | --- |
| | ΔLS | ΔLS |
| ΔDeleverage | −0.173*** | |
| | （−4.710） | |
| ΔDelta | | −0.529*** |
| | | （−6.363） |
| ΔSize | −0.185 | −0.235 |
| | （−0.913） | （−1.174） |
| ΔROA | −14.706*** | −14.294*** |
| | （−16.172） | （−15.892） |
| ΔWage | 0.820*** | 0.811*** |
| | （9.996） | （9.919） |
| ΔTobinQ | 0.038 | 0.031 |
| | （1.022） | （0.844） |
| ΔFirmAge | −0.207 | −0.240 |
| | （−1.265） | （−1.471） |
| ΔHHI | −0.111 | −0.147 |
| | （−0.104） | （−0.138） |
| ΔCEO | 0.025 | 0.023 |
| | （0.219） | （0.209） |

表7-7（续）

|  | （1） | （2） |
|---|---|---|
|  | ΔLS | ΔLS |
| ΔKY | −0.497*** | −0.492*** |
|  | （−4.420） | （−4.392） |
| ΔTop1 | 0.007 | 0.006 |
|  | （0.773） | （0.684） |
| ΔGrowth | −2.488*** | −2.520*** |
|  | （−19.419） | （−19.574） |
| ΔIndb | −0.720 | −0.746 |
|  | （−0.721） | （−0.747） |
| ΔMshr | −0.013** | −0.013** |
|  | （−2.267） | （−2.287） |
| ΔBoardSize | −0.016 | −0.014 |
|  | （−0.042） | （−0.037） |
| Cons | 0.421** | 0.442** |
|  | （2.155） | （2.251） |
| $N$ | 25 082 | 25 082 |
| Industry | Yes | Yes |
| Year | Yes | Yes |
| Province | Yes | Yes |
| Adj-$R^2$ | 0.224 | 0.226 |

注：括号内为公司层面聚类标准误调整后的 $t$ 值，*、**、***分别表示在10%、5%和1%的水平上显著。Industry、Year 和 Province 中的"Yes"分别表示控制行业、年度和省份固定效应，否则就表示没有控制。资料来源：由 Stata 15.1 整理得到。

### 7.5.3　企业固定效应模型检验

为检验结果的稳健性，本书也采用企业固定效应模型消除不随时间变化的企业异质性的影响，检验结果如表 7-8 所示。从中可以看出，采用企业固定效应模型回归后，Deleverage 的回归系数值为 0.318，在 1%的水平上显著为负，Delta 回归系数值为 0.662，在 1% 的水平上显著为负，表明在消除不随时间变化的企业异质性的影响后，与前文结论保持一致。

表 7-8  企业固定效应模型检验结果

|  | （1） | （2） |
|---|---|---|
|  | LS | LS |
| Deleverage | $-0.318^{***}$ |  |
|  | $(-5.975)$ |  |
| Delta |  | $-0.662^{***}$ |
|  |  | $(-5.898)$ |
| Size | $-1.303^{***}$ | $-1.295^{***}$ |
|  | $(-7.498)$ | $(-7.451)$ |
| ROA | $-20.747^{***}$ | $-20.563^{***}$ |
|  | $(-17.650)$ | $(-17.655)$ |
| Wage | $0.643^{***}$ | $0.639^{***}$ |
|  | $(6.720)$ | $(6.687)$ |
| TobinQ | $0.192^{***}$ | $0.188^{***}$ |
|  | $(3.649)$ | $(3.569)$ |
| FirmAge | $-0.174$ | $-0.161$ |
|  | $(-0.816)$ | $(-0.759)$ |
| HHI | $1.389$ | $1.339$ |
|  | $(0.839)$ | $(0.809)$ |
| CEO | $0.236$ | $0.231$ |
|  | $(1.441)$ | $(1.413)$ |
| KY | $-0.903^{***}$ | $-0.901^{***}$ |
|  | $(-6.433)$ | $(-6.413)$ |
| Top1 | $0.008$ | $0.007$ |
|  | $(0.756)$ | $(0.697)$ |
| Growth | $-1.976^{***}$ | $-2.021^{***}$ |
|  | $(-17.837)$ | $(-18.198)$ |

表7-8(续)

|  | (1) | (2) |
|---|---|---|
|  | LS | LS |
| Indb | −1.301 | −1.350 |
|  | (−0.908) | (−0.942) |
| Mshr | −0.015* | −0.015* |
|  | (−1.744) | (−1.773) |
| BoardSize | 0.261 | 0.268 |
|  | (0.512) | (0.526) |
| Cons | 43.925*** | 43.581*** |
|  | (11.233) | (11.157) |
| $N$ | 29 981 | 29 981 |
| Firm | Yes | Yes |
| Year | Yes | Yes |
| Adj-$R^2$ | 0.218 | 0.219 |

注:括号内为公司层面聚类标准误调整后的 $t$ 值,*、**、***分别表示在10%、5%和1%的水平上显著。Industry、Year 和 Province 中的"Yes"分别表示控制行业、年度和省份固定效应,否则就表示没有控制。资料来源:由 Stata 15.1 整理得到。

### 7.5.4 PSM 检验

为解决因模型设定偏误产生的遗漏变量问题,本书采用 Rosenbaum 和 Rubin (1983) 倾向得分匹配法(PSM)进行控制。这种方法根据多个维度的倾向得分匹配后,将样本分为去杠杆与非去杠杆两个子样本,通过比较两组之间的差值来反映企业去杠杆对劳动收入份额的净效应,并以此来判断企业去杠杆行为能否降低股价波动。本文构建模型(7-4),采用 Logit 模型进行 1:1 最近邻匹配。

$$
\begin{aligned}
\text{Deleverage}_{i,t} = &\beta_0 + \beta_1 \text{ROA}_{i,t} + \beta_2 \text{Size}_{i,t} + \beta_3 \text{TobinQ}_{i,t} + \beta_4 \text{Lev}_{i,t} + \\
&\beta_5 \text{Wage}_{i,t} + \beta_6 \text{Top1}_{i,t} + \beta_7 \text{FirmAge}_{i,t} + \beta_8 \text{HHI}_{i,t} + \\
&\beta_9 \text{BoardSize}_{i,t} + \beta_{10} \text{KY}_{i,t} + \beta_{11} \text{CEO}_{i,t} + \beta_{12} \text{Growth}_{i,t} + \\
&\beta_{13} \text{Indb}_{i,t} + \beta_{14} \text{Mshr}_{i,t} + \sum \beta_j \text{Year} + \sum \beta_k \text{Industry} + \\
&\sum \beta_l \text{Province} + \varepsilon_{i,t}
\end{aligned}
\tag{7-4}
$$

满足共同支撑假设和平衡性假设是 PSM 检验有效的前提条件，因此我们先进行检验。图 7-1 为匹配前后去杠杆组与非去杠杆组倾向得分概率分布图，匹配前两组之间的核密度图偏离度较大，匹配之后两组之间有显著趋近趋势，概率分布差异显著降低，这表明匹配样本符合共同支撑假设。

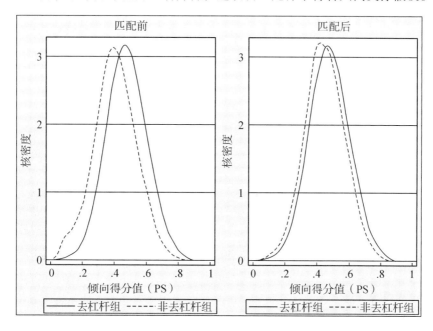

图 7-1　匹配前后去杠杆组与非去杠杆组倾向得分概率分布图

表 7-9 为匹配变量平衡性检验结果，从中可以看出，匹配后两组各匹配变量之间均不存在显著差异，匹配后各匹配变量标准偏差都不超过 4%，这表明匹配效果较好，符合平衡性假设。

表 7-9　匹配变量平衡性检验结果

| 匹配变量 | | 均值 | | 标准偏差/% | 标准偏差减小幅度/% | $t$ 检验 | |
|---|---|---|---|---|---|---|---|
| | | 参与组 | 未参与组 | | | $t$ | $p>t$ |
| Size | 匹配前 | 22.138 | 22.093 | 3.5 | 62.8 | 3.04 | 0.002 |
| | 匹配后 | 22.138 | 22.155 | -1.3 | | -1.06 | 0.287 |
| ROA | 匹配前 | 0.051 | 0.031 | 31.1 | 96.7 | 26.20 | 0.000 |
| | 匹配后 | 0.051 | 0.051 | -1.0 | | -0.94 | 0.349 |

表7-9（续）

| 匹配变量 | | 均值 | | 标准偏差 /% | 标准偏差减小幅度 /% | t 检验 | |
|---|---|---|---|---|---|---|---|
| | | 参与组 | 未参与组 | | | t | p>t |
| TobinQ | 匹配前 | 2.310 | 2.228 | 5.4 | 99.7 | 4.65 | 0.000 |
| | 匹配后 | 2.310 | 2.310 | -0.0 | | -0.01 | 0.989 |
| Wage | 匹配前 | 9.364 | 9.356 | 0.7 | -173.2 | 0.60 | 0.548 |
| | 匹配后 | 9.364 | 9.385 | -1.9 | | -1.51 | 0.130 |
| FirmAge | 匹配前 | 2.212 | 2.086 | 16.2 | 97.1 | 13.89 | 0.000 |
| | 匹配后 | 2.212 | 2.216 | -0.5 | | -0.39 | 0.698 |
| HHI | 匹配前 | 0.055 | 0.055 | -0.4 | 44.5 | -0.32 | 0.746 |
| | 匹配后 | 0.055 | 0.055 | 0.2 | | 0.17 | 0.863 |
| CEO | 匹配前 | 0.246 | 0.273 | -6.2 | 64.6 | -5.33 | 0.000 |
| | 匹配后 | 0.246 | 0.236 | 2.2 | | 1.82 | 0.068 |
| KY | 匹配前 | 12.585 | 12.494 | 8.1 | 94.3 | 6.94 | 0.000 |
| | 匹配后 | 12.585 | 12.580 | 0.5 | | 0.37 | 0.710 |
| Lev | 匹配前 | 0.408 | 0.462 | -26.5 | 97.2 | -22.71 | 0.000 |
| | 匹配后 | 0.408 | 0.410 | -0.7 | | -0.61 | 0.545 |
| Top1 | 匹配前 | 34.421 | 34.357 | 0.4 | 39.0 | 0.37 | 0.713 |
| | 匹配后 | 34.422 | 34.461 | -0.3 | | -0.21 | 0.834 |
| Growth | 匹配前 | 0.141 | 0.206 | -14.9 | 84.0 | -12.69 | 0.000 |
| | 匹配后 | 0.141 | 0.151 | -2.4 | | -2.24 | 0.025 |
| Indb | 匹配前 | 0.373 | 0.374 | -0.8 | 61.6 | -0.70 | 0.482 |
| | 匹配后 | 0.373 | 0.373 | 0.3 | | 0.25 | 0.799 |
| Mshr | 匹配前 | 5.324 | 7.054 | -13.4 | 88.5 | -11.44 | 0.000 |
| | 匹配后 | 5.325 | 5.127 | 1.5 | | 1.37 | 0.172 |
| BoardSize | 匹配前 | 2.143 | 2.138 | 2.4 | 56.9 | 2.05 | 0.041 |
| | 匹配后 | 2.143 | 2.145 | -1.0 | | -0.83 | 0.407 |

　　本书在符合共同支撑假设和平衡性假设后进行倾向得分匹配，匹配后的平均处理效应见表7-10，其中ATT值为-0.573，$t$值为-3.82，在1%的水平上显著，表明去杠杆样本组和非去杠杆样本组的劳动收入份额存在显著差异，进一步证明了假设7.1结论成立。

表7-10　最近邻匹配后去杠杆的处理效应

| 变量 | 样本 | 去杠杆组 | 未去杠杆组 | 差别 | 标准误 | $t$ 值 |
|---|---|---|---|---|---|---|
| LS | 未匹配 | 12.521 | 13.291 | -0.770*** | 0.107 | -7.20 |
| | ATT | 12.517 | 13.091 | -0.573*** | 0.150 | -3.82 |
| | ATU | 13.291 | 12.492 | -0.800 | | |
| | ATE | | | -0.701 | | |

　　PSM匹配后，采用模型（7-3）重新进行检验，PSM检验结果见表7-11。企业去杠杆行为Deleverage和Delta的估计系数值分别为0.679和1.407，均在1%的水平上显著为负，这表明控制可能存在的模型设定偏误产生的遗漏变量问题之后，结论不发生改变，前文结论稳健。

表7-11　PSM检验结果

| | （1） | （2） |
|---|---|---|
| | LS | LS |
| Deleverage | -0.679*** | |
| | （-5.777） | |
| Delta | | -1.407*** |
| | | （-5.835） |
| Size | -1.291*** | -1.288*** |
| | （-12.072） | （-12.028） |
| ROA | -15.735*** | -15.585*** |
| | （-7.879） | （-7.805） |
| Wage | 0.659*** | 0.652*** |
| | （6.554） | （6.479） |
| TobinQ | 0.635*** | 0.623*** |
| | （7.444） | （7.295） |

表7-11(续)

| | （1） | （2） |
|---|---|---|
| | LS | LS |
| FirmAge | −0.386** | −0.365** |
| | (−2.320) | (−2.190) |
| HHI | 8.434*** | 8.413*** |
| | (4.191) | (4.188) |
| CEO | 0.060 | 0.056 |
| | (0.261) | (0.244) |
| KY | −1.882*** | −1.885*** |
| | (−14.495) | (−14.512) |
| Top1 | 0.000 | 0.000 |
| | (0.063) | (0.041) |
| Growth | −2.286*** | −2.355*** |
| | (−11.139) | (−11.474) |
| Indb | 6.114*** | 6.102*** |
| | (2.750) | (2.743) |
| Mshr | 0.008 | 0.007 |
| | (0.754) | (0.717) |
| BoardSize | 3.646*** | 3.675*** |
| | (5.387) | (5.428) |
| Cons | 42.755*** | 42.359*** |
| | (14.088) | (13.942) |
| $N$ | 15 112 | 15 112 |
| Industry | Yes | Yes |
| Year | Yes | Yes |
| Province | Yes | Yes |
| Adj-$R^2$ | 0.367 | 0.367 |

注：括号内为公司层面聚类标准误调整后的 $t$ 值，*、**、***分别表示在10%、5%和1%的水平上显著。Industry、Year 和 Province 中的"Yes"分别表示控制行业、年度和省份固定效应，否则就表示没有控制。资料来源：由 Stata 15.1 整理得到。

### 7.5.5　安慰剂检验

企业去杠杆行为与劳动收入份额之间的统计显著关系，可能是由某些随机性不可观测因素导致的。为此，本书借鉴刘瑞明等（2020）的处理办法：构造安慰剂检验来判断企业去杠杆行为对劳动收入份额的影响是否是由其他随机性因素引起的。按照 29 881 个观测值的去杠杆情况，我们随机生成处理组，并利用随机生成的处理组来判断企业去杠杆的状况，同时生成模拟虚拟变量。然后用该虚拟变量替代真实的去杠杆虚拟变量 Deleverage，采用模型（7-3）重复进行了 1 000 次回归，并将 1 000 次回归中企业是否去杠杆的估计系数统计出来，做出相应被解释变量下回归系数的密度函数图，并与企业真实参与去杠杆状况的回归系数进行比较。由图 7-2 可以看出，随机处理 1 000 次后 Deleverage 的系数集中分布在 0 的附近，并且全部大于真实估计系数，这说明企业去杠杆的确起到了降低劳动收入份额的作用。

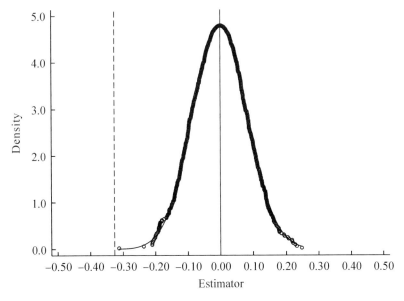

图 7-2　企业去杠杆对劳动收入份额回归的估计系数图

### 7.5.6　替换核心变量度量指标

前文以（支付给职工以及为职工支付的现金+期末应付职工薪酬−期初

应付职工薪酬）除以营业收入来度量劳动收入份额 LS。为保证结果的稳健性，本部分参考方军雄（2011）、王雄元和黄玉菁（2017）、江轩宇和贾婧（2021）、朱琳等（2022）的做法，以支付给职工以及为职工支付的现金除以营业总收入来度量劳动收入份额 LS2；以（支付给职工以及为职工支付的现金+期末应付职工薪酬−期初应付职工薪酬）除以（营业收入−营业成本+劳动收入+固定资产折旧）来度量劳动收入份额 LS3；由于本章的主要研究对象是普通员工，本书同时以（支付给职工以及为职工支付的现金+期末应付职工薪酬−期初应付职工薪酬−前三名高管的薪酬总额）除以营业总收入来度量普通员工的劳动收入份额 LS4。采用以上指标度量劳动收入份额后，进行稳健性检验。替换核心变量度量指标检验结果见表 7-12，从中可以看出，企业去杠杆行为 Deleverage 和 Delta 与各劳动收入份额的度量指标的回归系数至少在 5% 的水平上显著为负，表明替换劳动收入份额度量指标之后，本书结论不发生改变，结论稳健。

表 7-12　替换核心变量度量指标检验结果

| | （1） | （2） | （3） | （4） | （5） | （6） |
|---|---|---|---|---|---|---|
| | LS2 | LS2 | LS3 | LS3 | LS4 | LS4 |
| Deleverage | −0.404*** | | −1.584*** | | −0.540*** | |
| | （−3.903） | | （−4.767） | | （−5.220） | |
| Delta | | −0.966*** | | −1.385** | | −1.300*** |
| | | （−5.165） | | （−2.141） | | （−6.946） |
| Size | −1.451*** | −1.441*** | −2.051*** | −2.028*** | −1.358*** | −1.345*** |
| | （−14.145） | （−14.115） | （−10.386） | （−10.408） | （−13.179） | （−13.119） |
| ROA | −5.594** | −5.379** | −22.457* | −22.700* | −5.655** | −5.364** |
| | （−2.433） | （−2.394） | （−1.956） | （−1.927） | （−2.530） | （−2.487） |
| Wage | 0.530*** | 0.526*** | 0.571*** | 0.567*** | 0.712*** | 0.706*** |
| | （5.727） | （5.680） | （3.786） | （3.711） | （7.557） | （7.497） |
| TobinQ | 0.541*** | 0.532*** | −0.674*** | −0.692*** | 0.495*** | 0.483*** |
| | （6.943） | （6.808） | （−4.973） | （−4.894） | （6.357） | （6.187） |
| FirmAge | −0.087 | −0.066 | 1.992*** | 1.975*** | −0.159 | −0.131 |
| | （−0.549） | （−0.419） | （6.664） | （6.389） | （−0.997） | （−0.822） |

表7-12（续）

| | （1） | （2） | （3） | （4） | （5） | （6） |
|---|---|---|---|---|---|---|
| | LS2 | LS2 | LS3 | LS3 | LS4 | LS4 |
| HHI | 9.855*** | 9.829*** | 1.863 | 1.854 | 10.056*** | 10.021*** |
| | （5.228） | （5.215） | （0.904） | （0.898） | （5.268） | （5.252） |
| CEO | 0.095 | 0.089 | −0.382 | −0.392 | 0.080 | 0.072 |
| | （0.450） | （0.423） | （−1.318） | （−1.354） | （0.378） | （0.341） |
| KY | −1.781*** | −1.783*** | −3.377*** | −3.394*** | −1.862*** | −1.865*** |
| | （−15.096） | （−15.140） | （−18.840） | （−18.964） | （−15.607） | （−15.660） |
| Top1 | 0.004 | 0.004 | 0.032*** | 0.032*** | 0.003 | 0.003 |
| | （0.554） | （0.520） | （2.852） | （2.791） | （0.468） | （0.422） |
| Growth | −2.817*** | −2.892*** | −3.487*** | −3.495*** | −2.516*** | −2.619*** |
| | （−18.337） | （−18.432） | （−7.533） | （−6.874） | （−16.407） | （−16.797） |
| Indb | 6.629*** | 6.600*** | 9.558*** | 9.464*** | 6.732*** | 6.692*** |
| | （3.375） | （3.362） | （3.561） | （3.524） | （3.388） | （3.371） |
| Mshr | 0.001 | 0.000 | −0.056*** | −0.056*** | 0.002 | 0.001 |
| | （0.081） | （0.029） | （−4.950） | （−4.814） | （0.222） | （0.153） |
| BoardSize | 3.489*** | 3.509*** | 5.423*** | 5.466*** | 3.578*** | 3.605*** |
| | （5.827） | （5.864） | （6.501） | （6.541） | （5.930） | （5.980） |
| Cons | 45.876*** | 45.477*** | 93.143*** | 92.115*** | 42.828*** | 42.293*** |
| | （16.740） | （16.660） | （20.132） | （20.345） | （15.491） | （15.364） |
| $N$ | 29 981 | 29 981 | 29 932 | 29 932 | 29 937 | 29 937 |
| Industry | Yes | Yes | Yes | Yes | Yes | Yes |
| Year | Yes | Yes | Yes | Yes | Yes | Yes |
| Province | Yes | Yes | Yes | Yes | Yes | Yes |
| Adj-$R^2$ | 0.352 | 0.353 | 0.320 | 0.318 | 0.349 | 0.350 |

注：括号内为公司层面聚类标准误调整后的 $t$ 值，*、**、***分别表示在10%、5%和1%的水平上显著。Industry、Year 和 Province 中的"Yes"分别表示控制行业、年度和省份固定效应，否则就表示没有控制。

## 7.6 进一步研究

### 7.6.1 作用机制检验

依据欧拉方程分解可知，劳动收入份额由工资和劳动生产率决定（罗明津和铁瑛，2021）。因此，本部分将探究企业去杠杆行为如何影响员工工资和劳动生产率。

（1）企业去杠杆与员工工资

前文理论分析表明，一方面，企业去杠杆行为能够降低企业的破产风险，使得劳动者预期的人力资本风险补偿要求降低，从而降低了员工工资。另一方面，去杠杆使得企业资金支出压力提高，让企业面临削减成本的压力（Matsa，2010），限制了对劳动力报酬的支付能力，从而降低了员工工资。因此，本部分通过检验企业去杠杆对员工工资的影响来识别上述机制。

借鉴罗明津和铁瑛（2021）、万江滔和魏下海（2020）以及贾珅和申广军（2016）的做法，本书以人均应付职工薪酬的自然对数度量员工工资水平。采用模型（7-3）进行 OLS 估计的企业去杠杆与员工工资检验结果见表7-13，Deleverage 和 Delta 的估计系数均在1%的水平上显著为负值，表明企业去杠杆显著降低了员工工资。

表7-13　企业去杠杆与员工工资检验结果

| | （1） | （2） |
|---|---|---|
| | Wage | Wage |
| Deleverage | −0.042*** | |
| | （−3.305） | |
| Delta | | −0.119*** |
| | | （−6.060） |
| Size | 0.091*** | 0.092*** |
| | （4.734） | （4.779） |
| ROA | 1.671*** | 1.717*** |
| | （7.979） | （8.189） |
| TobinQ | 0.063*** | 0.061*** |

表7-13(续)

| | （1） | （2） |
|---|---|---|
| | Wage | Wage |
| | （4.274） | （4.181） |
| FirmAge | 0.049** | 0.052** |
| | （2.234） | （2.370） |
| CEO | −0.043 | −0.044 |
| | （−1.271） | （−1.288） |
| KY | 0.163*** | 0.163*** |
| | （9.491） | （9.486） |
| HHI | 0.050 | 0.046 |
| | （0.232） | （0.214） |
| Top1 | 0.000 | 0.000 |
| | （0.422） | （0.391） |
| Growth | 0.030* | 0.020 |
| | （1.730） | （1.132） |
| Indb | 0.496* | 0.494* |
| | （1.692） | （1.684） |
| Mshr | −0.001 | −0.001 |
| | （−0.433） | （−0.494） |
| BoardSize | 0.042 | 0.045 |
| | （0.445） | （0.471） |
| Cons | 4.631*** | 4.584*** |
| | （9.918） | （9.806） |
| $N$ | 29 981 | 29 981 |
| Industry | Yes | Yes |
| Year | Yes | Yes |
| Province | Yes | Yes |
| Adj-$R^2$ | 0.193 | 0.193 |

　　注：括号内为公司层面聚类标准误调整后的 $t$ 值，＊、＊＊、＊＊＊分别表示在10%、5%和1%的水平上显著。Industry、Year 和 Province 中的"Yes"分别表示控制行业、年度和省份固定效应，否则就表示没有控制。

（2）企业去杠杆与劳动生产率

前文理论分析表明，企业杠杆率的降低，能够通过促进技术进步提高劳动生产率使得劳动收入份额下降。本书通过检验企业去杠杆对劳动生产率的影响来识别上述机制。本书从两个方面衡量企业劳动生产率：①借鉴余林徽等（2014）、蔡庆丰等（2021）Bender 等（2018）、Kale 等（2019）的做法，以企业单位劳动力产出，即人均营业收入和人均经济增加值度量企业劳动生产率。②借鉴罗明津和铁瑛（2021）、文雁兵和陆雪琴（2018）以及王雄元和黄玉菁（2017）的做法，采用全要素生产率衡量企业劳动生产率。

采用模型（7-3）进行 OLS 估计检验，结果见表 7-14 和表 7-15。其中表 7-14 为以企业单位劳动力产出度量劳动生产效率的检验结果，列（1）、列（2）为采用人均营业收入的自然对数的检验结果；列（3）~（6）分别为采用人均经济增加值[①]的检验结果。可以看出，企业去杠杆显著提高了企业单位劳动力产出。表 7-15 为采用全要素生产率衡量劳动生产效率的检验结果，列（1）、列（2）为采用 LP 法计算的全要素生产率检验结果，列（3）、列（4）为采用 OP 法计算的全要素生产率的检验结果。可以看出，企业去杠杆显著提高了企业全要生产率。综合以上检验可知，企业去杠杆行为显著提高了企业劳动生产率，从而降低企业劳动收入份额。

表 7-14　企业去杠杆与劳动生产率检验结果

| | （1） | （2） | （3） | （4） | （5） | （6） |
|---|---|---|---|---|---|---|
| | Effeciency | Effeciency | Evaperperson1 | Evaperperson1 | Evaperperson2 | Evaperperson2 |
| Deleverage | 0.040 *** | | 0.355 | | | 0.774 *** |
| | (4.951) | | (1.633) | | | (3.244) |
| Delta | | 0.089 *** | | 1.637 *** | 0.816 ** | |
| | | (6.570) | | (4.236) | (1.992) | |
| Wage | 0.164 *** | 0.164 *** | −0.555 ** | −0.543 ** | −0.311 | −0.312 |
| | (16.530) | (16.565) | (−2.233) | (−2.187) | (−1.295) | (−1.296) |
| Size | 0.159 *** | 0.158 *** | 0.980 *** | 0.971 *** | 2.305 *** | 2.321 *** |

---

① 本书对人均经济增加值进行了缩小处理，缩小后的数值为原数值的一万分之一。

表7-14（续）

| | （1） | （2） | （3） | （4） | （5） | （6） |
|---|---|---|---|---|---|---|
| | Effeciency | Effeciency | Evaperperson1 | Evaperperson1 | Evaperperson2 | Evaperperson2 |
| | （14.907） | （14.826） | （4.060） | （4.030） | （9.375） | （9.436） |
| ROA | 0.839 *** | 0.817 *** | 247.150 *** | 246.115 *** | 208.379 *** | 207.896 *** |
| | （6.570） | （6.378） | （49.027） | （49.188） | （44.282） | （43.983） |
| TobinQ | −0.018 *** | −0.017 *** | −0.444 *** | −0.424 *** | −0.037 | −0.043 |
| | （−2.961） | （−2.803） | （−2.696） | （−2.586） | （−0.218） | （−0.253） |
| FirmAge | 0.046 *** | 0.044 *** | 0.908 *** | 0.850 *** | 0.935 *** | 0.925 *** |
| | （3.040） | （2.914） | （3.367） | （3.160） | （3.275） | （3.252） |
| CEO | −0.033 * | −0.033 * | −0.232 | −0.225 | −0.240 | −0.248 |
| | （−1.718） | （−1.693） | （−0.562） | （−0.547） | （−0.570） | （−0.589） |
| HHI | −0.243 | −0.241 | −11.231 *** | −11.161 *** | −7.039 *** | −7.033 *** |
| | （−1.584） | （−1.568） | （−4.259） | （−4.231） | （−2.897） | （−2.896） |
| KY | 0.248 *** | 0.248 *** | −0.274 | −0.277 | −0.547 * | −0.558 * |
| | （20.583） | （20.629） | （−0.902） | （−0.914） | （−1.829） | （−1.864） |
| Top1 | 0.001 | 0.001 * | 0.041 *** | 0.042 *** | 0.037 ** | 0.037 ** |
| | （1.618） | （1.650） | （2.939） | （2.985） | （2.480） | （2.481） |
| Growth | 0.229 *** | 0.236 *** | 1.519 *** | 1.690 *** | 0.990 ** | 0.981 ** |
| | （17.739） | （18.146） | （4.032） | （4.450） | （2.390） | （2.411） |
| Indb | −0.405 ** | −0.402 ** | −6.185 | −6.175 | −6.963 * | −7.024 * |
| | （−2.023） | （−2.012） | （−1.393） | （−1.393） | （−1.646） | （−1.660） |
| Mshr | 0.000 | 0.000 | −0.008 | −0.006 | 0.002 | 0.002 |
| | （0.244） | （0.301） | （−0.609） | （−0.495） | （0.156） | （0.188） |
| BoardSize | −0.290 *** | −0.292 *** | 0.023 | −0.009 | −0.105 | −0.081 |
| | （−4.727） | （−4.762） | （0.016） | （−0.006） | （−0.074） | （−0.056） |
| Cons | 6.154 *** | 6.191 *** | −21.737 *** | −21.269 *** | −51.546 *** | −52.141 *** |
| | （20.681） | （20.801） | （−3.053） | （−2.985） | （−7.725） | （−7.818） |
| N | 29 980 | 29 980 | 29 980 | 29 980 | 29 980 | 29 980 |

表7-14(续)

| | (1) | (2) | (3) | (4) | (5) | (6) |
|---|---|---|---|---|---|---|
| | Effeciency | Effeciency | Evaperperson1 | Evaperperson1 | Evaperperson2 | Evaperperson2 |
| Industry | Yes | Yes | Yes | Yes | Yes | Yes |
| Year | Yes | Yes | Yes | Yes | Yes | Yes |
| Province | Yes | Yes | Yes | Yes | Yes | Yes |
| Adj-$R^2$ | 0.450 | 0.450 | 0.443 | 0.444 | 0.364 | 0.364 |

注：括号内为公司层面聚类标准误调整后的 $t$ 值，*、**、***分别表示在10%、5%和1%的水平上显著。Industry、Year 和 Province 中的"Yes"分别表示控制行业、年度和省份固定效应，否则就表示没有控制。

表7-15　企业去杠杆与全要素生产率检验结果

| | (1) | (2) | (3) | (4) |
|---|---|---|---|---|
| | TFP_LP | TFP_LP | TFP_OP | TFP_OP |
| Deleverage | 0.041*** | | 0.039*** | |
| | (6.287) | | (5.741) | |
| Delta | | 0.129*** | | 0.104*** |
| | | (11.131) | | (8.869) |
| Wage | 0.048*** | 0.049*** | 0.099*** | 0.100*** |
| | (6.798) | (6.921) | (13.243) | (13.322) |
| Size | 0.736*** | 0.735*** | 0.441*** | 0.440*** |
| | (92.550) | (92.540) | (53.077) | (53.002) |
| ROA | 1.078*** | 1.026*** | 0.973*** | 0.935*** |
| | (10.945) | (10.417) | (9.519) | (9.135) |
| TobinqB | -0.030*** | -0.028*** | -0.025*** | -0.024*** |
| | (-6.276) | (-6.005) | (-5.297) | (-5.035) |
| FirmAge | 0.054*** | 0.048*** | 0.049*** | 0.047*** |
| | (4.322) | (3.850) | (3.992) | (3.766) |
| CEO | -0.048*** | -0.047*** | -0.036** | -0.035** |

表7-15(续)

| | (1) | (2) | (3) | (4) |
|---|---|---|---|---|
| | TFP_LP | TFP_LP | TFP_OP | TFP_OP |
| | (−3.313) | (−3.269) | (−2.334) | (−2.296) |
| HHI | −0.295*** | −0.287** | −0.284** | −0.281** |
| | (−2.588) | (−2.522) | (−2.313) | (−2.289) |
| KY | −0.229*** | −0.229*** | −0.024** | −0.023** |
| | (−26.682) | (−26.725) | (−2.477) | (−2.455) |
| Top1 | 0.003*** | 0.003*** | 0.002*** | 0.002*** |
| | (5.075) | (5.149) | (2.890) | (2.942) |
| Growth | 0.172*** | 0.184*** | 0.199*** | 0.208*** |
| | (16.468) | (17.383) | (18.269) | (18.897) |
| Indb | −0.075 | −0.071 | −0.231 | −0.228 |
| | (−0.504) | (−0.481) | (−1.410) | (−1.397) |
| Mshr | −0.001** | −0.001* | −0.000 | −0.000 |
| | (−2.052) | (−1.911) | (−0.890) | (−0.782) |
| BoardSize | 0.029 | 0.026 | −0.137*** | −0.140*** |
| | (0.635) | (0.574) | (−2.812) | (−2.867) |
| Cons | −4.932*** | −4.881*** | −3.440*** | −3.402*** |
| | (−21.373) | (−21.164) | (−14.523) | (−14.366) |
| $N$ | 27 716 | 27 716 | 28 150 | 28 150 |
| Industry | Yes | Yes | Yes | Yes |
| Year | Yes | Yes | Yes | Yes |
| Province | Yes | Yes | Yes | Yes |
| Adj-$R^2$ | 0.784 | 0.785 | 0.614 | 0.615 |

注：括号内为公司层面聚类标准误调整后的$t$值，*、**、***分别表示在10%、5%和1%的水平上显著。Industry、Year和Province中的"Yes"分别表示控制行业、年度和省份固定效应，否则就表示没有控制。

### 7.6.2　企业去杠杆与员工雇佣检验

前文理论分析表明，企业去杠杆会加剧资金支出压力。为偿还债务，企业将面临削减成本的压力（Matsa，2010）。企业在去杠杆过程中往往会选择通过限制员工收入或裁员的方式降低企业经营成本（Ruscher & Wolff，2013）。因此，企业去杠杆是否会通过降低劳动雇佣，降低企业劳动收入份额来实现呢？为解决这一问题，本部分检验企业去杠杆如何影响企业劳动雇佣。

本书借鉴余明桂和王空（2022）的做法，以企业在职员工数量的自然对数度量企业员工雇佣 Employee。采用模型（7-3）进行 OLS 估计检验，结果见表 7-16，因变量为企业员工雇佣水平 Employee，从中可以看出，Employee 对 Deleverage 的回归系数为正，但是不显著；Employee 对 Delta 的回归系数在 1% 水平显著为正，这表明企业去杠杆之后并没有选择裁员的方式来降低企业经营成本。

表 7-16　企业去杠杆与员工雇佣检验结果

| | （1） | （2） |
|---|---|---|
| | Employee | Employee |
| Deleverage | 0.002 | |
| | (0.254) | |
| Delta | | 0.039*** |
| | | (3.021) |
| Wage | −0.160*** | −0.159*** |
| | (−15.384) | (−15.360) |
| Size | 0.866*** | 0.866*** |
| | (79.977) | (79.985) |
| ROA | 0.448*** | 0.413*** |
| | (3.556) | (3.260) |
| TobinQ | −0.024*** | −0.023*** |
| | (−3.386) | (−3.310) |
| FirmAge | 0.010 | 0.009 |

表7-16(续)

| | (1) | (2) |
|---|---|---|
| | Employee | Employee |
| | (0.675) | (0.557) |
| CEO | −0.025 | −0.025 |
| | (−1.255) | (−1.250) |
| KY | −0.381*** | −0.381*** |
| | (−29.892) | (−29.937) |
| HHI | −0.119 | −0.117 |
| | (−0.765) | (−0.751) |
| Top1 | 0.003*** | 0.003*** |
| | (4.288) | (4.312) |
| Growth | −0.087*** | −0.082*** |
| | (−7.153) | (−6.630) |
| Indb | 0.285 | 0.284 |
| | (1.465) | (1.464) |
| Mshr | −0.002** | −0.002** |
| | (−2.270) | (−2.210) |
| BoardSize | 0.405*** | 0.404*** |
| | (6.550) | (6.541) |
| Cons | −5.897*** | −5.890*** |
| | (−18.880) | (−18.836) |
| $N$ | 29 981 | 29 981 |
| Industry | Yes | Yes |
| Year | Yes | Yes |
| Province | Yes | Yes |
| Adj-$R^2$ | 0.724 | 0.725 |

注:括号内为公司层面聚类标准误调整后的$t$值,*、**、***分别表示在10%、5%和1%的水平上显著。Industry、Year和Province中的"Yes"分别表示控制行业、年度和省份固定效应,否则就表示没有控制。

### 7.6.3　企业去杠杆提高劳动生产率的内生动力检验

前文研究发现，企业去杠杆通过提高劳动生产率降低了劳动收入份额，那么企业去杠杆具体提高劳动生产率的内生动力是什么？一方面，企业选择去杠杆时，杠杆率的降低有利于促进企业进行研发投入和技术创新，而技术创新是提升企业全要素生产率的内在驱动力（任胜钢等，2019）。另一方面，企业去杠杆之后劳动与资本的相对价格发生改变，相对于去杠杆之前资本价格变得相对便宜，促进了资本深化，对劳动生产率具有显著的促进作用（宋德勇和赵菲菲，2018）。因此，本书从企业创新投入和资本深化两个角度，探究企业去杠杆提高劳动生产率的内生动力，这有助于我们深入理解企业去杠杆降低劳动收入份额的作用机理。

本书借鉴綦好东等（2018）的做法对研发支出做了差分处理，探究企业去杠杆如何影响企业研发支出的变化，其中研发支出等于研发支出金额除以总资产。采用模型（7-3）进行 OLS 估计检验，结果见表 7-17，因变量为企业研发支出的增加量 $\Delta R\&D$。从中可以看出，Deleverage 和 Delta 的回归系数在 1% 的水平上显著为正，表明企业去杠杆显著提高了企业创新投入水平，从而有助于提高劳动生产率。

本书借鉴罗明津和铁瑛（2021）的做法，以企业资本劳动比度量资本劳动比 KY，具体使用固定资产净额与雇员人数比例的对数值来衡量。采用模型（7-3）进行 OLS 估计检验，结果见表 7-18，因变量为企业资本劳动比 KY。从中可以看出，Deleverage 和 Delta 的回归系数在 1% 的水平上显著为正，表明企业去杠杆显著促进了资本深化，从而有助于提高劳动生产率。

表 7-17　企业去杠杆与企业创新投入检验结果

|  | （1） | （2） |
|---|---|---|
|  | $\Delta R\&D$ | $\Delta R\&D$ |
| Deleverage | 0.084*** |  |
|  | (6.382) |  |
| Delta |  | 0.165*** |
|  |  | (5.694) |

表7-17（续）

| | （1） | （2） |
|---|---|---|
| | ΔR&D | ΔR&D |
| Wage | 0.021*** | 0.022*** |
| | (3.595) | (3.767) |
| Size | −0.015** | −0.016*** |
| | (−2.347) | (−2.611) |
| ROA | −1.310*** | −1.346*** |
| | (−10.008) | (−10.414) |
| TobinQ | 0.015** | 0.017** |
| | (2.252) | (2.498) |
| FirmAge | 0.043*** | 0.038*** |
| | (4.151) | (3.653) |
| CEO | −0.005 | −0.004 |
| | (−0.347) | (−0.300) |
| HHI | 0.308** | 0.317** |
| | (2.024) | (2.078) |
| KY | −0.030*** | −0.029*** |
| | (−4.535) | (−4.455) |
| Top1 | 0.001** | 0.001** |
| | (2.176) | (2.223) |
| Growth | 0.202*** | 0.217*** |
| | (6.883) | (7.290) |
| Indb | 0.243* | 0.257** |
| | (1.941) | (2.040) |
| Mshr | 0.001 | 0.001 |
| | (1.565) | (1.631) |
| BoardSize | 0.120*** | 0.117*** |
| | (3.578) | (3.487) |

表7-17（续）

| | （1） | （2） |
|---|---|---|
| | ΔR&D | ΔR&D |
| Cons | −0.177 | −0.110 |
| | （−1.117） | （−0.690） |
| N | 17 993 | 17 993 |
| Industry | Yes | Yes |
| Year | Yes | Yes |
| Province | Yes | Yes |
| Adj-$R^2$ | 0.035 | 0.036 |

注：括号内为公司层面聚类标准误调整后的 $t$ 值，＊、＊＊、＊＊＊分别表示在10%、5%和1%的水平上显著。Industry、Year 和 Province 中的"Yes"分别表示控制行业、年度和省份固定效应，否则就表示没有控制。

### 表 7-18　企业去杠杆与资本深化检验结果

| | （1） | （2） |
|---|---|---|
| | KY | KY |
| Deleverage | 0.076＊＊＊ | |
| | （6.634） | |
| Delta | | 0.069＊＊＊ |
| | | （3.856） |
| Wage | 0.121＊＊＊ | 0.121＊＊＊ |
| | （9.503） | （9.501） |
| Size | 0.184＊＊＊ | 0.183＊＊＊ |
| | （12.410） | （12.321） |
| ROA | −1.561＊＊＊ | −1.504＊＊＊ |
| | （−9.535） | （−9.205） |
| TobinQ | −0.051＊＊＊ | −0.051＊＊＊ |
| | （−5.750） | （−5.710） |

表7-18（续）

| | （1） | （2） |
|---|---|---|
| | KY | KY |
| FirmAge | 0.029 | 0.031 |
| | (1.457) | (1.529) |
| CEO | −0.018 | −0.017 |
| | (−0.679) | (−0.650) |
| HHI | −0.552*** | −0.554*** |
| | (−2.849) | (−2.854) |
| Top1 | 0.000 | 0.000 |
| | (0.117) | (0.111) |
| Growth | −0.015 | −0.015 |
| | (−0.959) | (−0.994) |
| Indb | 0.404 | 0.411 |
| | (1.528) | (1.552) |
| Mshr | −0.003*** | −0.003*** |
| | (−2.581) | (−2.631) |
| BoardSize | 0.129 | 0.126 |
| | (1.633) | (1.606) |
| Cons | 7.360*** | 7.425*** |
| | (19.747) | (19.929) |
| $N$ | 29 981 | 29 981 |
| Industry | Yes | Yes |
| Year | Yes | Yes |
| Province | Yes | Yes |
| Adj-$R^2$ | 0.335 | 0.334 |

注：括号内为公司层面聚类标准误调整后的 $t$ 值，＊、＊＊、＊＊＊分别表示在10%、5%和1%的
水平上显著。Industry、Year 和 Province 中的"Yes"分别表示控制行业、年度和省份固定效应，否
则就表示没有控制。

## 7.7　本章小结

本章以 2008—2020 年中国 A 股上市公司为研究对象，基于普通员工的视角探究企业去杠杆行为对劳动收入份额的影响及其作用机理。研究发现：①企业去杠杆行为与劳动收入份额显著负相关，表明企业去杠杆降低了劳动收入份额。在经过工具变量 2SLS 法、随机改变样本分布的安慰剂（Placebo）检验、PSM 检验、Change 模型、企业固定效应模型和替换核心变量度量指标等一系列的内生性检验后，这一结论仍然成立。②机制研究发现，企业去杠杆降低了员工工资，提高了劳动生产率，从而降低了劳动收入份额。③进一步研究发现，企业去杠杆并没有降低劳动雇佣，而是促进了资本深化和提高了研发支出水平。以上结论表明，企业去杠杆减少了"工资侵蚀利润"，同时通过促进技术进步和资本深化水平，降低了劳动收入份额。但是企业去杠杆行为并没有实现员工的利益要求。同时，劳动收入份额的降低，说明拥有劳动、知识、技术等生产要素的员工，无法按照其生产要素的真实贡献度获取其应有的经济报酬。

# 8 研究结论与政策建议

## 8.1 研究结论

当企业债务水平较高，且企业利润更多向现有债务持有人倾斜而非新投资者时，企业难以筹集到新资本，进而不得不放弃一些净现值为正的项目。股东与债权人之间存在的代理冲突，引发了投资不足问题，该问题将损害企业价值。同时，企业杠杆率居高不下，会对企业的经营决策产生不利的影响。股东、高管和普通员工作为企业经营决策的直接参与者（Harrison & Freeman，1999；陈维政 等，2002；陈宏辉和贾生华，2004；王竹泉，2008），也是企业经营发展的直接受益者和生产要素（劳动与资本）的投入者，会受到企业去杠杆的直接影响。因此，本书基于企业内部利益相关者整体的视角，通过实证检验的方法系统探究企业去杠杆所产生的经济后果。最后，本书主要得到了以下结论：

第一，基于投资者（股东）视角，研究企业去杠杆行为与股价波动的内在关系与作用机理。研究发现：①企业去杠杆行为与股价波动显著负相关，表明企业去杠杆行为有利于降低上市公司资本市场股价波动性，发挥市场的资源配置作用，促进资本市场健康发展。②机制研究发现，企业去杠杆行为主要通过缓解债务悬置效应导致的投资不足问题，而非信用风险路径，从而降低了股价波动。③进一步研究发现，国有企业与非国有企业去杠杆都能够显著降低股价波动，在大规模公司和低成长性的公司去杠杆存在显著的风险降低效应，表明这些企业应该坚持结构性去杠杆；同时，去杠杆有利于增加企业未来的资本投资和创新投资水平，提高了投资者盈利预期，进一步支持了债务悬置理论。

第二，基于高管视角，探究企业去杠杆行为对高管薪酬业绩敏感性的影响及其作用机理。研究发现：①企业去杠杆行为与高管薪酬业绩敏感性显著正相关，表明企业去杠杆行为使得股东与管理层之间的利益趋于一致，使得股东在设计薪酬激励时提高了高管薪酬业绩敏感性。②机制研究发现，企业去杠杆行为主要通过降低债权人的治理作用、缓解债务悬置效应和降低企业违约风险等路径，提高高管薪酬业绩敏感性。③进一步研究发现，企业去杠杆行为降低了管理费用率、高管超额薪酬和在职消费水平，同时提高了资本配置效率，表明企业去杠杆通过提高高管薪酬业绩敏感性，确实对高管发挥了治理作用。

第三，基于普通员工视角，探究企业去杠杆行为与劳动收入份额的内在关系与作用机理。研究发现：①企业去杠杆行为与劳动收入份额显著负相关，表明企业去杠杆降低了劳动收入份额。②机制研究发现，去杠杆行为降低了员工薪酬，提高了劳动生产率，从而降低了劳动收入份额。③进一步研究发现，去杠杆行为没有导致劳动雇佣减少，而是促进了资本深化和研发支出水平的提高。以上结果表明，企业去杠杆行为减少了"工资侵蚀利润"，同时通过促进技术进步和资本深化水平使劳动生产率提高，从而降低了企业劳动收入份额。

综合以上研究结果，我们可以发现，企业去杠杆行为对股东和管理层具有积极意义，但是却降低了普通员工的劳动收入份额和工资水平。员工是劳动力资源的载体，为企业经营发展投入的人力资本是企业获取持久竞争优势的重要源泉和战略性资本，是企业在竞争中取得成功的重要因素之一。劳动收入份额的降低，说明拥有劳动、知识、技术等生产要素的员工，无法按照其生产要素的真实贡献率获取其应有的经济报酬。一方面，这容易打击员工的积极性，无法激发员工们的个人主动性与创造性，不利于建立企业人力资本的竞争优势。另一方面，劳动与资本利益分配的不平衡，会加剧企业内部劳资力量的对比失衡，由此引致的劳资冲突问题，不利于降低收入分配差距和社会平衡发展。

## 8.2  政策建议

本书研究表明，不同内部利益相关者视角下企业去杠杆行为产生的经济后果存在较大差异，这说明企业经营决策不能只考虑股东的利益最大化，还要平衡其他利益相关者的利益，从而实现企业高质量发展。为此，本部分结合前文研究结论，从以下几个方面提出政策建议：

第一，要坚持结构性去杠杆。2008 年之后，世界金融危机以来，为促进经济持续增长，我国实施了宽松的财政政策、货币政策及金融政策，导致我国金融杠杆率不断上升。过高的杠杆率已经阻碍了经济的高质量发展。2018 年中央财经委员会第一次会议明确提出，要以结构性去杠杆为思路，分部门、分债务类型提出不同要求，地方政府和企业特别是国有企业要尽快把杠杆降下来，努力实现宏观杠杆率稳定和逐步下降。本书的研究结论显示，中国上市公司存在债务悬置问题，企业去杠杆能够缓解债务悬置效应引起的投资不足问题，降低企业面临的资本市场风险，但是会受到公司规模、成长性等异质性的影响。因此，政府部门要根据企业的实际情况，制定政策引导企业进行结构性去杠杆。2018 年 8 月 3 日，国家发展改革委、人民银行、财政部、银保监会、国资委五部门联合印发的《2018 年降低企业杠杆率工作要点》提到政府部门可以通过区分不同行业、企业设置资产负债率预警线和重点监管线，科学评估企业的债务风险状况，帮助企业明确自身在行业中的债务风险水平，以便企业有针对性地制定降杠杆策略；同时也可以运用定向降准等货币政策工具，为市场化债转股提供稳定的中长期低成本资金提供支持，完善各类社会资金特别是股权性资金参与降杠杆和市场化债转股的引导机制。

第二，企业价值取向要从传统的"股东利益至上"的经营理念，转向利益相关者利益的相对平衡，促进包容性增长。企业作为一种由不同利益相关者提供的资源或能力组成的集合体，经常面临利益相关者的利益冲突问题，如若不能很好地解决最终会损害企业的整体利益。因此，企业成功开展经营活动的一个基本前提就在于要正确处理和协调好企业与各利益团体之间以及各利益团体之间的利益。综合本书的研究结果可以发现，企业去杠杆行为对股东和管理层具有积极意义，但是却降低了普通员工的劳动收入份额和工资水平，表明企业仍然存在股东利用其资本优势侵害其他利益相关者利益的问题。一方面，企业可以通过建立利益相关者的共同治理模式实现其利益保护。建立在股东主权基础上的公司，是不可能吸收非股东参与公司治理的，只有让利益主体参与有关自身利益的决定，实现利益相关者共同治理，才能有效维护利益相关者利益，实现利益相关者团体的利益相对平衡。所谓共同治理，就是由股东、经营者、职工、债权人、消费者和其他利益相关者共同参与的公司治理。在共同治理中，公司不仅要对股东负责，还要对非股东的利益相关者的利益要求负责。公司的经营决策，不再是由股东独家主宰，各利益相关者团体均占有一席之地。另一方面，企业可以引入党组织的治理作用。郑登津和谢德仁（2019）认为，引入党组织治理，可以在企业内部通过维护职工群众合法权益来推动企业在股东、管理层和普通职工群众之间的利益平衡。另外，政府可以通过完善工会的工资谈判机制来保证普通员工的薪酬福利不被企业大幅缩减（周阳军和彭璧玉，2018），平衡企业股东、高管和普通员工的利益，激励员工提高工作效率，稳定企业长期运营。对于内、外部利益相关者，政府可以通过督促企业合法经营和推动企业履行社会责任来实现企业内、外部利益相关者之间利益的平衡。

第三，对于企业经营者而言，其应该提供给高管具有吸引力的显性激励，以弥补高管自身人力资本或者社会资本的机会成本。企业经营者是指有效利用各类资源，独立、创造性地对企业运营做出决策并承担风险，其经营理念和独特个性能够被全体员工自觉接受，对企业发展具有控制力和影响力的企业高级管理者。从高管的职业发展角度来看，成功实现去杠杆能够有效提升高管的声誉以及职业竞争力。能够有效带领企业降低杠杆率并且实现健康发展的高管人员，在人才市场上会更受青睐，这能为他们未来的职业晋升或者跳槽到其他企业提供有利条件。因此，随着资本市场竞争的日趋激烈，上市公司或者股东为了在稀缺的人力资源竞争中获取优势，应该提供给高管具有吸引力的显性激励，以弥补高管自身人力资本或者社会资本的机会成本。一方面，企业可以建立合理的高管薪酬激励制度，将高管的基础薪酬、晋升和绩效等个人利益与企业的长期财务指标如资产负债率、净资产报酬率等，以及企业的战略目标如去杠杆化等挂钩，在这种情况下，企业高管会倾向于使用更加符合企业目标的方式进行融资活动，从而实现个人利益最大化。另一方面，企业可以设立高管股权激励机制，将高管的个人利益与企业利益一致化，通过高管成功实现企业战略目标后可以按照约定的价格购买企业股票或者获得股票激励的方式，让高管更愿意做出有利于股东利益的决策。

第四，企业要维护员工的利益，建立多要素利益分配体系。企业和员工是社会发展的重要力量，企业是员工的收入来源，肩负着通过收入分配缩小贫富差距，提高员工幸福感和获得感的重要使命。在知识经济时代，人力资源成为企业最重要的资源。劳动者收入份额的降低，使得拥有劳动、知识、技术、管理等生产要素的劳动者，无法按照其生产要素的真实贡献度获取其应有的经济报酬。利益分配的不平衡，会加剧企业内部劳资力量的失衡，可能会引致的劳资冲突问题，这不利于缩减收入分配差距和促进社会平衡发展。1979年诺贝尔经济学奖获得者西奥多·舒尔茨在1960年提出了人力资本理论，该理论突破了传统经济学理论中资本只是物质资本的束缚，将资本划分为人力资本和物质资本，认为现代经济发展不能单纯依赖自然资源等物质资本，人力资源因素占据的位置越来越重要，因而劳动同样也是资本，即劳动力产权理论。因此，我们要在按劳分配的初次分配机制的基础上，完善多要素收入分配机制。2020年3月20日，中共中央、国务院发布了《关于构建更加完善的要素市场化配置体制机制的意见》，要求"健全生产要素由市场评价贡献、按贡献决定报酬的机制。着重保护劳动所得，增加劳动者特别是一线劳动者劳动报酬，提高劳动报酬在初次分配中的比重。全面贯彻落实以增加知识价值为导向的收入分配政策，充分尊重科研、技术、管理人才，充分体现技术、知识、管理、数据等要素的价值"。一方面，从企业股东的角度看，企业可以通过设立员工持股计划（employee stock option program）来增强员工的归属感和责任感，使员工的利益与股东的利益趋于一致，或者通过建立基于市场水平和员工绩效的薪酬体系来确保员工的薪酬能够反映他们的工作价值和对企业的贡献，将劳动力计入资本。再者企业也可以通过提供良好的福利以及加强相关知识培训的方式来增加员工归属感以及人力资本投资，从而提高劳动生产率，最终实现企业内部利益相关者利益的平衡和企业去杠杆化后的有效发展。另一方面，从企业高管的角度看，企业管理层可以通过设立良好的沟通机制或渠道及时听取员工的意见及问题或者发布企业重要决策或关键信息，从而提高员工参与感和积极性。高管可以设计一定的公开透明的员工晋升通道，制定明确的晋升机制，根据员工的业绩、能力等对其进行晋升，鼓励员工站在企业角度提出更多可实施的建议，从而使员工利益与企业利益一致化。

# 参考文献

[1] 陈小辉，张红伟，冉芳. 地区碳排放如何影响企业杠杆率？[J]. 证券市场导报，2021（12）：2-13.

[2] 卜君，孙光国. 国资监管职能转变与央企高管薪酬业绩敏感性 [J]. 经济管理，2021，43（6）：117-135.

[3] 蔡贵龙，柳建华，马新啸. 非国有股东治理与国企高管薪酬激励 [J]. 管理世界，2018，34（5）：137-149.

[4] 蔡庆丰，王瀚佑，李东旭. 互联网贷款、劳动生产率与企业转型：基于劳动力流动性的视角 [J]. 中国工业经济，2021（12）：146-165.

[5] 曹越，胡新玉，陈文瑞，等. 客户关系型交易、高管薪酬业绩敏感性与非效率投资 [J]. 管理评论，2020，32（8）：166-178.

[6] 曾辉祥，李世辉，周志方，等. 水资源信息披露、媒体报道与企业风险 [J]. 会计研究，2018（4）：89-96.

[7] 曾进. 公司治理对企业风险—回报的影响—来自中国上市公司的经验证据 [J]. 管理评论，2010，22（7）：46-52.

[8] 钞小静，周文慧. 人工智能对劳动收入份额的影响研究：基于技能偏向性视角的理论阐释与实证检验 [J]. 经济与管理研究，2021，42（2）：82-94.

[9] 陈冬华，范从来，沈永建. 高管与员工：激励有效性之比较与互动 [J]. 管理世界，2015（5）：160-171.

[10] 陈宏辉，贾生华. 企业利益相关者三维分类的实证分析 [J]. 经济研究，2004（4）：80-90.

[11] 陈宏辉，贾生华. 企业利益相关者的利益协调与公司治理的平衡原理 [J]. 中国工业经济，2005（8）：114-121.

［12］陈婧，方军雄. 高铁开通、经理人市场竞争与高管薪酬激励［J］. 财贸经济，2020，41（12）：132-146.

［13］陈利锋，钟春平，李良艳. 机器人、劳动收入份额与货币政策［J］. 财贸经济，2021，42（2）：103-118.

［14］陈宁，方军雄. 池水微澜：地区人才政策对高管薪酬契约的影响［J］. 外国经济与管理，2022：1-16.

［15］陈胜蓝，卢锐. 股权分置改革、盈余管理与高管薪酬业绩敏感性［J］. 金融研究，2012（10）：180-192.

［16］陈维政，吴继红，任佩瑜. 企业社会绩效评价的利益相关者模式［J］. 中国工业经济，2002（7）：57-63.

［17］陈孝勇，惠晓峰. 创业投资的治理作用：基于高管薪酬契约设计视角的实证研究［J］. 南开管理评论，2015，18（2）：126-135.

［18］陈颖，缪海斌. 降杠杆会抑制经济增长吗？国际实证与中国观察［J］. 国际金融研究，2018（8）：3-12.

［19］陈艳利，钱怀安. 非国有股东治理与国有企业去杠杆［J］. 财经问题研究，2021（6）：118-126.

［20］陈宇峰，贵斌威，陈启清. 技术偏向与中国劳动收入份额的再考察［J］. 经济研究，2013，48（6）：113-126.

［21］陈震，丁忠明. 基于管理层权力理论的垄断企业高管薪酬研究［J］. 中国工业经济，2011，（9）：119-129.

［22］陈章武. 管理经济学［M］. 北京：清华大学出版社，2019：276.

［23］池国华，朱俊卿. 业绩考核制度可以抑制中央企业高管隐性腐败吗？：基于薪酬契约激励效率的中介效应检验［J］. 中南财经政法大学学报，2020，（5）：3-16，158.

［24］程新生，刘建梅，陈靖涵. 才能信号抑或薪酬辩护：超额薪酬与战略信息披露［J］. 金融研究，2015（12）：146-161.

［25］楚有为. 去杠杆与股价崩盘风险：基于政策压力的检验［J］. 现代财经（天津财经大学学报），2021，41（8）：34-50.

［26］崔九九，刘俊勇. 董事会连通性与高管薪酬有效性：来自相对业绩评价的经验证据［J］. 山西财经大学学报，2022，44（3）：100-113.

［27］邓明. 进口竞争与劳动收入份额：识别、分解与机理［J］. 国际贸易问题，2022（4）：20-37.

[28] 翟胜宝，张胜，谢露，等. 银行关联与企业风险：基于我国上市公司的经验证据 [J]. 管理世界，2014（4）：53-59.

[29] 翟淑萍，毛文霞，白梦诗. 国有上市公司杠杆操纵治理研究：基于党组织治理视角 [J]. 证券市场导报，2021（11）：12-23.

[30] 窦炜，张书敏."结构性"去杠杆、企业金融化与创新投资 [J]. 工业技术经济，2021，40（9）：12-23.

[31] 窦炜."结构性"去杠杆与企业资产配置："脱实向虚"还是"脱虚向实"[J]. 当代财经，2021（11）：125-137.

[32] 杜鹏程，刘睿雯，张烁珣. 要素成本与劳动收入份额：来自最低工资与进口关税的证据 [J]. 世界经济，2022，45（2）：85-110.

[33] 杜鹏程，王姝勋，徐舒. 税收征管、企业避税与劳动收入份额：来自所得税征管范围改革的证据 [J]. 管理世界，2021，37（7）：8，105-118.

[34] 樊勇，王蔚. 市场化程度与企业债务税盾效应：来自中国上市公司的经验证据 [J]. 财贸经济，2014（2）：44-55.

[35] 方红星，陈作华. 高质量内部控制能有效应对特质风险和系统风险吗？[J]. 会计研究，2015（4）：70-77，96.

[36] 方军雄. 高管超额薪酬与公司治理决策 [J]. 管理世界，2012（11）：144-155.

[37] 方军雄. 劳动收入比重，真的一致下降吗？：来自中国上市公司的发现 [J]. 管理世界，2011（7）：31-41，188.

[38] 方军雄. 我国上市公司高管的薪酬存在粘性吗？[J]. 经济研究，2009，44（3）：110-124.

[39] 冯丽艳，肖翔，程小可. 社会责任对企业风险的影响效应：基于我国经济环境的分析 [J]. 南开管理评论，2016，19（6）：141-154.

[40] 弗雷德里克·赫兹伯格. 工作与人性 [M]. 北京：中国社会科学出版社，1966.

[41] 高艳. 企业人力资源管理的战略选择 [J]. 中国软科学，2001（6）：48-52.

[42] 耿云江，王丽琼. 成本粘性、内部控制质量与企业风险：来自中国上市公司的经验证据 [J]. 会计研究，2019（5）：75-81.

[43] 耿云江，王明晓. 超额在职消费、货币薪酬业绩敏感性与媒体监督：基于中国上市公司的经验证据 [J]. 会计研究，2016（9）：55-61.

［44］郭文伟，周媛. 杠杆结构、债务效率与经济增长质量［J］. 南方金融，2019（12）：8-21.

［45］郭敏，姚依宁. 地方政府债务和企业杠杆：基于高质量发展视角［J］. 现代经济探讨，2021（11）：1-14.

［46］郭小年，邵宜航. 行政审批改革、产业结构与劳动收入份额［J］. 财经研究，2021，47（8）：19-33，108.

［47］郝云宏，钱晨. 企业利益相关者的利益协调模式：综述与研究［J］. 经济学动态，2008（9）：81-84.

［48］何德旭，张斌彬. 居民杠杆与企业债务风险［J］. 中国工业经济，2021（2）：155-173.

［49］何慧华，方军雄. 交易所问询函监管会影响高管薪酬业绩敏感性吗？［J］. 经济管理，2021，43（8）：177-192.

［50］何菊莲，罗能生. 人力资本价值提升与加快经济发展方式转变［J］. 财经理论与实践，2012，33（2）：85-88.

［51］洪昀，谌珊，姚靠华. 融资融券与高管薪酬契约有效性研究［J］. 科研管理，2020，41（4）：229-238.

［52］胡斌红，杨俊青. 环境规制与劳动收入份额：可以实现双赢吗？［J］. 财经科学，2020（2）：92-105.

［53］胡悦，吴文锋. 逆转的杠杆率剪刀差：国企加杠杆还是私企去杠杆［J］. 财经研究，2019（5）：44-57.

［54］黄先海，徐圣. 中国劳动收入比重下降成因分析：基于劳动节约型技术进步的视角［J］. 经济研究，2009，44（7）：34-44.

［55］惠丽丽，谢获宝. 金融资产配置有助于实现杠杆治理效应吗？［J］. 会计与经济研究，2021，35（3）：89-108.

［56］贾凡胜，张一林，李广众. 非正式制度的有限激励作用：基于地区信任环境对高管薪酬激励影响的实证研究［J］. 南开管理评论，2017，20（6）：116-128，149.

［57］江伟，彭晨，胡玉明. 高管薪酬信息披露能提高薪酬契约的有效性吗？［J］. 经济管理，2016，38（2）：114-126.

［58］江轩宇，贾婧. 企业债券融资与劳动收入份额［J］. 财经研究，2021，47（7）：139-153.

［59］江轩宇，林莉. 会计信息可比性与劳动收入份额［J］. 金融研究，2022（4）：57-76.

[60] 江轩宇, 朱冰. 资本市场对外开放与劳动收入份额: 基于沪深港通交易制度的经验证据 [J]. 经济学 (季刊), 2022, 22 (4): 1101-1124.

[61] 姜付秀, 朱冰, 王运通. 国有企业的经理激励契约更不看重绩效吗? [J]. 管理世界, 2014 (9): 143-159.

[62] 蒋灵多, 陆毅, 纪珽. 贸易自由化是否助力国有企业去杠杆 [J]. 世界经济, 2019, 42 (9): 101-125.

[63] 蒋灵多, 陆毅. 市场竞争加剧是否助推国有企业加杠杆 [J]. 中国工业经济, 2018 (11): 155-173.

[64] 蒋灵多, 张航. 国有企业改制重组与企业杠杆率 [J]. 中南财经政法大学学报, 2020 (6): 13-24.

[65] 蒋涛, 刘运国, 徐悦. 会计业绩信息异质性与高管薪酬 [J]. 会计研究, 2014 (3): 18-25, 95.

[66] 金陈飞, 吴杨, 池仁勇, 等. 人工智能提升企业劳动收入份额了吗? [J]. 科学学研究, 2020, 38 (1): 54-62.

[67] 赖黎, 唐芸茜, 夏晓兰, 等. 董事高管责任保险降低了企业风险吗?: 基于短贷长投和信贷获取的视角 [J]. 管理世界, 2019, 35 (10): 160-171.

[68] 李常青, 幸伟. 控股股东股权质押影响高管薪酬: 业绩敏感性吗? [J]. 经济管理, 2018, 40 (5): 157-174.

[69] 李娟, 杨晶晶, 赖明勇. 金融市场化促进了企业部门结构性去杠杆吗?: 来自中国制造业企业的证据 [J]. 财经研究, 2020, 46 (10): 33-47.

[70] 李连友, 黄保聪. 投桃报李: 财政压力提升与企业杠杆率调整: 来自"准自然实验"的经验证据 [J]. 现代经济探讨, 2021 (11): 15-26.

[71] 李寿喜. 产权、代理成本和代理效率 [J]. 经济研究, 2007 (1): 102-113.

[72] 李四海, 江新峰, 刘星河. 跨体制社会资本与高管薪酬契约 [J]. 经济管理, 2017, 39 (2): 100-116.

[73] 李四海, 江新峰, 宋献中. 高管年龄与薪酬激励: 理论路径与经验证据 [J]. 中国工业经济, 2015 (5): 122-134.

[74] 李雪灵, 蔡莉, 龙玉洁, 等. 制度环境对企业关系构建的影响: 基于中国转型情境的实证研究 [J]. 南开管理评论, 2018, 21 (5): 41-50, 72.

［75］李志生，金凌. 银行竞争提高了企业投资水平和资源配置效率吗?：基于分支机构空间分布的研究［J］. 金融研究，2021（1）：111-130.

［76］李洋，汪平，曹琴. 社会网络视角下的管理层权力与高管薪酬粘性：基于董事联结的调节效应［J］. 商业研究，2019，（5）：98-108.

［77］梁安琪，武晓芬. 企业去杠杆、投资效率和企业绩效［J］. 经济与管理，2021，35（1）：62-69.

［78］林爱杰，梁琦，傅国华. 数字金融发展与企业去杠杆［J］. 管理科学，2021，34（1）：142-158.

［79］林令涛，刘海洋，逯宇铎. 国有企业改制与劳动收入份额变动之谜：基于企业效率和工资水平不平衡增长的视角［J］. 财经研究，2019，45（8）：28-42.

［80］刘慧龙. 控制链长度与公司高管薪酬契约［J］. 管理世界，2017（3）：95-112.

［81］刘建秋，李四海，王飞雪，等. "论资排辈"式高管薪酬与企业生产效率研究［J］. 南开管理评论，2021，24（1）：120-130，147.

［82］刘瑞明，毛宇，亢延锟. 制度松绑、市场活力激发与旅游经济发展：来自中国文化体制改革的证据［J］. 经济研究，2020，55（1）：115-131.

［83］刘晓晖，庄晓惠. 房产价格、成本效应与高管薪酬业绩敏感性：基于我国民营上市公司的经验证据［J］. 经济问题，2021（2）：124-129.

［84］刘勇，白小滢. 部门杠杆率、部门储蓄与我国宏观金融系统传染性［J］. 国际金融研究，2017（10）：3-13.

［85］刘哲希，李子昂. 结构性去杠杆进程中居民部门可以加杠杆吗?［J］. 中国工业经济，2018（10）：42-60.

［86］卢锐，柳建华，许宁. 内部控制、产权与高管薪酬业绩敏感性［J］. 会计研究，2011（10）：42-48，96.

［87］卢锐. 企业创新投资与高管薪酬业绩敏感性［J］. 会计研究，2014（10）：36-42，96.

［88］芦婷婷，祝志勇. 人工智能是否会降低劳动收入份额：基于固定效应模型和面板分位数模型的检验［J］. 山西财经大学学报，2021，43（11）：29-41.

[89] 罗党论，廖俊平，王珏. 地方官员变更与企业风险：基于中国上市公司的经验证据 [J]. 经济研究，2016，51（5）：130-142.

[90] 罗宏，黄敏，周大伟，等. 政府补助、超额薪酬与薪酬辩护 [J]. 会计研究，2014（1）：42-48，95.

[91] 罗宏，刘宝华. 债务融资与高管薪酬：承诺还是掠夺 [J]. 当代财经，2014（7）：41-51.

[92] 罗进辉，向元高，林筱勋. 本地独立董事监督了吗？：基于国有企业高管薪酬视角的考察 [J]. 会计研究，2018（7）：57-63.

[93] 罗进辉. 独立董事的明星效应：基于高管薪酬—业绩敏感性的考察 [J]. 南开管理评论，2014，17（3）：62-73.

[94] 罗进辉. 媒体报道与高管薪酬契约有效性 [J]. 金融研究，2018（3）：190-206.

[95] 罗明津，铁瑛. 企业金融化与劳动收入份额变动 [J]. 金融研究，2021（8）：100-118.

[96] 罗长远，陈琳. 融资约束会导致劳动收入份额下降吗？：基于世界银行提供的中国企业数据的实证研究 [J]. 金融研究，2012（3）：29-42.

[97] 马草原，朱玉飞. 去杠杆、最优资本结构与实体企业生产率 [J]. 财贸经济，2020，41（7）：99-113.

[98] 马国旺，李焙尧. 中国资本深化对劳动报酬份额的影响分析 [J]. 江西社会科学，2020，40（2）：71-81，254-255.

[99] 马红，王元月. 去杠杆是否能提高企业的投资效率？：基于中国上市公司经验数据的实证分析 [J]. 证券市场导报，2017（5）：13-20.

[100] 马惠娴，佟爱琴. 卖空机制对高管薪酬契约的治理效应：来自融资融券制度的准自然实验 [J]. 南开管理评论，2019，22（2）：61-74.

[101] 马惠娴，耀友福. "去杠杆"政策压力下企业偿还债务还是隐藏债务？[J]. 经济评论，2021（4）：145-162.

[102] 马建堂，董小君，时红秀，等. 中国的杠杆率与系统性金融风险防范 [J]. 财贸经济，2016，37（1）：5-21.

[103] 马永强，张志远. 去杠杆与实体企业金融资产配置 [J]. 国际金融研究，2021a，（12）：14-23.

［104］马永强, 张志远. 资本市场开放与过度负债企业去杠杆: 来自"沪深港通"的经验证据［J］. 世界经济研究, 2021b, (10): 55-68, 135.

［105］马忠, 王龙丰, 梁相. 业务分布、子公司多元化与上市公司高管薪酬激励［J］. 管理科学, 2021, 34 (2): 98-113.

［106］毛其淋, 杨琳翚. 贸易政策不确定性与劳动收入份额: 来自中国制造业的微观证据［J］. 山西大学学报 (哲学社会科学版), 2022, 45 (4): 118-134.

［107］缪毅, 胡奕明. 内部收入差距、辩护动机与高管薪酬辩护［J］. 南开管理评论, 2016, 19 (2): 32-41.

［108］宁薛平, 张庆君. 企业杠杆率水平、杠杆转移与金融错配: 基于我国沪深 A 股上市公司的经验证据［J］. 南开管理评论, 2020, 23 (2): 98-107, 120.

［109］潘敏, 袁歌骋. 金融去杠杆对经济增长和经济波动的影响［J］. 财贸经济, 2018, 39 (6): 58-72, 87.

［110］彭章, 陆瑶, 杨琛. 融资融券与公司财务杠杆［J］. 南开管理评论, 2021, 24 (5): 139-151, 184.

［111］綦好东, 刘浩, 朱炜. 过度负债企业"去杠杆"绩效研究［J］. 会计研究, 2018, 374 (12): 3-11.

［112］乔小乐, 宋林, 安磊. 去杠杆有助于提高企业资金使用效率吗?: 来自中国制造业上市企业的经验证据［J］. 山西财经大学学报, 2018, 40 (3): 39-51.

［113］任胜钢, 郑晶晶, 刘东华, 等. 排污权交易机制是否提高了企业全要素生产率: 来自中国上市公司的证据［J］. 中国工业经济, 2019, (5): 5-23.

［114］申广军, 张延, 王荣. 结构性减税与企业去杠杆［J］. 金融研究, 2018 (12): 105-122.

［115］施新政, 高文静, 陆瑶, 等. 资本市场配置效率与劳动收入份额: 来自股权分置改革的证据［J］. 经济研究, 2019, 54 (12): 21-37.

［116］舒尔茨. 论人力资本投资［M］. 吴珠华, 等译. 北京: 首都经济贸易出版社, 1990.12.

［117］舒长江, 洪攀. 企业生命周期、盈利能力与企业杠杆率: 来自非金融企业上市公司的经验研究［J］. 财经理论与实践, 2020, 41 (3): 94-102.

[118] 司登奎，赵冰，刘喜华，等. 汇率政策不确定性与企业杠杆率 [J].
财经研究，2020，46（12）：124-137.

[119] 宋德勇，赵菲菲. 环境规制、资本深化对劳动生产率的影响 [J].
中国人口·资源与环境，2018，28（7）：159-167.

[120] 苏梽芳，陈昌楠，蓝嘉俊. "营改增"与劳动收入份额：来自中国
上市公司的证据 [J]. 财贸经济，2021，42（1）：44-61.

[121] 隋广军，孙照吉，陈雯. 全球价值链嵌入与劳动收入份额：基于中
国的理论与实证分析 [J]. 国际贸易问题，2021（2）：96-112.

[122] 覃家琦，邵新建. 交叉上市、政府干预与资本配置效率 [J]. 经济
研究，2015（6）：117-130.

[123] 谭小芬，李源，王可心. 金融结构与非金融企业"去杠杆" [J].
中国工业经济，2019（2）：23-41.

[124] 谭小芬，张文婧. 财政分权、地方政府行为与企业杠杆率分化 [J].
经济研究，2021，56（6）：76-92.

[125] 万江滔，魏下海. 最低工资规制对企业劳动收入份额的影响：理论
分析与微观证据 [J]. 财经研究，2020，46（7）：64-78.

[126] 汪顺，任侨，谢素娟. 企业诚信文化与高管薪酬契约选择 [J]. 管
理学季刊，2022，7（1）：95-119，184.

[127] 汪勇，马新彬，周俊仰. 货币政策与异质性企业杠杆率：基于纵向
产业结构的视角 [J]. 金融研究，2018（5）：47-64.

[128] 汪玉兰，窦笑晨，李井林. 集团控制会导致企业过度负债吗？[J].
会计研究，2020（4）：76-87.

[129] 王博，毛毅. 实体企业金融化对中国劳动收入份额的影响机制与效
应 [J]. 经济与管理研究，2019，40（10）：88-104.

[130] 王丹枫. 产业升级、资本深化下的异质性要素分配 [J]. 中国工业
经济，2011（8）：68-78.

[131] 王会娟，张然. 私募股权投资与被投资企业高管薪酬契约：基于公
司治理视角的研究 [J]. 管理世界，2012（9）：156-167.

[132] 王谨乐，史永东. 机构投资者、高管变更与股价波动 [J]. 管理科
学学报，2018，21（7）：113-126.

[133] 王欣，欧阳才越. 公司战略会影响高管薪酬契约有效性吗？[J]. 财
经论丛，2021（8）：81-90.

［134］王雄元，黄玉菁. 外商直接投资与上市公司职工劳动收入份额：趁火打劫抑或锦上添花［J］. 中国工业经济，2017（4）：135-154.

［135］王学凯，姜卫民，谢庆. 去杠杆政策是否影响企业绩效［J］. 国际金融研究，2021（12）：84-93.

［136］王玉泽，罗能生，刘文彬. 什么样的杠杆率有利于企业创新？［J］. 中国工业经济，2019（3）：138-155.

［137］王竹泉，谭云霞，宋晓缤. "降杠杆" "稳杠杆" 和 "加杠杆" 的区域定位：传统杠杆率指标修正和基于 "双重" 杠杆率测度体系确立结构性杠杆率阈值［J］. 管理世界，2019，35（12）：86-103.

［138］王竹泉. 企业内部控制的目标定位：基于利益相关者和集体选择理论的思考［J］. 会计之友（上旬刊），2008（3）：4-8.

［139］魏下海，董志强，黄玖立. 工会是否改善劳动收入份额？：理论分析与来自中国民营企业的经验证据［J］. 经济研究，2013，48（8）：16-28.

［140］魏志华，吴育辉，李常青，等. 财政补贴，谁是 "赢家"：基于新能源概念类上市公司的实证研究［J］. 财贸经济，2015（10）：73-86.

［141］文雁兵，陆雪琴. 中国劳动收入份额变动的决定机制分析：市场竞争和制度质量的双重视角［J］. 经济研究，2018，53（9）：83-98.

［142］翁杰，徐圣. 最低工资制度的收入分配效应研究：以中国工业部门为例［J］. 中国人口科学，2015（3）：17-31，126.

［143］吴立力. 金融化适度性对企业杠杆率调整的影响［J］. 现代财经（天津财经大学学报），2021，41（10）：99-113.

［144］吴颖宣，施建军. 董事会社会资本、外部环境与企业风险［J］. 山西财经大学学报，2018，40（8）：82-92.

［145］吴育辉，翟玲玲，张润楠，等. "投资人付费" vs "发行人付费"：谁的信用评级质量更高？［J］. 金融研究，2020（1）：130-149.

［146］吴育辉，吴世农. 高管薪酬：激励还是自利？：来自中国上市公司的证据［J］. 会计研究，2010（11）：40-48，96-97.

［147］吴玉梅. 我国上市公司高管薪酬的发展历程与影响因素梳理［J］. 商业会计，2018（20）：37-39.

［148］谢德仁，林乐，陈运森. 薪酬委员会独立性与更高的经理人报酬?业绩敏感度：基于薪酬辩护假说的分析和检验［J］. 管理世界，2012（1）：121-137.

[149] 谢获宝, 惠丽丽. 成本粘性、公司治理与高管薪酬业绩敏感性：基于企业风险视角的经验证据 [J]. 管理评论, 2017, 29 (3): 110-125.

[150] 谢盛纹, 刘杨晖. 管理层权力、资产专用性和企业风险：来自我国上市公司的经验证据 [J]. 山西财经大学学报, 2015, 37 (10): 91-101.

[151] 解维敏. 业绩薪酬对企业创新影响的实证研究 [J]. 财贸经济, 2018, 39 (9): 141-156.

[152] 辛清泉, 谭伟强. 市场化改革、企业业绩与国有企业经理薪酬 [J]. 经济研究, 2009, 44 (11): 68-81.

[153] 徐丹丹, 赵天惠, 许敬轩. 税收激励、固定资产投资与劳动收入份额：来自 2014 年固定资产加速折旧政策的证据 [J]. 管理评论, 2021, 33 (3): 244-254.

[154] 徐斯旸, 何强, 李华民. 企业杠杆的创新驱动效应：生命周期视角与异质性检验 [J]. 南方金融, 2021 (5): 8-19.

[155] 徐亚琴, 宋思淼. 审计师能识别企业的杠杆操纵吗？：基于审计意见视角的实证检验 [J]. 审计研究, 2021 (6): 102-115.

[156] 徐琰超, 刘慧玲, 李世刚. 地方政府生产性支出与企业劳动收入份额 [J]. 金融评论, 2019, 11 (3): 48-63, 124.

[157] 许家云. 进口与企业员工收入：以中国制造业企业为例 [J]. 金融研究, 2020 (10): 131-149.

[158] 许晓芳, 陈素云, 陆正飞. 杠杆操纵：不为盈余的盈余管理动机 [J]. 会计研究, 2021 (5): 55-66.

[159] 许晓芳, 陆正飞, 汤泰劼. 我国上市公司杠杆操纵的手段、测度与诱因研究 [J]. 管理科学学报, 2020, 23 (7): 1-26.

[160] 许晓芳, 陆正飞. 我国企业杠杆操纵的动机、手段及潜在影响 [J]. 会计研究, 2020 (1): 92-99.

[161] 许晓芳, 周茜, 陆正飞. 过度负债企业去杠杆：程度、持续性及政策效应：来自中国上市公司的证据 [J]. 经济研究, 2020, 55 (8): 89-104.

[162] 薛琼, 肖海林. 企业慈善捐赠降低企业风险了吗？[J]. 财经问题研究, 2015 (6): 113-121.

[163] 亚当·斯密. 国民财富的性质和原因的研究 (上卷) [M]. 北京：商务印书馆, 1972.

[164] 闫小龙，邓胜涛. 股东与非股东的利益冲突与平衡 [J]. 法商研究，2002 (6)：111-118.

[165] 杨瑞龙，周业安. 企业的利益相关者理论及其应用 [M]. 北京：经济科学出版社，2000.

[166] 杨志强，王华. 公司内部薪酬差距、股权集中度与盈余管理行为：基于高管团队内和高管与员工之间薪酬的比较分析 [J]. 会计研究，2014，(6)：57-65，97.

[167] 杨攻研，刘洪钟. 债务、增长与危机：基于债务异质性的考证 [J]. 经济评论，2015 (6)：40-54.

[168] 杨小静，张英杰. 去杠杆、市场环境与国企债务化解 [J]. 改革，2017 (4)：137-149.

[169] 于博. 技术创新推动企业去杠杆了吗？：影响机理与加速机制 [J]. 财经研究，2017，43 (11)：113-127.

[170] 于富生，张敏，姜付秀，等. 公司治理影响公司财务风险吗？[J]. 会计研究，2008 (10)：52-59，97.

[171] 余林徽，陆毅，路江涌. 解构经济制度对我国企业生产率的影响 [J]. 经济学（季刊），2014，(1)：127-150.

[172] 余玲铮，魏下海，吴春秀. 机器人对劳动收入份额的影响研究：来自企业调查的微观证据 [J]. 中国人口科学，2019 (4)：114-125，128.

[173] 余淼杰，梁中华. 贸易自由化与中国劳动收入份额：基于制造业贸易企业数据的实证分析 [J]. 管理世界，2014 (7)：22-31.

[174] 余明桂，王空. 地方政府债务融资、挤出效应与企业劳动雇佣 [J]. 经济研究，2022，57 (2)：58-72.

[175] 约翰·贝茨·克拉克. 财富的分配 [M]. 邵大海，译. 海口：南海出版公司，2007.

[176] 约翰·斯图亚特·穆勒. 政治经济学原理 [M]. 赵荣潜，等译. 北京：商务印书馆，1991.

[177] 袁蓉丽，李育昆，党素婷. ERP 系统与高管薪酬业绩敏感性 [J]. 会计研究，2022 (5)：174-189.

[178] 袁媛，綦建红. 嵌入全球价值链对企业劳动收入份额的影响研究：基于前向生产链长度的测算 [J]. 产业经济研究，2019 (5)：1-12，38.

［179］张志强. 考虑全部风险的资本资产定价模型［J］. 管理世界，2010
（4）：177-178.

［180］张斌彬，何德旭，张晓燕. 金融科技发展能否驱动企业去杠杆？［J］.
经济问题，2020（1）：1-10，69.

［181］张耕，高鹏翔. 行业多元化、国际多元化与公司风险：基于中国上
市公司并购数据的研究［J］. 南开管理评论，2020，23（1）：
169-179.

［182］张建武，王茜，林志帆，等. 金融抑制与劳动收入份额关系研究［J］.
中国人口科学，2014（5）：47-56，127.

［183］张金清，李柯乐，张剑宇. 银行金融科技如何影响企业结构性去杠
杆？［J］. 财经研究，2022，48（1）：64-77.

［184］张进发. 企业内部利益相关者管理模式研究［J］. 上海经济研究，
2009（2）：112-119.

［185］张列柯，张倩，刘斌. 会计信息可比性影响高管薪酬契约的有效性
吗？［J］. 中国软科学，2019（2）：110-127，142.

［186］张敏，黄继承. 政治关联、多元化与企业风险：来自我国证券市场
的经验证据［J］. 管理世界，2009（7）：156-164.

［187］张明昂，施新政，纪珽. 人力资本积累与劳动收入份额：来自中国
大学扩招的证据［J］. 世界经济，2021，44（2）：23-47.

［188］张少辉，李经，余泳泽. 地方财政收入目标制定对企业劳动收入份
额的影响［J］. 经济学动态，2021（6）：98-112.

［189］张少军. 全球价值链降低了劳动收入份额吗？：来自中国行业面板
数据的实证研究［J］. 经济学动态，2015（10）：39-48.

［190］张相伟，陆云航. 商品贸易结构变动对劳动收入份额的影响［J］.
数量经济技术经济研究，2014，31（1）：59-76.

［191］张晓晶，常欣，刘磊. 结构性去杠杆：进程、逻辑与前景：中国去
杠杆2017年度报告［J］. 经济学动态，2018（5）：16-29.

［192］张新民，葛超，杨道广，刘念. 税收规避、内部控制与企业风险［J］.
中国软科学，2019（9）：108-118.

［193］张耀伟，陈世山，刘思琪. 董事会非正式层级与高管薪酬契约有效
性［J］. 管理工程学报，2020，34（3）：83-96.

［194］张一林，蒲明. 债务展期与结构性去杠杆［J］. 经济研究，2018，
53（7）：32-46.

［195］章之旺，吴世农. 财务困境成本理论与实证研究综述［J］. 会计研究，2006（5）：73-79，96.

［196］赵国宇. 大股东控股、报酬契约与合谋掏空：来自民营上市公司的经验证据［J］. 外国经济与管理，2017，39（7）：105-117.

［197］赵龙凯，岳衡，矫堃. 出资国文化特征与合资企业风险关系探究［J］. 经济研究，2014，49（1）：70-82，154.

［198］赵芮，曹廷贵. 实体企业金融化与企业风险：对冲效应抑或扩大效应［J］. 当代财经，2021（6）：64-77.

［199］赵芮，曹廷贵. 数字金融发展有助于企业去杠杆吗［J］. 现代经济探讨，2022（1）：71-82.

［200］甄红线，王三法. 企业精准扶贫行为影响企业风险吗？［J］. 金融研究，2021（1）：131-149.

［201］郑登津，谢德仁. 非公有制企业党组织与企业捐赠［J］. 金融研究，2019（9）：151-168.

［202］郑江淮，荆晶. 技术差距与中国工业技术进步方向的变迁［J］. 经济研究，2021，56（7）：24-40.

［203］郑曼妮，黎文靖. 中国过度负债企业去杠杆：基于资本结构动态调整视角［J］. 国际金融研究，2018（10）：87-96.

［204］郑雅君，崔永梅. 基于并购的开放式创新与高管薪酬契约研究［J］. 经济经纬，2021，38（5）：91-100.

［205］郑忠华，汤雅雯. 去杠杆政策、金融资产配置与企业脱实向虚［J］. 产业经济评论，2021（1）：19-33.

［206］郑忠华，王倩. 去杠杆政策、研发支出与公司创新：来自上市公司的证据［J］. 财经理论研究，2021（2）：102-112.

［207］周明海，郑天翔，王秋实. 工业机器人应用的要素收入分配效应［J］. 浙江社会科学，2021（6）：40-50，157.

［208］周其仁. 市场里的企业：一个人力资本与非人力资本的特别合约［J］. 经济研究，1996（6）：71-80.

［209］周茜，许晓芳，陆正飞. 去杠杆，究竟谁更积极与稳妥？［J］. 管理世界，2020（8）：127-148.

［210］朱琳，江轩宇，伊志宏. 卖空约束放松与企业劳动收入份额［J］. 财经研究，2022，48（4）：139-153.

［211］周阳军，彭璧玉. 现代化企业管理核心：企业员工收入影响因素研究 ［J］. 管理现代化，2018，38 （1）：79-82.

［212］张亮亮，黄国良. 管理者超额薪酬与资本结构动态调整 ［J］. 财贸研究，2013，24 （5）：148-156.

［213］ALANIS E, QUIJANO M. Debt overhang and pay for performance sensitivity ［J］. Social Science Electronic Publishing, 2021, 131: 104-203.

［214］ALTMAN EI, FINANCIAL RATIOS. Discriminant analysis and the prediction of corporate bankruptcy ［J］. Journal of Finance, 1968, 23 （4）: 589-609.

［215］AGLE BR, MITCHELL RK, SONNENFELD JA. Who matters to CEOs? An investigation of stakeholder attributes and salience, corporate performance, and CEO values ［J］. Academy of Management Review, 1999 （42）: 507-525.

［216］BARBIERO F, POPOV A, WOLSKI M. Debt overhang, global growth opportunities, and investment ［J］. Journal of Banking and Finance, 2020, 120: 105950.

［217］BARTRAM, SÖHNKE M, BROWN GW, CONRAD J. The effects of derivatives on firm risk and value ［J］. Journal Financ Quant Anal, 2011, 46: 967-999.

［218］BENDER S, BLOOM N, CARD D, REENEN JV, WOLTER S. Management practices, workforce selection, and productivity ［J］. Journal of Labor Economics, 2018, 36 （S1）: 371-409.

［219］BENLEMLIH M, SHAUKAT A, QIU Y. TROJANOWSKID G. Environmental and social disclosures and firm risk ［J］. Journal of Business Ethics, 2018, 152 （3）: 613-626.

［220］BERK JB, STANTON R, ZECHNER J. Human capital, bankruptcy, and capital structure ［J］. The Journal of Finance, 2010, 65 （3）: 891-925.

［221］BERNILE G, BHAGWAT V, YONKER SE. Board diversity, firm risk, and corporate policies ［J］. Journal of Financial Economics, 2018, 127 （3）: 588-612.

[222] BHARATH ST, TYLER S. Forecasting default with the merton distance to default model [J]. The Review of Financial Studies, 2008, 21 (3): 1339-1369.

[223] BORENSZTEIN E, YE LS. Corporate debt overhang and investment in e-merging economies: firm-level evidence [J]. International Finance, 2021, 24 (1): 18-39.

[224] CHEMMANUR TJ, CHENG Y, ZHANG T. Human capital, capital structure, and employee pay: an empirical analysis [J]. Journal of Financial Economics, 2013, 110 (2): 478-502.

[225] CHRISTENSEN DM, JIN H, SRIDHARAN SA, WELLMAN L. Hedging on the hill: does political hedging reduce firm risk? [J]. Management Science, 2020, Forthcoming.

[226] CONYON MJ, HE L. CEO Compensation and corporate governance in China [J]. Corporate Governance: An International Review, 2012, 20 (6): 575-592.

[227] CORICELLI F, DRIFFIELD N, PAL S, ROLAND I. When does leverage hurt productivity growth? A firm-level analysis [J]. Journal of International Money and Finance, 2012, 31 (6): 1 674-1 694.

[228] DEANGELO H, GONALVES AS, STULZ RM. Corporate deleveraging and financial flexibility [J]. The Review of Financial Studies, 2018, 31 (8): 3122-3174.

[229] DEFOND ML, JIAMBALVO J. Debt covenant violation and manipulation of accruals [J]. Journal of Accounting and Economics, 1994 (17): 145-176.

[230] EGGERTSSON GB, KRUGMAN P. Debt, deleveraging, and the liquidity trap: A fisher-minsky-koo approach [J]. Quarterly Journal of Economics, 2012, 127 (3): 1 469-1 513.

[231] EMERSON RM. Power-dependence relations [J]. American Sociological Review, 1962 (27): 31-41.

[232] FAZZARI S, HUBBARD G, PETERSEN B. Financing constraints and corporate investment [J]. Brookings Papers Economic Activity, 1988 (1): 141-195.

[233] FIRTH M, FUNG P, RUI O. Corporate performance and CEO compensation in China [J]. Journal of Corporate Finance, 2006, 12 (4): 693-714.

[234] FRANCIS B, HASAN I, SHARMA Z. Incentives and innovation: evidence from CEO compensation contracts [J]. Bank of Finland Research Discussion Papers, 2011, 17: 143.

[235] FREEMAN RE. Strategic management: A stakeholder approach [M]. Cambridge: Cambridge University Press, 1951.

[236] FREEMAN RE, REED DE. Stockholders and stakeholders: A new perspective on corporate governance [J]. California Management Review, 1983, 25 (3): 88-106.

[237] FROOMAN J. Stakeholder influence strategies [J]. Academy of Management Review, 1999, 24 (2): 191-205.

[238] GIANNETTI M, ZHAO M. Board ancestral diversity and firm-performance volatility [J]. Journal of Financial and Quantitative Analysis, 2019, 54 (3): 1117-1155.

[239] GRAHAMA JR, HARVEY CR. The theory and practice of corporate finance: evidence from the field [J]. Journal of Financial Economics, 2001, 60 (2-3): 187-243.

[240] GUENTHER DA, MATSUNAGA SR, WILLIAMS BM. Is tax avoidance related to firm risk?[J]. The Accounting Review, 2017, 92 (1): 115-136.

[241] HARFORD J, KLASA S, WALCOTT N. Do firms have leverage targets? Evidence from acquisitions [J]. Journal of Financial Economics, 2009, 93 (1): 1-14.

[242] HARRISON JS, FREEMAN RE. Stakeholders, social responsibility, and performance: Empirical evidence and theoretical perspectives [J]. Academy of Management Journal, 1999, 42 (5): 479-485.

[243] HE J, TIAN X. The dark side of analyst coverage: the case of innovation [J]. Journal of Financial Economics, 2013, 109 (3): 856-878.

[244] HENNESSY CA. Tobin's Q, Debt overhang, and investment [J]. The Journal of Finance, 2004, 59 (4): 1 717-1 742.

［245］HENNESSY C, LEVY A, WHITED T. Testing q theory with financing frictions ［J］. Journal of Financial Economics, 2007, 83 (3): 691-717.

［246］HOLMSTROM B. Moral hazard and observability ［J］. The Bell Journal of Economics, 1979, 10: 74-91.

［247］HU X, SHI J, WANG L. Foreign ownership in Chinese credit ratings industry: information revelation or certification? ［J］. Journal of Banking and Finance, 2020, 118: 1-19.

［248］HUANG W, MAZOUZ K. Excess cash, trading continuity, and liquidity risk ［J］. Journal of Corporate Finance, 2018 (48): 275-291.

［249］JENSEN, MC. Agency cost of free cash flow, corporate finance and takeovers ［J］. American Economic Review Papers and Proceedings, 1986 (76): 323-329.

［250］JENSEN MC, MECKLING WH. Theory of the firm: managerial behavior, agency costs and ownership structure ［J］. Journal of Financial Economics, 1976 (3): 305-360.

［251］JIE C, ZHE Z. Leverage change, debt overhang, and stock prices ［J］. Journal of Corporate Finance, 2011, 17 (3): 391-402.

［252］JO H, NA H. Does CSR reduce firm risk? Evidence from controversial industry sectors ［J］. Journal of Business Ethics, 2012, 110 (4): 441-456.

［253］JOHN TA, JOHN K. Top-Management compensation and capital structure ［J］. Journal of Finance, 1993, 48 (3): 949-974.

［254］KALE JR, RYAN HE, WANG L. Outside employment opportunities, employee productivity, and debt discipline ［J］. Journal of Corporate Finance, 2019, 59: 142-161.

［255］KAPLAN SN, ZINGALES L. Do investment-cash flow sensitivities provide useful measures of financing constraints? ［J］. Quarterly Journal of Economics, 1997, 112 (1): 169-215.

［256］KE Y. Human Capital, Capital structure, and employee pay: an empirical analysis a replicated confirmation ［J］. All Graduate Plan B and other Reports, 2015 (6): 671.

［257］ LEPAK DP, SNELL SA. The human resource architecture: toward a theory of human capital allocation and development ［J］. Academy of Management Review, 1999 （24）: 31-48.

［258］ LAZEAR E, ROSEN S. Rank-ordered tournaments as optimal labor contracts ［J］. Journal of Political Economy, 2014, 89: 841-864.

［259］ MAKSIMOVIC V, TITMAN S. Financial policy and reputation for product quality ［J］. Review of Financial Study, 1991 （4）: 175-200.

［260］ MATSA DA. Capital structure as a strategic variable: Evidence from collective bargaining ［J］. Journal of Finance, 2010, 65 （3）: 1197-1232.

［261］ MERTON RC. On the pricing of corporate debt: the risk structure of interest rates ［J］. Journal of Finance, 1974, 29 （2）: 449-470.

［262］ MYERS SC. Determinants of corporate borrowing ［J］. Journal of Financial Economics, 1977, 5 （2）: 147-175.

［263］ MYERS SC. The capital structure puzzle ［J］. The Journal of Finance, 1984, 39 （3）: 574-592.

［264］ PFEFFER J. Competitive advantage through people: Unleashing the power of the workforce ［M］. Boston: Harvard Business School Press, 1994.

［265］ PANOUSI V, PAPANIKOLAOU D. Investment, idiosyncratic risk, and ownership ［J］. The Journal of Finance, 2012, 67 （3）: 1113-1148.

［266］ PARSONS C, TITMAN S. Empirical capital structure: a review ［J］. Foundations and Trends in Finance, 2009, 3 （1）: 1-93.

［267］ QUAN Y, ZHANG W. Geographic distance and board monitoring: evidence from the relocation of independent directors ［J］. Journal of Corporate Finance, 2021, 66: 101802.

［268］ ROBICHEK AA, MYERS SC. Problems in the theory of optimal capital structure ［J］. Journal of Financial & Quantitative Analysis, 1966 （1）: 1-35.

［269］ RAITHATHA M, KOMERA S. Executive compensation and firm performance: Evidence from Indian firms ［J］. IIMB Management Review, 2016, 8 （3）: 160-169.

［270］ ROSENBAUM PR, RUBIN DB. The central role of the propensity score in observational studies for causal effects ［J］. Biometrica, 1983 (70): 41-55.

［271］ ROWLEY TJ. Moving beyond dyadic ties: A network theory of stakeholder influences ［J］. The Academy of Management Review, 1997, 22 (4): 887-910.

［272］ RUI A, KOSKINEN Y, ZHANG C. Corporate social responsibility and firm risk: theory and empirical evidence ［J］. Management Science, 2019, 65 (10): 4451-4469.

［273］ RUSCHER E, WOLFF GB. Corporate balance sheet adjustment: new stylized facts and its relevance for The Euro Area ［J］. Review of Economics, 2013, 64 (2): 117-138.

［274］ SMITH C, WARNER J. On financial contracting: an analysis of bond covenants ［J］. Journal of Financial Economics, 1979, 7 (2): 117-161.

［275］ SNELL SA, DEAN JW. Integrated manufacturing and human resource management: a human capital perspective ［J］. Academy of Management Journal, 1992, 35 (3): 467-504.

［276］ TITMAN S. The effect of capital structure on a firm's liquidation decision ［J］. Journal of Financial Economics, 1984 (13): 137-151.

［277］ VANLAER W, PICARELLI M, MARNEFFE W. Debt and private investment: does the EU suffer from a debt overhang? ［J］. Open Economies Review, 2021: 1-32.

［278］ WARNER JB. Bankruptcy, absolute priority, and the pricing of risky debt claims ［J］. Journal of Financial Economics, 1977, 4 (3): 239-276.

［279］ WATTS R, ZIMMERMAN J. Positive accounting theory: an ten-year perspective ［J］. The Accounting Review, 1990, 65 (1): 131-156.

［280］ XIA H. Can investor-paid credit rating agencies improve the information quality of issuer-paid rating agencies ［J］. Journal of Financial Economics, 2014, 111 (2): 450-468.

[281] YERMACK D. Flights of fancy: corporate jets, CEO perquisites, and inferior shareholder returns [J]. Journal of Financial Economics, 2006: 211-242.